KB063845

로컬의 문화지형

이 저서는 2007년 정부(교육과학기술부)의 재원으로 한국연구재단의
지원을 받아 수행된 연구임(NRF-2007-361-AL0001)

로컬리티 연구총서 4

로컬의 문화지형

부산대학교 한국민족문화연구소 편

혜안

로컬리티 연구총서 4

로컬의 문화지형

부산대학교 한국민족문화연구소 편

2010년 6월 30일 초판 1쇄 발행

펴낸이 · 오일주
펴낸곳 · 도서출판 혜안

등록번호 · 제22-471호
등록일자 · 1993년 7월 30일

㊚ 121-836 서울시 마포구 서교동 326-26번지 102호
전화 · 3141-3711~2 / 팩시밀리 · 3141-3710
E-Mail hyeanpub@hanmail.net

ISBN 978-89-8494-394-0 93300

값 26,000원

로컬의 문화지형을 탐사하다

로컬리티 연구총서 4호를 내어 놓는다. 그동안 로컬리티 총서는 로컬리티 이론과 개념 검토(『로컬리티, 인문학의 새로운 지평』)에서 출발하여, 근대성에 대한 성찰로써 로컬리티를 새로운 방법론(『탈근대 · 탈중심의 로컬리티』)으로 제시하였고, 이에 대한 구체적인 작업으로 로컬리티에 기반한 장소성 연구(『장소성의 형성과 재현』)에 이르기까지 로컬리티 연구 결과들을 두루 담아내고 있다. 이번 4호의 작업은 연구단에서 진행된 로컬의 다양한 형상에 대한 탐구이다.

로컬은 삶의 다양한 흔적들이 누적되어 있고 시 · 공간적 정체성이 형성되는 과정의 장소이다. 따라서 로컬은 정체되어 있는 공간이 아니라 인간 삶의 다양한 사회적 구조와 실천적 행동이 중층적으로 접합되는 장이다. 본 총서에서는 이러한 로컬에 주목하면서 로컬의 다양한 문화적 지층을 읽고자 한다. 로컬에 새겨진 역사적 · 문화적 맥락을 따라 로컬의 기억과 흔적을 탐사하고 이를 바탕으로 로컬의 새로운 의미와 가치를 창출하고자 하는 것이 본 총서 4호의 일차적인 목적이다. 이를 위해 우선, 인간의 근원적인 시공성을 담고 있는 근원적인 장소에서부터 일상의 착지점이 되는 생활기반적인 장소에 이르기까지 인문의 시선으로 장소들을 재호출하였다. 이 책의 바탕을 이끌고 있는 1부에서 우리는 단순한 지리적 자리를 묻는 것이 아니라, 로컬 주체의 존재적 성찰을 전제하고 있음을 밝히고 있다. 2부에서는 재현된 도시의 형상을 통해 근현대 도시의 도시성과 장소성을 고찰했다. 3부는 로컬의 역사성에 주목하면서 장소의 소실과 재생이라는 문제를 고찰했다.

이 책은 1부 장소의 인문학, 2부 도시의 기억과 형상, 3부 장소의 소실과 재생으로 구성되어 있다. 1부의 면면을 살펴보면 다음과 같다. 김태준은 실지(實地)라는 실학 개념을 원용해서 왜 자리(장소)인가라는 문제에 접근했다. 현대 세계가 한 가지로 부르짖는 세계나 지역은 세상 사람의 윤리와 만물의 법칙이 멀리 있지 않고 '지금 여기 바로 이 자리'에 있다는 실지의 실학을 오늘에 되새기는 작업을 시도한다.

김영민의 글은 인문적이지 못한 오늘날 광속의 자본주의와 경이로운 기술주의의 풍경을 뚫고 인문주의적 미래적 연대를 기초할 장소를 얻는 일은 어떻게 가능해지는 것일까에 대한 진지한 물음을 던지고 있다. 풍경을 장소로 진지화하는 데서 시작해야할 인문학적 전투는 외부를 향해 몸을 끌고 나아가는 공부의 싸움임을 강조하면서 장소의 인간화에 대한 전력을 요구한다.

최병두의 글은 장소에 대해 총체적으로 정리해 놓은 글이다. 필자는 현대 사회에서 이러한 장소성의 상실과 복원을 주제로, 장소성의 상실과 관련된 장소의 역사를 살펴본다. 필자는 자본주의 사회에서 경제·정치적 체계 공간의 팽창과 이로 인한 생활공간의 식민화가 오늘날과 같은 장소성의 상실을 초래했다고 주장한다. 이에 상실된 장소의 복원을 위해서는 우선적으로 무엇이 장소성을 파괴했는가를 이해하고 그 원인을 해소해야 하며, 또한 진정한 장소성은 실천과정에서 끊임없이 형성되고 재형성되는 것임을 강조한다.

2부에서는 동서양의 도시를 탐색한다. 다양한 세월이 켜켜이 쌓인 시간의 충적물이 도시이다. 도시는 그 지역사회와 관련된 거의 모든 것을 '천기누설'하는 의미의 집합체이다. 우리가 도시를 이해한다는 것은 곧 도시를 읽고 해석하는 것이다. 2부에서는 우선적으로 근대·탈근대의 핵심적인 양상을 잘 표현하고 있는 대도시 파리, 경성, 베이징 등 동서양의 도시들을 대상으로 하여 인문적인 도시해석을 제안한다.

장세룡은 LA학파 에드워드 소자와 마이클 디어가 주창하는 탈근대도시론을 검토하면서 탈근대 도시성을 탐색하고 있다. 필자는 일률적인 범주화가 위험한 부분이 있음을 전제하면서, 서구의 현대도시가 교외화, 계층별/인종별 주거지 분화, 내부도시의 쇠락, 도시재정 위기, 빈번한 도시소요, 도시재생 프로그램, 국제적 기능의 집합이 특징이라고 지적한다. 한편, 비서구의 현대도시는 세계체세 안에서 식민도시, 종속도시, 수출기지로서 과잉 인구, 도시의 비공식 부문의 팽창으로 빈민과 슬럼가의 과잉번창과 불균형 발전이라는 속성을 지닌다고 진단한다.

장희권은 도시를 읽는 방식이 한 도시를 놓고서도 시대에 따라, 사회에 따라, 읽는 자의 시선에 따라 상이하게 다를 수 있음을 전제하고, 근대의 도시 사유 방식을 거칠게 유형화해서 근대성이 도시공간 속에서 어떻게 인식되는지, 또 도시가 시공간적으로 어떠한 변화와 가치로 이해되고 설명되어지는지를 살펴보고 있다.

이창남은 근대도시 파리의 경관을 읽어낸다. 필자는 발터 벤야민의 『파사주 작품』을 중심으로 나폴레옹 3세의 제2제정기 오스만이 추진한 파리 재정비 사업을 검토하고 있다. 벤야민은 오스만의 도시 정비 사업에서 일종의 시간과 공간의 판타스마고리를 읽어내면서 근대성 일반을 일종의 판타스마고리로 규정한다. 이러한 벤야민의 시각을 전유하면서 근대적 중심화 논리의 빛과 그늘을 조망하고 있다.

박정희는 베이징을 탐사한다. 베이징은 한 나라의 수도로서 강력한 국가권력을 구현하는 장이다. 중국 공산당 정권은 자신들의 사회주의 권력의 상징으로서 베이징을 새롭게 개조하고 건설했다. 필자는 왕쑤오의 소설 「사나운 짐승들」과 이를 영화로 만든 「햇빛 쏟아지던 날들」을 중심으로 사회주의 시기 베이징의 정치적 공간배치와 이를 통한 일상의 통제방식을 살펴본다.

3부는 장소의 소실과 재생이라는 주제로 로컬의 현재를 진단한다. 개발과 이주는 수세기동안 로컬의 지형을 변화시키는 대표적인 키워드가 된다. 1부에서 서술된 바 있듯이 이러한 개발과 이주에서 무엇이 소실되고, 무엇을 기억해야 하고, 무엇을 복원해야 할 것인가의 문제는 오늘 로컬리티를 구성하는 중요한 문제가 된다.

권혁희는 용강동 재개발 지역을 사례로 사라져가는 도시의 시간과 공간을 재구성해보고 있다. 필자는 재개발 지역이라는 소규모 단위에서 역사적 연구를 수행할 때 아카이브와 필드조사라는 두 가지 영역의 통합이 요구됨을 강조한다. 아카이브를 통해 재구성된 지역의 역사적 변화과정은 그 지역 주민들과의 대화를 통해 재조정되거나 수정되고 상호 소통할 수 있다. 이런 점에서 연구자들은 스스로가 아키비스트이자 현지연구자가 되어야 하며, 좋은 연구의 결과는 양자간의 균형을 통해 성과를 낼 수 있을 것이라고 진단한다.

차철욱 · 공윤경 · 차윤정의 글은 아미동 산동네의 형성과정을 통해 공간과 문화의 변화를 고찰하고 있다. 한국전쟁으로 피난민이나 이주민들이 모여들어 마을을 만들어 나가는 과정을 고찰하고 있다. 애초 일본인 공동묘지와 화장장이 있던 곳이 삶의 주거지로 변해가는 과정을 역사·문화적으로 고찰하며, 이 과정에서 이질적인 로컬 간의 문화적 충돌, 융합을 확인하고 로컬 문화지형이 어떻게 변해가는가를 밝히고 있다.

박규택은 사진과 구술의 결합을 통해 20세기 고난의 역사를 체험한 민중들의 삶과 터전을 해석해 보고자 한다. 필자는 특히 해외동포들을 면담하면서 이들의 지난 세기의 일상을 재구성해 낸다. 이들은 역사의 소용돌이 속에서 여러 지역을 이동하면서 고통스럽게 살아 왔으며, 이는 결과적으로 자의든 타의든 개인과 가족(혹은 집단)의 정체성을 혼성적·유동적으로 만드는데 기여했음을 밝혀낸다.

로컬은 밖으로는 끊임없이 외부와 소통하면서도 한편으로는 자신의 고유성을 유지해 나가려고 하는 복합적인 힘이 작용한다는 점에서 고유한 역동성이 존재한다. 이러한 로컬의 독자적 역동성은 전지구화 시대 로컬의 위치와 방향성을 제시해준다. 물론 여기에서 로컬 고유의 독자성이 폐쇄성이나 독단주의로 읽히는 오류를 경계한다. 우리는 로컬에 대한 다양한 문화지형들을 고찰하면서, 로컬의 주체들이 시간을 지나면서 만들어내는 문화들은 단일하고 균질화된 공간 질서에 수렴되지 않는,

혼종과 미결정의 중첩적이고 복합적인 면모를 지니고 있음을 확인할 수 있다. 이러한 로컬 문화의 지도를 따라 가면서 과거와 현재, 국내와 국외, 동양과 서양, 로컬과 글로벌 등 무수히 겹쳐지는 발자국들을 확인할 수 있을 것이다. 로컬리티 연구총서는 향후 이러한 족적들의 폭을 넓히고, 깊게 하고, 다양화하면서 로컬리티 연구를 심화시켜 나가는 데 기여할 것이다.

우리는 로컬리티 연구가 화회소통(和會疏通)의 학문적 공동체가 되기를 바란다. 그런 의미에서 연구단 안팎에서 로컬에 대한 진지한 모색을 하는 연구 결과들을 묶었다. 로컬리티의 화두를 붙들고 국내뿐만 아니라 세계의 인문학자들의 화이부동한 시각과 목소리들이 모여지는 장소, 여기가 인문 연대의 장소가 아니겠는가.

2010. 6.

부산대학교 한국민족문화연구소

(HK)로컬리티의인문학 연구단

목 차

제2부 도시의 기억과 형상

제3부 장소의 소실과 재생

제1부
장소의 인문학

Ⅰ. 왜 '자리[장소]'를 말하는가?
-'실지(實地)'의 문화지형-

김 태 준

1. 관심과 반성으로서 '실지(實地)'

바야흐로 세계화의 시대라 하고, 혹은 이에 못지않게 지방화의 시대가 왔다고 한다. 세계나 지방이나 혹은 지역에 대한 이런 관심은 새로운 시대가 앞 시대에 비하여 지리학적 관심을 배가하고 있다는 뜻일 터이다. 그러나 우리가 자주 쓰는 '세계'란 말은 시간의 축으로 '世(역사, 시간)'와 공간의 축으로 '界(지리, 공간)'를 포괄하는 말임에도 불구하고, 우리는 지금껏 역사의 축인 '세'에 치우치고, 지리의 축으로 '계'에는 관심을 소홀히 해 온 것이 사실이다. 이것은 근대라는 역사학의 세기가 가져온 질곡이고, 지리학 혹은 삶의 현장으로서 환경이나 장소를 소홀히 해온 경험의 피상성을 드러내는 사실임에 틀림없다. 나 스스로도 오랫동안 '역사문학'에 기울여 온 관심에서 최근 몇 년 새로 문학지리에 관심을 집중하게 된 것은 이런 세계인식의 피상성에 대한 반성의 한 가닥이다.[1] 나는 우연히 담헌 홍대용(洪大容, 1731~1783)의 『을병연행록』과 만나, 20권 2,600여 쪽에 이르는 방대한 이 여행기의 해독과 여행의 추체험으로

1) 김태준 편저, 『문학지리－한국인의 심상공간』 상 · 중 · 하, 논형, 2005는 이런 반성의 한 시도이다.

오랫동안 홍담헌이란 인물에 심취해 왔다. 그가 이 희한한 여행체험과 이를 통해 얻은 철학소설『의산문답(醫山問答)』과 스스로의 실학의 목표를 "실심(實心)과 실사(實事)로 날로 '실지(實地)를 밟는다'"[2]고 말했을 때의 '실지'가 경험의 중심으로 나에게 새로운 깨달음으로 다가왔다.

그런데 나의 학문적 관심이 '지리'로 옮겨가면서 자연스럽게 문학지리를 표방했다고 하더라도, 문학을 포괄하는 '인문지리'라는 학문영역은 세부 전공 사이의 경계를 일찍부터 넘어섰고, 문화는 인문지리학 전반에서 중요한 개념이 되어 있다.[3] 그리고 서양 지리학에서 표방해 온 '문학지리(literary geography)'는 그 주제가 경관에 대한 해설로서 문학작품을 지리학의 방편으로 연구하는 데 머무른 제한성에도 불구하고, 그 역사가 어제 오늘의 일이 아니다.[4] 문학지리의 관심은 문화적 현상들이 '어디에서' 일어났는가에 집중되며, 이 '어디'라는 '자리', 현실 공간으로 지리, 곧 '장소'가 관심의 중심이다. 모든 살아있는 존재들은 고향, 지방, 시골……자연, 강, 산 등등 각자가 자리한 삶의 공간에서 스스로를 둘러싼 환경들과 관계를 맺으며 살아간다. 그리고 이 우연히 만나게 된 '어디엔가'에서 문학이 씌어지고, 이 어디엔가의 '자리'에서 일어난 삶의 경험이 예술의 바탕이 된다. 그런 점에서 모든 문학예술은 문화지리이며 지방문화라 할 수 있고, 이때 예술가가 만난 땅은 그에게 있어 '마음 가는 곳' '마음 붙일 곳'으로,[5] 문화적 '사건의 자리'가 된다.

---

2) 洪大容은 18세기의 조선 실학을 '實心', '實事', '實地'로 요약하여 개념화한 바 있다.

3) 전종한 외 3인,『인문지리학의 시선』, 논형, 2005, 30쪽 등을 참조할 수 있다.

4) 이은숙,「문학지리학서설 : 지리학과 문학의 만남」,『문화역사지리』 4, 한국문화역사지리학회, 1992.

5) 박태순,『국토와 민중』, 한길사, 1983에 나오는 말이다. "국토를 찾아 나서려고 하면서 나에게 떠오르는 것이 우선 조부의 말씀이다. '사람 살 데'는 어디인가. '마음을 붙인다'니 마음을 어떻게 붙인다는 것인가. 나의 조부는 '사람 살 데'라는

그런 사건의 자리로 나는 두 사람의 땅 걷기[紀行]를 중심으로 그들의 장소 이해, 그들이 생각한 중심과 주변의 문화지형을 살피기로 한다. 내가 다루려는 홍대용의 『의산문답(醫山問答)』의 배경으로 의산(醫山)과 현역 사진작가 이시우의 『민통선 평화기행』의 '비무장지대'는 다같이 중심과 주변이란 실지의 장소성을 문제 삼고 있어서 함께 이야기할 만하다. 그런데 기행이나 관광은 개인적 지리체험이면서 동시에 정치이며 제도이다. 쇄국시대에 조선 사신이 북경(北京 : 燕京)을 오간 연행(燕行)이라는 길 걷기는 여행자의 개인적 여행경험인 동시에, 외교이며 국제정치의 일환이다. 분단된 남한과 북한 사이에 빈번하게 오가는 대부분의 남북교류가 관광이라는 것을 보아도 관광은 정치이다.[6)]

여기서 홍대용과 이시우라는 두 사람의 '자리(장소)'의 문화지형은 제도로서 정치와 이를 받아들이는 스스로의 현실인식 속에서 이룩되는 생애의 사건일 터이다. 여기에는 "내가 선 자리가 중심"(洪)이라든가, "아픈 곳이 중심이다"(李)라는 '중심 깨기'가 자리한다. "지도가 현실을 모방하는 것이 아니라, 현실이 지도를 모방한다"는 말이 있지만, "아픈 곳이 중심이다"라는 '자리(장소)'의 이해는 개인의 삶의 체험인 동시에, 세계의 모든 아픈 곳을 보듬어 안는 '실지'체험이기도 할 터이다.

2. 홍대용의 『의산문답』과 의산의 문화지형

2-1. 홍대용(1731~1783)의 『의산문답(醫山問答)』에서 문제 삼은 '중심'과 '변방'이란 화두로부터 이야기해 보기로 하자. 실학파 선비로 홍대용

곳은 '마음 붙일 곳이 있는 장소'라고 생각했던 것 같다."

6) 이시우, 『민통선 평화기행』, 창비, 2003, 59쪽.

은 일찍이 고학(古學)에 뜻을 두고 공부한 사람으로, 35살에 연행사절의 자제군관(子弟軍官)이라는 비교적 자유로운 신분으로 연경에 다녀온 뒤에 이 작품을 남겼다. 그리고 이 저작은 18세기 조선 실학의 수준을 동아시아 최고의 수준으로 끌어 올렸다는 평가를 받은 바 있다. 이 작품은 등장인물로 그려진 허자(虛子)와 실옹(實翁)이 의무려산(醫巫閭山)에서 실학논쟁을 벌이는 '문답'체의 작품으로, '의산'이라는 장소가 그 제목에서부터 중요한 주제로 드러났다.

허자가 숨어서 독서한 지 30년에 삶의 도리와 우주의 철리를 다 깨치고 세상으로 나와 사람들에게 유세하였다. 그러나 듣는 사람마다 비웃을 뿐 알아주는 사람을 만날 수 없었고, 실망한 허자는 서쪽으로 중원(中原)에 놀아 두 달 동안 연경(燕京)의 선비들과 담론하였다. 그러나 여기서도 또한 지기(知己)를 얻지 못하고 크게 실망한 허자는 한탄하며 귀국 길에 의무려산에 숨기로 작정하고 산속으로 깊이 들어간 곳에서 또 한 사람의 주인공으로 실옹과 만난다.

여기서 허자와 실옹의 만난 자리로 의산['실옹의 집']은 조선과 중원이라는 지리의 경계일 뿐 아니라, 한양과 연경이라는 중심을 해체한 땅으로, 두 사람의 문답에서 동아시아 세속 학문의 가치까지 해체하는 자리(장소)로 이 작품의 한 주제가 된다. "작은 지혜와 더불어 큰 것을 말할 수 없고, 더러운 세속 선비와 더불어 도를 말할 수 없다"고 평가된 조선 세속 학계는 물론, "주공(周公)이 말랐는가, 철인(哲人)이 말랐는가, 우리의 도가 잘못 되었는가?"라고 한탄하게 했던 중국 연경의 학계 또한 선비가 머물러 도를 논할 곳이 되지 못하는 해체의 대상이었던 셈이다. 그뿐이 아니고, 허자의 30년의 공부가 허학(虛學)으로 해체된 자리에, 실옹과 나누는 의산문답이 새로운 대안으로 실학으로 제시된 곳이 또한 이 의산이었다. 이 의산은 『의산문답』이란 작품의 배경설정으로서도 제격이다. 나는 이 작품을 논하여 그 양식이 철학소설이라고 했다.[7] 물론 이런 배경설정의 소설적 의도를 뺀다면 작품의 후반은 줄기찬 학문문답이 이어지고 사건의 전개가 별무하다는 점에서 소설적 구성이 빈약하다. 그래서 소설이라는 나의 주장은 비판을 받았다.[8]

그런데 고대 중국에서는 의무려산을 북진(北鎭)으로 삼아 동북쪽의 국경으로 했고, 그 밖은 실제로 동방민족의 강역이었다. 이런 사실은 의무려산의 산신을 모신 북진묘(北鎭廟)에 늘어선 건륭황제의 시비(詩碑)에서도 확인되는 바이다. 연암 박지원이 "큰 비석들이 나란히 서서 마치 파 이랑과 같다"고 소개한 56개나 되는 거대한 비석 속에는 건륭의 "조선 사람들이 새겨 놓은 글귀가 많으니/ 기자의 홍범구주 문화가 지금껏 전하네(多有朝鮮人勒句 箕疇文化至今漸)"라는 문구가 보인다. 그리고 이곳 북진묘에서 팔고 있었던 『여산시선(閭山詩選)』(遼寧人民出版社)에는 조선 사람들이 의산에 올라 들머리의 성수분(聖水盆) 돌 벽에 새긴 시가 많음을 기린 또 한편의 시가 있어서 눈길을 끈다.

> 돌 벽에는 물줄기가 연이어 흘러내리는데
> 글을 새긴 사람 가운데는 동해 사람이 많이 보이누나
> 언어는 다르지만 시의 글자가 같으니
> 문자가 같아서 바르고 바르지 않은 사람을 알 수 있구나.
> 石崖幡離落垂紳 勒句多看東海人
> 詩字不殊言語異 同文可識正同倫[9]

---

7) 김태준, 『洪大容評傳』, 민음사, 1987, 215쪽.

8) 박희병, 「홍대용의 생태적 세계관」, 『한국의 생태사상』, 돌베개, 1999, 271~273쪽; 조동일, 『문학사와 철학사의 관련양상』, 한샘, 1992. 박희병 교수는 '철리 산문'이라 하고, 조동일 교수는 '교술 산문'이라 규정했다.

라고 했다.

실제로 의무려산에 처음 오른 조선 여행자는 1617년 연행사절이었던 월사 이정구(月沙 李廷龜, 1564~1655)였다. 그리고 이보다 1백년 뒤인 1712년 연행사절의 자제군관(子弟軍官)이 되었던 노가재 김창업(老稼齋 金昌業, 1658~1721)은 이월사의 『각산·여산·천산유기(角山閭山千山遊記)』를 들고 의산에 올랐다. 노가재는 현재(玄齋 : 沈師正)·관아재(觀我齋 : 趙榮祏)와 함께 삼재(三齋)로 불린 조선시대 화가로, 여섯 겹 산[六重山]인 의산을 한쪽만 그렸는데도 이곳 스님의 감탄을 받을 만큼 이 산의 깊은 속까지를 소상히 그린 이름 있는 화가이기도 했다. 노가재는 스스로 이 그림 법에 대하여 이렇게 말했다.

> 아름다운 여인은 미운 아이를 낳지 않고, 한 종지 국물로 온 솥의 국 맛을 알 수 있는 것이다. 이 산의 진면목을 어찌 여섯 겹 산을 두루 돌아본 뒤에야 알 수 있단 말인가?

<그림 1>『錦州府志』에 실린「醫巫閭山圖」

노가재는 이 산천을 이해하는 방법에 대하여 부연하기를, "그 모래나 돌들을 보니 우리나라 서울에 있는 산들과 같았다. 색조가 밝고 깨끗하며, 모래는 희고 물은 맑으며, 바위는 윤기가 흐르고 산봉우리

9) 이광호, 「신연행록 6」, 『중앙일보』, 2002. 11. 13.

는 빼어났다." 이런 원리는 앞에 말한 바 아름다운 여인이 미운 아이를 낳지 않는다는 비유적 심상으로 표현되고, 이런 노가재의 설명을 들으며 함께 이 산에 올랐던 개성 상인 신순지는 말하기를, "우리의 이번 장사길은 반드시 손해를 볼 것이니, 이렇게 아름다운 산수를 보고 장사마저 이익을 보기를 기대하는 것은 공평한 일이 아니다"고 감탄하였다고 했다. 이런 의산 기행의 체험이 십여 년 뒤에 이 산을 지나며 시를 지은 노가재의 사위 조문명(趙文命)이 이 산을 "쪽진 머리 미인이 단장하고 가로 누었다"고 읊은 시상으로 이어졌을 터이다.10) 이런 노가재의 산천지리 이해는 그 제자 겸재(謙齋 : 鄭歚)의 조선 진경산수화의 역사를 이어, 노가재보다 다시 50여 년 뒤에 이 산에 오른 담헌 홍대용의 『의산문답』의 배경으로 사상사적 문화지형을 이룩했다.

2-2. 『의산문답』에서 의산이라는 자리의 '장소성'은 허자가 이 산속으로 들어가 '실거지문(實居之門)' 앞에 서서 혼잣말로 중얼거렸다는 다음 말 속에서 잘 암시되어 있다.

> 의무려산은 중국과 조선의 접경[夷夏之交]에 있으니, 동북의 명산이다. 반드시 숨은 선비가 있을 것이니 내가 반드시 가서 물어 보리라.

이 말에서 '접경[夷夏之交]'과 '숨은 선비'는 열쇠말로 되고, 작가는 주인공 허자를 통하여 조선에서도 중원에서도 찾을 수 없었다고 한 '숨은 선비'를 이 변경(의산)에서 만날 가능성을 암시한다. 『의산문답』의 이런 장소성은 중심 허물기의 주제를 이루며, 따라서 '이하지교', 곧 이 의산이

---

10) 1725년 이 산을 지난 조문명은 "어느 산이 단장하고 가로 누었나……쪽진 머리 미인이 눈 앞에 있네……"라고 노래했다(「望醫巫閭山」).

<그림 2> 의무려산에 남은 야율초재 독서당

란 자리는 또 하나의 새 중심을 이룩한다. 이 새 중심은 새 창조의 공간으로 된다.

그러나 의무려산은 여섯 겹으로 된 중국 동부의 명산으로 엄청나게 큰 산이고, 중국과 조선의 접경[夷夏之交]이라는 자리도 의무려산의 자리를 나타내는 표현일 뿐 숨은 선비를 만날 구체적 자리(장소)를 담보하는 표현은 아니다. 혹 건륭황제가 읊은 바로 "조선 사람들이 시를 새겨놓은 돌이 많다" 운운한 자리라면 혹은 산의 입구에서 머지않은 성수분 근방이거나, 혹은 노가재가 젊은 스님을 만났다는 관음사 쯤을 생각해 볼 수도 있을 터이다. 그러나 담헌이라면 연행일기에서 감탄한 도화동(桃花洞)과, 관음각을 지나 한 고비를 넘어 돌아 오른 비랑(碑廊) 끝에 금과 원나라의 대표적 정치가였던 야율초재(耶律楚材, 1190~1244)의 2층 짜리 독서당이 지금껏 남아 대상에 올릴 수 있을 터이다. 호를 담연거사(湛然居士)라고 하고 혹 만송노인(萬松老人)이라 한 야율초재는 요나라의 황족

출신으로 금나라의 관리를 지내다가 금나라가 원에 망하자 다시 원나라의 승상이 되었던 사람이다.[11] 혹은 이 독서당이라면, 야율초재가 아니더라도 이 의산에 숨었다는 명나라 은자 하흠(賀欽)을 떠올릴 수도 있을 터이다. 하흠은 호를 의려(醫閭)라 한데서도 짐작되는 대로 의무려산 기슭인 의주(義州) 출신으로, 문집으로도 『의려집(醫閭集)』을 남긴 사람이다. 일찍이 성화(成化) 연간에 진사(進士)로 벼슬을 하였으나, 백사 진헌장(白沙 陳獻章)의 「위기묵좌(爲己默坐)」를 알게 되어 그를 따라 의무려산에 올라 스승의 학문에 전심한 은사(隱士)였다. 홍담헌은 연행에서 돌아와 중국에서 사귄 제1 친구 엄성(嚴誠)에게 보낸 첫 번째 편지에서 이런 뜻을 전한 바 있었다.

> 제가 돌아오는 길에는 파릇파릇한 부드러운 버들과 붉은 살구꽃이 피어있어, 벌써 들어갈 때의 광경이 아니었습니다. 만리장성에 기대어 서서는 진시황의 원한의 축성(築城)을 비웃었고,……무려(巫閭)에 들어가서는 하흠(賀欽)의 높은 절개를 우러러 보았습니다.[12]

이렇게 중국여행을 통하여 홍담헌이 발견한 '자리'가 '이하지교'로 접

---

11) 조선시대 사대부로 야율초재를 가장 높게 평가한 성호 이익(李瀷)은 야율초재가 원나라가 망할 때까지 세금이 가벼웠던 일, 공자의 51세 손을 찾아 연성공(衍聖公)을 세습하게 하고, 학자로 하여금 구경(九經)을 해석 편수하게 하고, 서역 정벌을 중지하여 천하 백성의 고통을 던 일, 종이 된 선비 4천여 명을 살린 일 등을 기렸다(『성호사설』). 또 근대 사학자 박은식은 『몽배금태조(夢拜金太祖)』라는 소설을 써서 야율초재를 새롭게 조명했다(김태준 · 이승수 · 김일환, 『조선의 지식인들과 함께 문명의 연행 길을 가다』, 푸른역사, 2005, 445~447쪽 참조. 이 책에서 공저자 이승수는 <역사 토크쇼>를 구상하여 의무려산을 무대로 야율초재와 홍대용과 건륭황제가 만나 고금의 역사를 논하는 「여산몽유록」을 상상한 바 있다).

12) 홍대용, 「與嚴鐵橋誠書」, 『杭傳尺牘』, 『국역 담헌서』 2, 민족문화추진회, 1985, 13쪽.

경인 의산이었고, 이 새로운 공간 개념을 창안한 동시에 바로 이 장소성 속에 흐르는 시간개념을 창안하는 일이었다. 그것이 여기서 말하려는 이른바 '중심 허물기'와 '역외춘추론'이다.

2-3. 『의산문답』에서 실옹과 허자의 문답은 허자의 30년 닦은 공부가 허학(虛學)으로 해체되는 과정을 그려 준다. 유교는 "천지지간 만물지중에 인간이 최귀하다"고 가르쳤다. 그러나 "사람의 자리에서 만물을 보면 사람이 귀하고 만물이 천하지만, 만물의 자리에서 사람을 보면 만물이 귀하고 사람이 천한 것일 터이다. 한 걸음 더 나아가 하늘의 자리에서 보면 다 마찬가지다."[13] 이런 원리에서 만물의 생성 바탕이며 자연철학의 원리가 다를 바 없다. 이것은 오늘날의 생태주의 생명사상의 원리를 일찍이 갈파한 선구적 주장이기도 하다. 이것이 이 작품의 주제를 이루는 홍대용의 '인물균(人物均)' 사상이며, 사람과 사물이 평등하다면 사람의 자연지배는 있을 수 없다. 이야말로 인간 평등은 물론, 자연이 사람과 평등한 생명사상을 일찍이 갈파한 주목할 대목이다. 마찬가지로 우주에는 위와 아래도 없으며, 안과 밖도 없다. 사람은 만물 중에 스스로 가장 귀하다고 생각하여 사람이 사는 지구가 태양계의 중심이며 우주의 중심이라고 생각하기 마련이다. 그래서 자연지배, 우주 정복을 꿈꾸었고, 그것이 환경파괴로, 오늘의 자연재해를 불러왔다. 그러나 지구는 태양계의 중심이 아닐 뿐 아니라, 지구는 태양계의 한 별에 지나지 않는다. 그리고 태양계 또한 무한한 우주의 한 별 무리에 지나지 않으며, 이런 별자리는 우주 사이에 무한하다. 이것이 물리적으로 우주를 생각할 때

---

13) 홍대용, 『毉山問答』. 원문을 밝힌다. "以人視物, 人貴而物賤, 以物視人, 物貴而人賤, 自天而視之, 人與物均也."

'우주무한론'에 이르게 한다. 무한한 우주 속에서는 중심이 없다. 지구가 태양계의 한 중심이면서 우주의 한 중심을 이루듯이, 제가 있는 곳이 한 중심이란 발상이 이 속에서 나올 수 있었다.

마찬가지로 역사에도 중심이란 없다. 『춘추(春秋)』가 중국의 역사이기에 중국을 중심으로 삼았다면, 각 민족에게는 각 민족의 역사가 있다는 것이 『의산문답(毉山問答)』의 이른바 '역외춘추론(域外春秋論)'이다. 이런 역사관은 중국이 천하의 중심이라는 중화 중심주의를 해체했다. 중세 보편주의의 중화주의를 벗어나 자기 역사를 중심에 놓는 이런 역사의 깨달음은 18세기 조선 실학에서 비로소 나타난 역사의 자각을 대변한다. 이것은 저 유명한 기호학파의 호락논쟁(湖洛論爭)에서 홍대용의 시대까지 100년을 끌어온 낙론(洛論)의 학문적 전통을 이었다. 그리고 여기서 '사람[人]'과 '사물[物]'의 바탕[性]이 같은가 다른가를 두고 1세기를 다투어 온 '인물성동이론(人物性同異論)' 논쟁이 이룩한 조선 철학의 큰 도달점이었다. 사람에 귀천이 없이 평등한 것은 물론, 사람과 자연은 평등하며, 따라서 사람이 귀하다 하여 자연을 지배할 수 있다는 논리는 있을 수 없다. 사람의 처지에서는 사람이 중심일 수 있지만, 자연에서 보면 자연이 주인이고 사람은 손님일 터이다. 그러나 하늘에서 내려다보면 사람과 자연은 함께 자연을 이루어 가는 다 같은 생명의 고리일 뿐이다. 이것이 '역지사지(易地思之)'의 도달점이다.

3. 이시우의 "아픈 곳이 중심이다"의 문화지형

3-1. '중심 허물기'의 대상 이해라는 점에서 현역 사진작가 이시우(1967~)의 '자리(장소)' 이해는 '아픈 곳'에 집중되어 있어 주목된다. 예술

의 본질상 낯선 것인 세계와 작가가 소통하는 방법은 '끌어안음'을 통해서만 실현된다는 작가의 언설 속에서 중심 허물기는 두드러지고, 그의 예술미학은 "아픈 곳이 중심이다"라고 하는 말 속에 요약되어 있다. "아픈 곳이 중심"이라는 말은 스스로에게 "목숨같이 중요하던 관성(慣性)을 성찰을 통해 뒤집을 수 있을 때 비로소 낯선 세계와 만날 수 있는 것"이라는 말 속에서 한층 뚜렷해지는 개념이다.[14] 그러나, 끌어안음은 "한 사상가가 표현처럼" '목숨을 건 비약'이며, 사진가, 혹은 예술가는 시대의 본질을 관통하는 주제를 끌어안을 줄 알아야 한다는 점에서 실천적 성찰을 필요로 한다. 낯선 세계에 대한 사람의 포옹 속에 '아름다움'이 있고, 그 아름다움은 다음과 같이 정의할 수 있다.

> 아름다움은 낯선 세계와의 포옹을 통해 만들어지는 '결'입니다. 낯선 세계일뿐인 '물'은 나와의 포옹을 통해 '물결'이 됩니다. '바람'은 '바람결'이 됩니다. '숨'은 '숨결'이 됩니다. 아름다움을 창조하는 존재로서의 예술가는 '결'을 만드는 존재입니다. 예술작품으로서의 '결'은 금강저(金剛杵 : 불교에서 外道惡魔를 깨뜨리는 몽둥이)의 투철함과 천의무봉한 선녀옷의 한없는 부드러움을 동시에 갖습니다. '결'은 알을 깨고 나오려는 새끼 새의 부리 질과 밖에서 알을 깨주려는 어미 새의 부리 질이 정확하게 일치하여 새끼 새가 세상에 태어나는 '줄탁동시(啐啄同時 : 병아리가 알 속에서 껍질을 깰 때 어미 새가 알고 밖에서 동시에 호응해 깸)'의 절묘함이기도 합니다.[15]

이런 예술관, 대상 이해의 미학으로 그가 첫 번째 사진 주제로 삼은 작업이 '비무장지대' 작업을 통해 이룩되었다.

---

14) 이시우, 「옥중서신」, 2007. 6. 6.
15) 위의 글.

그리고 이를 이룩한 그의 창작관은 "90%의 학문과 9%의 실천과 1%의 영감"이라는 대목에서 그의 예술의 대상으로 장소성이 가지는 '보듬어 안기'의 실천성이 두드러진다. 그는, 사진가, 혹은 예술가는 시대의 본질을 관통하는 주제를 끌어안을 줄 알아야 한다고 전제한 바 있다. 그러기 위해서는 당대에 이룩된 학문적 성취를 뛰어넘는 독자적인 학적 세계와 시대의 본질에 대한 견해를 가져야 한다. 그러나 그것은 학문일 뿐 아직 예술일 수 없다. 스스로의 견해가 실천을 통해 확인되고 검증되지 않으면 안 된다는 것이다. 그러나 그것은 운동일 순 있어도 아직 예술일 순 없다고 한다. 그것은 공자님이 『논어』에서 말한 바, "아는 것은 좋아하는 것만 못하고, 좋아하는 것은 즐기는 것만 못하다"는 가르침에서 배우는 예술의 경지이다. 아는 것이 학문이라면 또 좋아하는 것이 가치를 실현하기 위한 실천이라면, 즐기는 것은 이론과 실천의 통일이며 체화일 터이다. 즐거움은 이론과 실천을 통해 이르고자 하는 궁극이며, '결'의 속성이기도 하다. 그리하여 즐거움의 단계에 이르러서야 비로소 예술이 된다는 것이 그의 생각이다.

그런데 비무장지대의 문제는 '미군'의 문제와 밀접하게 관련되고, 그래서 작가는 '미군'을 주제로 10년 정도의 기간이 걸릴 작업에 착수하게 되었다고 했다. 앞에서 말한 바 그의 창작관은 "90%의 학문과 9%의 실천과 1%의 영감"이라는 주장을 상기할 필요가 있다. 군사문제에 대하여 초심자에 불과한 그가 방대하고 전문적인 이 주제를 공부하는데 2003년 당시 우리나라의 학문적 성과는 이 문제에 대한 해답은 물론 방법조차 그에게 제시해 주지 못했다고 한다. 당연한 일일 터이다. 그 스스로 방법론을 찾아내야 했다. 그래서 직접 미군기지를 답사해 보기로 하고 주한미군기지 전체를 거의 답사한다는 지리체험이 이루어졌으나, 막대한 시간과 비용과 지리체험에도 불구하고 핵(核) 문제에 접근할 수 있는 방법론은 전혀 실마리도 보이지 않았다고 했다. 포기를 고민하던 시점에 다시 용기를 내어 주일 미군기지까지 답사해보기로 하고, 거의 모든 주일 미군기지를 답사했다. 그러나 많은 경험과 기반지식의 축적에도 불구하고, 학문은 발품만을 팔아서 이룩되는 것이 아니라고 깨닫고 의기소침한 가운데, 일본인 사진가 '신도 게이치'가 쓴 책을 접하고, 미군 탄약고의 표지를 통해 탄약고 안에 있는 무기를 예측할 수 있는 방법을 알게 되었다고 했다. 그가 인용했을 '탄약표지'에 관한 원문을 찾기 위해 몇 달 동안을 인터넷과 씨름한 결과, 그것은 뜻밖에 너무 쉽게 찾을 수 있는 공개문서였다고 했다. 그리고 진해 핵잠수함에 대한 기사가 나가자 많은 반론이 댓글을 장식했는데, 댓글에 대한 답변과정을 통해서 미군에 대한 독자적인 방법론이 하나씩 찾아지게 되었다고 했다.

이런 미군에 대한 공부는 비무장지대 사진작업의 경험과 만나면서 작가에게 새로운 화두를 제시했는데. 그것은 유엔사 문제였다. 이전까지 주한미군, 연합사, 유엔사를 구분하지 못했던 그가 유엔사 문제를 충격적으로 받아들이게 된 계기는, 한국의 비무장지대 초소마다 걸려있던 유엔사 깃발이 일본 사세보(佐世保 : 長崎縣 중북부, 해군기지, 미군 주둔지) 미군기지를 비롯한 일본의 미군기지에도 걸려있었던 데서 단번에 풀렸다고 했다. 그리고 이런 공부 과정에서 유엔사의 4가지 근본문제가 분명해졌다고 했다.

> 첫째, 유엔사의 이름을 걸면 북을 공격하기 위해 유엔안보리결의를 따로 얻을 필요가 없다는 것.[16)]

16) 이것은 1950년 6월 유엔안보리참전결의가 있은 지 50년이 지났지만 아직도 전쟁이 끝나지 않은 상태이기에 유효하다는 것.

둘째, 만약 전쟁이 일어나 북을 점령한다면 그 점령주체는 한국군이 아닌 유엔군이 된다는 것.[17)]

셋째, 유엔사령관이 한국군, 주한미군뿐 아니라 주일미군까지 작전통제한다는 것.[18)]

넷째, 유엔사령관은 일본자위대까지 작전통제하게 된다는 것.[19)]

그러나 막연하게 '미군'으로 시작했던 그의 작업이 '유엔사'로 집중되면서 공안당국은 '유엔사 해체'가 북측이 주장해온 선전선동에 동조하여 북을 이롭게 한다는 판단으로 그를 국가보안법으로 구속하였다.[20)] 그러나 그가 창작과정에서 사진을 발표한 것은 두 종류로, 첫째는 예술적으로 완성됐다고 생각되는 작품과, 둘째는 국민의 생명과 행복을 취하기 위한 알 권리를 위해 발표된 것들이라고 했다. 그리고 작가가 원하는 사진을 얻기 위해서는 하나의 대상에 대해 수없이 많은 촬영과 노력 소모가 필요하였다. 서로 다른 각도, 서로 다른 시간, 빛의 서로 다른 상태, 구름부터 바람까지, 이 모든 것이 '줄탁동시'의 절묘함으로 일치하는 순간 한

17) 이것은 1950년 10월 7일 유엔총회결의에 따른 것이며, 보수 쪽에서 더 심각하게 제기해온 문제인데 북의 영토를 대한민국 영토로 규정하고 있는 헌법 3조 영토조항이 부인되기 때문이라는 것.

18) 이 때문에 사세보를 비롯한 6개의 주요기지가 유엔사 후방기지로 배치되어 있다는 것. 유엔사령관이 4성 장군이고 주일 미군사령관이 3성장군인 것은 이런 관계를 전제로 하고 있다.

19) 1951년 9월 일미안보조약 체결 때, 요시다 수상과 애치슨 국무장관 사이의 교환공문에 따라 '일본정부는 한국에서의 유엔군활동을 지원하기 위해 모든 시설과 역무를 제공한다'고 합의하였고, 시설제공이 앞서 말한 7개의 유엔사 후방기지이며 역무제공에는 자위대제공까지 포함되어 있다는 것.

20) '유엔사 해체'는 1975년 유엔총회에서 공산측과 자유진영측 모두의 찬성으로 통과된 객관적 사실이고, 1975년 유엔총회연설에서 미 국무장관 '헨리 키신저'가 결의안대로 76년 1월1일 유엔사를 해체한다고 약속했으며, 이시우가 직접 만난 주한 미 대사·부대사의 입을 통해서도 '한국정부가 결정할 일이다'라는 말을 확인한 바 있다고 했다. 이상 이시우의 「옥중편지」.

<그림 3> 전파의 기교도 빛의 장엄만 못하다(이시우 作).

장의 사진이 '결'로서 태어나는 것이라고 했다. 그리하여, 그것은 준비된 필연과 행운에 가까운 우연의 통일체이기도 했고, 이것이 그가 10년 동안이나 '비무장지대'에 매달린 까닭이었을 터였다.

3-2. 경찰이 가장 많이 인용한 사진 중의 하나가 강화 고려산 미군통신 시설의 일몰을 찍은 이시우의 사진이다.[21]

경찰은 이 사진에 대해 기밀유출을 목적으로 한다는 혐의를 적용했다. 작가는 이 사진을 찍기까지 대상에 대해 수집가능한 모든 정보를 확보하고 그 연관과 실체를 연구했으며, 정보전쟁의 수단으로서 전자파와 또 다른 파동으로서 평화를 상징할 빛의 극적 대비를 머릿속에 구상하고 있었다고 했다. 수없이 헛걸음을 하고 기다리며 인내하던 끝에 줄탁동시의 순간을 만났고, 원하던 사진을 얻었다고 했다. 그가 이 사진에 적용한 개념은 '전파의 기교도 빛의 장엄만 못하다'는 것이었다고 했다. 전쟁을

21) 이시우, 앞의 책, 89쪽 참조.

소재로 평화를 말하고자하는 작가의 역설적인 사진방법을 구현하는데 성공했다고 작가 스스로 흡족했다는 작품이다. 고려산 미군통신시설은 '창작의 대상에서 제외되지 않으며 창작을 통해 기밀보호보다 더 큰 가치를 국가는 획득할 수 있다'는 생각이 헌법의 취지에 맞으며, 평화의 '결'은 전쟁을 외면하고 성립할 수 없으며 거실에 걸어놓고 즐길 수 있을 때 비로소 의미가 있다는 것이 그의 주장이다. 그러나 비무장지대를 대상으로 10년 넘게 사진작업을 해온 이시우의 사진은 군사기밀보호법의 혐의가 씌워졌다.[22]

> '사람 몸 중에 중심이 어디일까요?'라는 질문에 '데모크리토스'는 '심장'이라고 답할 것 같습니다. '에피쿠로스'는 '아픈 곳'이라고 답할 것 같습니다. 아픈 곳이 치유될 때까지는 온통 신경이 거기에 집중되는 때문입니다. 저는 후자의 입장에 서고 싶습니다. 몸의 중심이 아픈 곳이듯 사회의 중심도 아픈 곳입니다. 세계의 중심 또한 전쟁과 기아와 빈곤으로 인하여 '아픈 곳' 입니다. '아픈 곳'에 사회의 모순과 세계의 모순이 집중되어 있습니다. 시대의 중심에 서고자하는 예술가에게 그것은 숙명의 자리인지도 모릅니다.[23]

여기서 이 모든 상황의 발단을 작가는 '유엔사 해체 문제'와 '헌법 3조 개정 문제'에서 찾고 있다.[24] 그리고 이런 현실인식이 '아픈 곳'으로

---

22) 기밀과 창작의 문제를 생각하는 사례로 '얀'이란 세계적 사진가의 '하늘에서 본 지구'란 사진의 경우, 그가 한국의 비무장지대를 하늘에서 찍고 싶다는 희망은 정전협정 상으로나 군사기밀 보호법 때문에도 불가능하다는 것이 일반적 예측이었다. 그러나 유엔사 군정위 비서장인 '캐빈 매튼' 대령은 그를 헬기에 태워 한국의 사진가들에겐 한번도 그 기회가 주어지지 않은 비무장지대와 민통선지역에 대한 고공촬영을 했고 사진을 발표했다. 그는 한국의 DMZ를 대표하는 사진작가일 것이다.

23) 이시우, 「옥중편지 2」.

'비무장지대'이다. 아픈 곳에 모든 신경이 집중되고 아픈 곳이 치유되기까지 몸은 안정과 조화를 이룰 수 없다. 몸의 중심이 아픈 곳이듯, 사회의 중심도 세계의 중심도 아픈 곳, 시대의 사상이론과 사상 감정은 아픈 곳으로부터 나온다는 것이 사진작가 이시우에게 '비무장지대'라는 자리가 가지는 사상적 문화지형일 터이다.

3-3. 예술과 사상의 중심으로 비무장지대를 이시우는 '지역・분단・세계'라는 세 가지 주제의 통일로 본다.[25] 지역은 정치적 공간 개념으로, 소외의 최하층에 속하여 어떤 정치적 시도도 무의미한 지역이었다는 것이다. 그곳은 오랫동안 사람의 접근조차 거부해 온 땅이었다. 둘째 분단은 통일에 대한 인식변화와 함께 가능한 주제이며, 민족성 실현의 가능성이라고 본다. 셋째 주제로 세계는 이곳이 세계 긴장의 중심으로 장차 세계 평화 주체의 핵심 지역이라는 것이다. 그리하여 이 비무장지대와 그 접경지역을 세계평화문화지대로 만들자는 실천운동을 제안하는 것이다.

그러기에 이시우의 사진에는 단 두 가지 대상이 대비되어 나타나기 마련인데, 지뢰 표지판과 철조망, 폭격으로 타다 남은 노동당사가 정중앙

---

24) "대한민국의 영토는 한반도와 그 부속도서로 한다"는 헌법 3조의 이른 바 영토조항은 한반도 북측지역을 대한민국이 되찾아야할 수복지구로 상정하고 있다. 유엔사가 점령자로서 북을 적대국으로 상정하는데 비해, 헌법 3조는 북을 해방지역, 자유화지역으로 상정한다는 점에서 비교된다. 북한이 자기들의 헌법 9조를 약 40년 전 개정하여 인민정권의 관할지역을 한반도 전체가 아닌 북반부지역으로 한정한 것에 비교하면 남측의 현실에 대한 인정이나 대응이 너무 오랜 기간 미루어지고 있다는 평가도 나올 법 하다. 한국 헌법 3조가 개정된다면 '국가보안법'은 존립근거가 없어져 자동 소멸된다는 것이 그의 주장이다.

25) 이시우, 「'비무장 지대에서의 사색'에서의 세 가지 전제」, 『비무장지대에서의 사색』, 인간사랑, 2007, 92쪽.

<그림 4> 철원 노동당사

부에 '정밀묘사'되어 감상자의 눈길을 사정없이 붙들어 매고, 그리고 그 사진들에는 어김없이 끝없이 펼쳐져 있는 들판과 하늘이 드리워져서 보는 이의 시선을 다시 아득한 어디로 끌고 가 버린다.[26] 그러기에 해설자는 이시우의 사진이 북녘 하늘과 산을 '촬영'한 것이라기보다는 우리가 그 사진 앞에 설 때 완성되는 것이라고 풀이한다. 이런 설명은 이시우가 중국미학의 시초 개념인 '화(和)'를 '조화'라고 새기기보다는 '화해'로 새기는 것이 맞다[27]는 말 속에 뚜렷이 들어나는 작가의 미학정신일 터이다.

4. '실지(實地)'의 문화지형

<장소의 문화지형>이란 주제는 '장소의 감각상실'을 문제 삼는다. 이런 이해에서 실학자 홍대용과 현대 사진작가 이시우의 '중심론'을 통해

---

26) 송주성, 「슬픈 조국의 대지를 응시하는 눈」, 이시우, 위의 책, 해설.
27) 이시우, 위의 책, 2003, 84쪽.

서 나는 '실지(實地)'라는 실학 개념을 원용해서 "왜 '자리[장소]'인가"라는 문제에 접근을 시도했다. 나는 지난 한 주간 동안 '우리 땅 걷기' 모임의 신정일 대표와 함께, 압록강을 걸어 옛 고구려 유적을 살피며 백두산에 올랐다. 압록강이나 고구려 옛 땅이나 백두산이 모두 지금 중국 영토를 밟아야 하는 길 걷기였지만, 우리 역사의 땅, 민족의 심상지리 체험은 비길 바 없는 벅찬 우리 역사의 길 걷기 체험이었다.

압록강을 걸으며, 연암 박지원의 「도강록」의 한 대목을 떠올리지 않을 수 없었다. 의무려산이 홍담헌을 통해서 한민족의 심상공간, 역사적 장소로 되었듯이, 압록강은 연암의 「도강록」을 통해서 뜻 깊은 문화지형을 이룩했다. 이때 연암은 연행에 동행한 홍명복이란 사람에게 "자네 길[道]을 아는가?"고 물었다. 이 갑작스러운 질문에 당황하여 반문하는 홍군에게 연암은 이렇게 말했다.

> 이 강은 저쪽과 이쪽의 경계인데, 둑이 아니면 물일세. 무릇 천하의 윤리와 물리는 이 물가의 둑과 같으니, 길[道]은 다른데서 찾을 것이 아니라 저 둑에서 찾아야 하네(「도강록」).

그는 세상 사람의 윤리와 만물의 법칙이 다 이와 같아서, 우리가 찾아 헤매는 것이 멀리 있지 않고, "바로 여기, 지금 이곳"에 있는 것이라는 비유로 말한 것이다. 경계[際], 그 가운데서도 국경은 민족과 나라들 사이에 아픈 역사의 옹이가 된 자리다. 박연암에게 압록강이란 땅, 도강의 경험은 "세상 사람의 윤리와 만물의 법칙이 다 이 속에 있는" 자리[地理] 체험이며 실지의 역사체험이었다. 그의 명문 『열하일기』의 서문의 연호를 건륭으로 하지 않고 '숭정 기원 후'로 한 까닭을 놓고 긴긴 머리말을 써서 치열한 역사체험의 아픔을 감추지 않았던 박연암의 도강체험이야말로, 윤리와 물리를 깨닫는 '실지'체험의 두드러진 보기일 터이다. 막힌 경계를 헐어 소통하는 곳이 길이며 화해의 법이다.

이것은 담헌 홍대용이 말한 바 실학의 세 가지 요소로 실심과 실사와 함께 '실지'를 밟는다는 바로 '지금, 여기'라는 자리 체험의 빛나는 보기일 터이다. 현대 세계가 한 가지로 부르짖는 '세계'나 '지역'은 물론, 박연암이 말한바 세상 사람의 윤리와 만물의 법칙이 멀리 있지 않고 '지금 여기 바로 이 자리'에 있다는 '실지'의 실학을 오늘에 되새기는 뜻이 여기에 있을 터이다.

참고문헌

김태준, 『洪大容評傳』, 민음사, 1987.

______ 편저, 『문학지리－한국인의 심상공간』 상・중・하, 논형, 2005.

김태준・이승수・김일환, 『조선의 지식인들과 함께 문명의 연행 길을 가다』, 푸른역사, 2005.

박태순, 『국토와 민중』, 한길사, 1983.

박희병, 「홍대용의 생태적 세계관」, 『한국의 생태사상』, 돌베개, 1999.

송주성, 「슬픈 조국의 대지를 응시하는 눈」, 이시우, 『비무장지대에서의 사색』, 인간사랑, 2007.

이광호, 「신연행록 6」, 『중앙일보』, 2002. 11. 13.

이시우, 『민통선 평화기행』, 창비, 2003.

______, 「'비무장 지대에서의 사색'에서의 세 가지 전제」, 『비무장지대에서의 사색』, 인간사랑, 2007.

이은숙, 「문학지리학서설 : 지리학과 문학의 만남」, 『문화역사지리』 제4호, 한국문화역사지리학회, 1992.

전종한 외 3인, 『인문지리학의 시선』, 논형, 2005.

조동일, 『문학사와 철학사의 관련양상』, 한샘, 1992.

홍대용, 『국역 담헌서』 2, 민족문화추진회.

II. 풍경에서 장소로
: 인문주의 진지론(陣地論)의 결말

김 영 민

……대중은 현실세계로 되돌아오지 못했다. 오히려 이 새로운 회의의 시대는 이미지와의 동맹을 강화했다. 이미지의 형태로 이해됐던 현실을 더 이상 믿을 수 없게 되자, 이제는 이미지와 환상 자체가 되어야만 이해되는 현실을 믿게 된 것이다.

(수잔 손택, 『사진에 관하여』)

그(보행자)는 교회, 국가, 인민을 벗어난 제4의 신분인 것이다.

(H. D. 소로우, 「산보」)

한 번도 의식되지 않았던 것도 의식될 수 있다. 태고의 시작보다는 새로운 시작이 중요하며, 심적인 태고적 동굴에서 더 이상 의식되지 않았던 것 대신에 아직 의식되지 않은 것이 중요하며, 또한 현존하는 의식의 정점에 있는 그 내용이 중요하다.

(에른스트 블로흐, 『유토피아의 정신』)

1. 풍경의 탄생

19세기 초반의 정신사적 배경을 업은 헤겔은 그 위상의 근본적 변화를 겪는 예술에 대해서 의미심장한 결언을 내린다. "오늘날 예술은 더 이상 진리를 현존재로 드러내 주는 최고의 방식으로 통용되지 못한다(Uns gilt the Kunst nicht mehr als die höchste Weise, in welcher die Wahrheit sich Existenz verschäfft)."1) 물론 '예술의 종말'은, '예술이라는 이름의 사후소급적 명명'(M. A. Staniszewski)을 삭제하려는 행위나 단순히 그 활동 일반의 태업, 혹은 파업을 가리키는 게 아니다. 이 종말적 상황은 예술적 미메시스의 객관적 완성을 거치는 가운데 역설적으로 자폐적 지경에 내몰리면서도, 한편 그 같은 수행을 통해 비의도적으로 얻는 자기성찰적 투시(透視)와 그 메타적 전망으로 인해 새로운 변용의 기미를 띤다. 데리다 식으로 말해서 철학의 종말이란 그저 그간 특권적인 방식으로 세계와 인간을 '향(向)'하고 '접(接)'하던 책들을 덮는 게 아니라 오히려 그 같은 책들이 덮이는(덮여야 하는) 상황에 대한 새로운 독해가 요청되는 계기가 되듯이 말이다. 실재(réel)나 자연(naturel)에 관한 거듭되는 논의는 바로 이 같은 계기들의 연쇄를 배경으로 삼는 것이다.

종래의 예술작품으로부터 '신비로움이나 비밀스러운 예감, 동경'의 상실을 말하는 헤겔의 시각이 일부 벤야민을 연상시키긴 하지만, 이 관념론의 대가가 19세기 종반의 자본과 '기술적 수렴'(J. 엘루) 현상으로 대변되는 사회문화적 변동과 그 문화적 몽타주를 분석적 시각으로 천착하는 것은 아니다. 헤겔의 설명에 의하면, 상상적으로 직관할 수 있는 정신의 내용(들)이 예술의 형상 속에 완전히 드러나면서 거꾸로 (절대)정신은 이 예술적 객관성으로부터 퇴각하고 다시 자신의 내면(성)으로 돌아가게 된다. 헤겔은 이를 '내면성의 시대'(미학, 161쪽)라고 부른다. 말하자

---

1) 게오르크 W. 프리드리히 헤겔, 두행숙 옮김, 『헤겔 미학(1)』, 나남출판, 2001, 160쪽. 이후 본문 속에서는 '미학'으로 약칭.

면, 동 시대의 예술은 정신의 진실을 표현하는 최종심급의 매체로 기능하기를 그치며, 이로써 그 진정한 가능성을 소진한 예술은 자연스럽게 소외/변용의 단계를 거친다. 헤겔은 특히 네덜란드의 풍속화와 낭만주의 풍의 회화를 통해 '정신의 진리를 표현하는 최고의 방식'에서 퇴위한 예술의 가능한 변용을 예시한 바 있다. 정신문화 일반이 거의 종교화된 탓에 예술품은 미적 자율성을 얻지 못한 채 예배제물, 헌납의 연장으로 이해될 뿐이었고 이 점에서 중세는 차라리 선사시대와 가깝다는 곰브리치의 낯익은 지적[2)]은 풍속화(낭만주의)에 대한 헤겔의 변명과 대극을 이룬다. "고전적 예술은 이상 속에 있는 본질적이고 실체적인 것만을 형태화했다면 여기 낭만적 예술에서 우리들에게 보이는 것은 변하는 자연이 빨리 스쳐가는 모습에서, 물의 흐름이나 폭포, 솟구치는 바다의 파도, 유리잔이나 접시 따위의 우연히 반짝거리는 정물, 특수한 상황 속에 있는 정신이 외화(Äußerung)되는 형태, 등잔 밑에서 바늘에 실을 꿰는 여자……어느 농부가 씩 하고 웃는 것을 고정시킨 모습 등이다."[3)]

정신의 진리와 조응하던 전래의 예술적 대상과 그 표현의 외곽에서 '덧없고 일시적인 것들'로 머물던 것들, 예컨대, 풍속의 갖은 소재들, 풍경, 그리고 일상 속의 자잘한 정물과 집기들은 더 이상 종교신화의 현실적 구성의 부속물이 아니라 그 나름의 자율적 가치를 지니며 '독립'하게 된다. 곰브리치의 말처럼 "옛 것에 대한 권태를 모르던 시대"(미술사, 249쪽)가 끝나고 시나브로 당대의 현실이 주요한 화재(畵材)로 등장한 것이다. 그러나 언제 어디서나 우리들의 주변에 널려있던 민속과 풍경이

---

2) 에른스트 H. 곰브리치, 백승길 외 옮김, 『서양미술사』, 예경, 2003, 253쪽. 이후 본문 속에서는 '미술사'로 약칭.

3) 게오르크 W. 프리드리히 헤겔, 두행숙 옮김, 『헤겔 미학(2)』, 나남출판, 1996, 414~415쪽.

(재)발견되는 과정을 두텁게 해명하기 위해서는, 인간들의 종교문화에 대한 해석학적 체계의 후경(後景)에 불과했던 대상이 독자적인 법칙과 질서, 그리고 미적 실재감을 지니고 등장했다는 사실만을 지적할 게 아니라, 정신이 예술적 객관성으로부터 퇴각하고 다시 자신의 내면(성)으로 돌아가게 되었다는 지적을 되새길 필요가 있다.

'칸트를 말하지 않고는 내 생각을 말하지 않는(못한)다'는 가라타니 고진[4] 류의 글쓰기는 표절과 창신(創新)이 늘 뒤섞이는데, 가령 앞에서 인용한 헤겔의 지적은 "메이지 20년대 말에 언문일치가 확립되어 그 의식조차 사라질 정도로 정착되었을 때 내면(內面)이 나타났던 것"[5]이라는 가라타니의 주장과 그 문장의 형식뿐 아니라 그 취의가 정확히 일치한다. 그러니까, 가라타니의 '언문일치'는 헤겔이 말한바 "완전한 (정신의) 내용이 완전하게 예술형상에 드러나게 됨"(미학, 160쪽)을 일본의 근대문학적 지평 속으로 번안해 놓은 셈이다. "풍경은 외부 세계에 관심을 갖지 않는 내면적 인간에 의해서 도착적으로 발견"(기원, 11쪽)되었다는 그의 말은 이런 맥락 속에서 쉽게 제 자리를 얻는다. 그에 의하면 주객관이라는 인식론적·원근법적 공간은 풍경에 의해 성립된 것이며, 이 풍경은 새로운 에크뤼티르(기원, 91쪽)와 지각양태의 상관물(기원, 35쪽)이다. 물론 헤겔이 예술의 종말이라는 테마 속에서 언급한 풍경(화)이 근대적 주체가 생성되는 배경이자 그 제도적 함수로 논급한 가라타니 식의 풍경과 일치하는 것은 아니다.

풍경, 혹은 정신(주체)의 형성(완성)과 구성적·구조적으로 함수관계를 맺는 어떤 이미지의 몽타주는, 헤겔처럼 정신의 퇴각 및 자기 '완결'과

---

4) 가라타니 고진, 송태욱 옮김, 『윤리21』, 사회평론, 2001, 116쪽.
5) 가라타니 고진, 박유하 옮김, 『일본근대문학의 기원』, 민음사, 2005, 88쪽. 이후 본문 속에서는 '기원'으로 약칭.

관련되든지 혹은 가라타니의 일본식 적용에서처럼 말(parole)/글(écriture)의 '일치'와 관련된다. '완성'이나 '일치'라는 개념에서 보이듯 형이상학적 무게를 지니는 헤겔식의 해석은 다소 부담스럽다. 마찬가지로 원형(Archytypen)을 내세우는 이론들도 그 종교신화적 전제의 무게 탓에 풀리기보다 차라리 맺히는 고리가 많아 부담스럽긴 마찬가지인데, 예를 들어 "상징과 신화가 역사적 상황만이 아니라 인간의 '한계상황'을 나타"[6]내고, 그 한계상황은 "무의식과 초의식의 차원에서 일관되게 나타나는 동일한 원형적 상징의 비(非)역사적 표현"(상징, 135쪽)의 현장이며, 마찬가지로 "인간의 한계상황은 이 문화를 받쳐주는 상징에 의해 완전히 드러난다"(상징, 190쪽)고 할 때, 그 역시 어떤 이미지와 인간주체(homo religiosus)의 구성적 관계를 말하는 것이다. 엘리아데(하이데거)에 의하면 역사적 현상만으로 구성되는 문화철학은 실재(존재)에 이르지 못하는데, "원형의 영속성과 보편성이 문화를 '구원'하며 양식의 역사/형태론을 넘어 문화철학을 가능케"(상징, 189쪽)하기 때문이다.

이처럼, 풍경은 인간(문화)에 선재하는 일차적 질료의 집산을 가리키지 않는다. 그 발견은 단순한 인식(connaissance)이 아니라 재인식(reconnaissance)의 경험 속에서 한 순간 안팎으로 밝아오는 상호연관성이며, 인간의 해석학적 조응관계 속에서 재배치(réarrangement)된 것이다. 그것은 2차적 자기성찰의 결과물이고, 가라타니 식으로 말하자면 내면의 탄생과 조응하는 정신의 메커니즘이다. 혹은 하이데거 식으로 고쳐 말하자면 근대적 · 데카르트적 주체의 탄생과 조응하는 것은 다름 아닌 세계상(Weltbild)이라는 이름의 풍경인 것이다. "우리가 어떤 것에 대한 상

---

6) 미르치아 엘리아데, 이재실 옮김, 『이미지와 상징』, 까치글방, 1998, 40쪽. 이후 본문 속에서는 '상징'으로 약칭.

(Bild)을 갖는다는 말은 존재자가 우리에게 표상된다는 것만이 아니라, 존재자에 속하고 존재자와 연관되어 있는 모든 것 속에서 존재자가 우리 앞에 체계로서 서 있다는 것을 뜻하"[7]기 때문이다. 그렇게 존재의 음성을 잃어버린 (근대적) 주체는 존재자들의 전체(die Seienden im Ganzen)로서의 풍경의 체계를 마주하면서 사유의 중심이 된다. "그래서, 나, 즉 인간의 주체성은 사유의 중심으로 선언되기에 이른다. 여기에서부터 근대와 그 주관주의의 1인칭 시점이 유래한다. 의심하기야말로 철학의 시작이라는 통찰에 이르게 되는 것이다. 즉, 지식과 그 가능성에 대한 성찰의 능력이 생긴 셈이다. 지식에 대한 이론이 세계에 대한 이론보다 앞서 세워져야 했던 것이다."[8]

넓은 의미의 이데올로기 투쟁사가 필경 '자연(스러운 것)'의 발견과 재발견의 변증법적 과정이었던 것처럼, 마찬가지로 넓은 의미의 인식과 주체의 역사도 풍경의 발견과 재발견으로 재서술 될 수 있다. 네덜란드의 민속과 풍경이든, 내면의 상관물이든, 혹은 세계상이든, 심지어 중근세 동아시아 지식인들이 완상과 합일의 대상으로 쳤던 '산수(山水)'[9]든, 풍경을 이루는 것은 단순한 자연적 소여가 아니다. "동양에서 산수화의 출현은 인위적인 것으로서의 문화와 자연적인 것으로서의 자연 사이의 거리감과 이질감이 본격적으로 인식되기 시작했음을 의미한다. 산수화가 등장했을 때 인간은 이미 충분히 문화적인 상태였고 또 동시에 문화의 반동적인 성격이 깊이 자각되기 시작했던 때라고 할 수 있다."[10]

---

7) Martin Heidegger, *Die Zeit des Weltbildes,* 1938, 서광사, 1995, 42쪽. 이후 본문 속에서는 'ZW'으로 약칭.

8) Martin Heidegger, *Basic Writings*, New York: Harper & Row, 1972, p.297.

9) 그래서 강선학은 "산수정신이란 공간의 관념적 깊이를 얻는 것"이라고 요약한다. 「풍경의 산수화, 산수의 풍경화」, 부산 시립미술관 기획전시(2004. 2. 20~4. 20) 전시기획문.

그것은 주체화, 문화화, 혹은 교양화의 노역과 수행의 성과를 매개로, 그리고 바로 그 성과가 (단순히 성취되었다는 그 이유 때문에 가능해진) 공제(控除)의 효과 속에서 도드라진 정신의 가공물인 것이다. 이처럼 풍경은 회귀(回歸)한 내면성으로부터, 인식과 문화와 교양의 주체가 종합하는 원근법적 시선으로부터 다시 드러난다.

"풍경은 책임을 묻지 않는다"[11]는 말은, '이미지는 노(no)라고 말하지 않는다'는 반성 아래 이미지의 윤리학을 제창한 에코(U. Eco)를 연상시킨다. "갑자기 엄마가 쓰러지자/ 지탱하던 풍경들이 무너져 내린다"[12]고 하듯이, 풍경은 상처(기원)를, 그래서 윤리를 숨기며, 일거에 그 형태를 잃어버리기 직전까지 기성의 제도와 그 이데올로기적 주체들을 통념적인 삶의 형식(habitus)과 인식의 형식(episteme)에 습합한 채 스스로를 완강하게 보존하기 때문이다. 그것은 풍경이 상징적 통합의 기제로 작동하면서 그 통합에 저항하는 "기이한 외상적 요소"[13]로서의 실재(지젝)를 쉽없이 걷어내기 때문이기도 하다. 예를 들어, 사람의 얼굴이 늙어가는 모습을 통공시적으로 조망해 보는 관찰은 풍경의 보수적 메커니즘을 깨단하기에 매우 적절한 실험이다. 성형과 같은 미용술 그리고 인체공학은 얼굴이나 몸의 각 항목(items)이 마치 불로불멸의 것인 양 여기게 만들 뿐 아니라 실제 그 효과는 대중의 환상을 부추길 만큼 극적이기도 하다. 그래서 눈, 코, 입, 혹은 유방이나 여타 몸의 특정한 부분은 자본의 페티시(fétiche)로 주목받으며 소비자로 변한 '마지막 인간(der letzte Mensch)'에

10) 이상우. 『동양미학론』, 시공사, 1999, 163~164쪽.

11) 신형철, 「문제는 서정이 아니다」, 『몰락의 에티카』, 문학동네, 2008, 198쪽. 이후 본문 속에서 '몰락'으로 약칭.

12) 배용제, 「엄마, 이름이 엄마인 엄마」, 『이 달콤한 감각』, 문학과 지성사, 2004.

13) 슬라보예 지젝, 이수련 옮김, 『이데올로기라는 숭고한 대상』, 인간사랑, 2002, 229쪽.

의해 쉼 없이 소비된다. 실로 그것은 '이데올로기라는 숭고한 대상'(지젝)이 되기에 모자람이 없어 보인다. 프로이트의 낡은 설명처럼 어머니(여성)의 남근을 환상적으로 대체하는 물신(物神)의 항목은 자본제적 분신술(粉身術)의 정점에서 얼굴의 파편적 물신들로 향한다. 물론 얼굴의 경우에도 자본의 집중적인 응시를 받는 소비 항목들에 비해 그 풍경은 덜 주목받는데, 그것은, 실은 항목들의 조합을 품는 바로 그 형태(Gestalt)가 얼굴미의 기본을 이룰 뿐 아니라 얼굴에 민감한 그 누구나의 감각에 직관적으로 와 닿는 심미적 가치임에도 불구하고 다만 자본주의적 소비 코드에 접합되기가 애매하다는 이유 탓이다. 마치 (이름이 '엄마'인 그) 엄마가 가사(家事)의 중심으로부터 쓰러지는 순간 그 공제(控除)의 효과로 인해 그간 그 여인의 노역과 상처로 인해 은폐되었던 가족의 풍경이 일시에 드러나듯이, 늙는다는 것도 자본의 환대와 보살핌을 받는 얼굴의 항목들이 아닌, 하지만 눈 · 코 · 입 같은 주된 항목들이 숨기면서도 동시에 근원적으로 의지할 수밖에 없는 윤곽(輪廓, con-figur-ation)의 변화에 의해 일거에 폭로되는 것이다.

풍경은 무너지면서야 제 모습을 드러낸다, 그것이 풍경의 근원적 보수성이다. 마찬가지로, 늙음도 얼굴의 물신적 항목이 아닌 그 전체 형태가 무너지면서 돌이킬 수 없이 드러난다. 그것이 소비자본주의의 궤선에 응집한 눈 · 코 · 입 · 유방 · 허(꿀)벅지 같은 항목들을 끝없이 경배할 수 있도록 돕는 얼굴-풍경의 보수성인 것이다.

2. 스펙타클, 혹은 거울사회 속의 인문정치

알프스의 고산이 수정채취자들이나 사냥꾼들의 일차적 삶터로부터 등산가들이나 관광객들이 소비하는 풍경과 스펙타클로 바뀐 것이나, "우리나라 독립을 방해하는 제주도 폭동사건을 진압하기 위해서는 제주도민 30만 명을 희생시켜도 무방하다"[14]고 호언한 박진경의 추모비(풍경)가 양민학살의 만행(기원)을 은폐하는 데 동원된 것이나, 실제의 세계가 사진 스펙타클에 의해 기술적으로 지워져 가는 것[15]은 모두 소심한, 차라리 무심한 인식론에 복무하고 있는 침묵의 이미지들[16]과 관련된 것들이다. 더러는, 단지 소심할 뿐 아니라 "왜곡되고 자의적인 표상기구를 감추는 기만적인 자연성과 투명함의 외관을 지닌 기호의 일종"[17]으로 전락하기도 한다. 혹은 그것은 노골적으로 타인의 고통을 은폐하거나 그 이미지를 오용한다. 그래서 손택(S. Sontag)도 "사진을 찍는다는 것은……사진으로 찍어놓아야 할 만큼 그 피사체를 흥미롭게 만들어주는 그 무엇(예컨대 남에게 고통이나 불행이더라도 내게는 흥미로움을 주는 상황)과 공모하는 행위"[18]라고 일침을 가한다. 그러므로 손택은 자신의 책이 "스펙타클이 아닌 실제의 세계를 지켜나가야 한다는 논증"(고통, 14쪽)이 되어야 한다고 주장하게 된다.

스펙타클에 대한 기 드보르의 비판은 마르크스의 정치경제학을 (신)미디어 환경 속의 사회변동에 대입해 놓은 것이나 마찬가지다. '풍경이

---

14) 이영권, 『제주 역사기행』, 한겨레출판사, 2004, 305쪽.

15) 수잔 손택, 이재원 옮김, 『타인의 고통』, 이후, 2004, 14쪽. 이후 본문 속에서는 '고통'으로 약칭.

16) 그러나 여기에는 이데올로기의 공제(控除)와 이로써 가능해진 풍경만 있을 뿐 그 공제가 외려 잉여를 낳는 '급진성'의 체험이 없다. 이 논제와 관련해서는 다음의 글을 참고할 것. 김영민, 「무능의 급진성(3) : 이미지의 침묵과 인문(人紋)의 급진성」, 『동무론 : 인문연대의 미래형식』, 한겨레출판사, 2008. 이후 본문 속에서는 '동무'로 약칭.

17) W. J. T. 미첼, 임산 옮김, 『아이코놀로지 : 이미지, 텍스트, 이데올로기』, 시지락, 2005, 21쪽.

18) 수잔 손택, 이재원 옮김, 『사진에 관하여』, 시울, 2004, 31쪽.

기원을 은폐한다'는 명제는 이를 유행시킨 그 어느 누구의 몫이 아니라 역사적 · 비판적 · 계보학적 분석방식의 오래된 이치일 뿐으로, 사실 기 드보르도 이를 답습하는 편이다. "스펙타클의 관계들의 물신화되고 순전히 객관적인 외관은 그것들이 인간들과 계급들 사이의 관계라는 사실을 은폐하고 있"[19]으며 스펙타클에 의해 환상적으로 주어지는 사회적 통일성은 바로 그 불안한 통합이 의존하고 있는 계급분리를 은폐하고 있는 것(사회, 52쪽)이다. 그래서 "스펙타클은……현존하는 생산양식의 결과이자 또한 그 기획"(사회, 11쪽)이 된다. 물론 '은폐'는 특정한 풍경이 소비자 대중의 내성(주체)과 안팎으로 조응하면서 이룬 (몰)이데올로기적 관계의 근본 속성이다. 무릇 인-간(人-間)이란 타인들과 구성적으로 연루되면서 형성하는 '관계'의 형식 속에서 그 주체를 얻게 되지만, 마르크스가 자본을, 파농이 흑인을, 그리고 보부아르가 여성을 특정한 '관계'의 형식으로 설명하듯이, 기 드보르가 비판적으로 천착하는 스펙타클도 소비자 대중이 자본주의 사회와 맺는 특정한 (환상적) 관계의 형식이다.

삶의 실재를 은폐하는 환상적 관계 형식으로서 스펙타클은 일종의 거울이 된다. '주체와 객체의 이데올로기적 합치'(풍경)를 거울처럼 완벽히 숨기는 공간은 없기 때문이다. 자본주의적 신매체의 시대에 인간과 사물이 관계 맺는 방식으로 제시된 기 드보르의 스펙타클은 상상적(환상적) 자기동일시에 의해 가능해지는 일종의 거울상이다. 그렇기에 "스펙타클은 그 자신 이외의 다른 것을 목표로 하지 않"(사회, 15쪽)으며, "스펙타클은……자신에 관한 담화이며 자신을 찬미하는 독백"(사회, 19쪽)이고, "스펙타클의 사회에서는 상품이 자기가 만들어낸 세계 속에서 자신

19) 기 드보르, 이경숙 옮김, 『스펙타클의 사회』, 현실문화연구, 1996, 19쪽. 이후 본문 속에서는 '사회'로 약칭.

을 관조"(사회, 37쪽)하는 것이다. 당연히 이 거울사회, 스펙타클의 사회는 나르시시즘의 사회일 수밖에 없다. 그래서 "주체가 없는 시선과 잠재적 대상의 물화 속에서는 타인은 사라져가는 인종이 되어 버리고 이미지는 그 자체의 이미지가 되"[20]는데, 그것은 실로 "현기증 나는 거울"(죽음, 357쪽)인 것이다. 혹은 벤야민의 말을 빌면, 그것은 "스스로의 환등상에 의해 지배되는 현대성이라는 세계"[21]다. 이 대목에 관한 논의는 라캉의 이른바 거울단계(stade du miroir) 이론이 풍성한 밑절미가 될 수 있는데, 간단히 정리하면 거울 속에 비친 자신의 이미지에 현혹된 채 이와 상상적으로 동일시하려는 태도는 주체와 객체가 관계를 맺는 과정 속에서 이미지가 수행하는 매개기능에 의존한다. 그리고 이 같은 상상적 자아의 통합은 대체로 환상과 오인(meconnaisance)의 결과인 것이다. 이러한 설명 자체에서 비교적 선명해지듯이, 기 드보르의 스펙타클 개념은 '환상'을 통해 마르크시즘과 라캉식 정신분석을 통합시켜 새로운 소재에 적용한 것으로 의역할 수도 있겠다. 널리 알려져 있는 것처럼, 마르크스 역시 욕망의 환상적 재생산[22]을 인식하고 있었으며, 그에 따르면 자명하고 평범한 물건이 상품으로 변하는 순간 그것은 "형이상학적 궤변과 신학적 잔소리로 차 있는"(자본, 91쪽) 초감각적인 것으로 변신한다. 이는 환상이 주체와 그 욕망의 형성에 구성적으로 관여하는 정신분석에 대응한다.

정신(주체)의 형성과 구성적 · 구조적인 관계를 맺는 특정한 이미지-몽타주로서의 풍경은 (몰)이데올로기적 자연화의 과정을 거치면서 무책임

20) 레지스 드브레, 정진국 옮김, 『이미지의 삶과 죽음』, 시각과 언어, 1996, 357쪽. 이후 본문 속에서는 '죽음'으로 약칭.

21) 발터 벤야민, 조형준 옮김, 『아케이드 프로젝트 1』, 새물결, 2005, 138쪽. 이후 본문 속에서는 '프로젝트'로 약칭.

22) 칼 마르크스, 김수행 옮김, 『자본론(1) 상』, 비봉출판사, 2002, 43쪽. 이후 본문 속에서는 '자본'으로 약칭.

하고 환상적인, 현실의 기원과 그 구조를 은폐하는 스펙타클을 낳는다. 그리고 스펙타클은 그 자체로 가장 비정치적인 정치성의 표현이 된다. "전자적으로 매개된 대화는 새로운 발화상황을 창출하면서 그 '맥락(context)'을 지워버린다"[23]고 하듯이, 이 거울사회, 나르시시즘의 사회, 그리고 스펙타클의 사회는 주객을 환상적으로 동일시하고 구속하는 이미지-몽타주의 자기복제에 몰각한 채 그 역사사회적 '맥락'을 놓치며 탈정치화 하는데, 마치 자연화(naturalization)가 최고의 이데올로기화이듯이 이 경우의 탈정치화야말로 가장 중요한 정치화인 것이다.

3. 판타스마고리아와 변증법적 이미지

벤야민의 역사신(神, 詩)학에 의하면 "우리들이 품고 있는 행복의 이미지라는 것은 우리들 자신의 현재적 삶의 진행과정을 한때 규정하였던 과거의 시간에 의해 채색되고 있"[24]는데, 이 "행복의 이미지 속에는 구원의 이미지가 불가분의 관계를 맺고 함께 꿈틀거리고 있"(이론, 344쪽)다. 그리고 이른바 카이로스적 현재(Jetztzeit)의 휙 스쳐지나가는 모습을 통해서만 과거(역사)의 진정한 복원과 구원은 가능해진다. 그러니까, "오직 회고적으로만, 점차적인 소멸이라는 렌즈를 통해서만 대상의 참된 성격이 나타난다."[25] 바로 그것이 역사의 천사(Engel der Geschichte)가 미래로

---

23) 마크 포스터, 김성기 옮김, 『뉴미디어의 철학』, 민음사, 1994, 92쪽. 이후 본문 속에서는 '철학'으로 약칭.

24) 발터 벤야민, 반성완 옮김, 『발터 벤야민의 문예이론』, 민음사, 1992, 344쪽. 이후 본문 속에서는 '이론'으로 약칭.

25) 그램 질로크, 노병우 옮김, 『발터 벤야민과 메트로폴리스』, 효형출판, 2005, 225쪽. 이후 본문 속에서는 '폴리스'로 약칭.

등을 돌린 채(이론, 348쪽) 과거를 응시하는 이유다.

천국으로부터, 즉 미래로부터 불어오는 폭풍우로 인해 천사의 목전에는 잔해(殘骸)의 더미가 쌓여 폐허의 탑을 이룬다(이론, 348쪽). "<파사젠베르크>는 폐허이자 건축현장"(폴리스, 192쪽)이라고 평설할 때, 이것은 곧 그 자신이 '나의 모든 투쟁과 이념들의 극장'이라고 자리매김한 파리 연구에 그의 역사신학적 조명을 들이댄 것에 다름 아니다. 그것은 구라파 모더니즘의 수도였던 파리, 특히 그 중에서도 "상품자본의 신전으로서의 아케이드"(프로젝트, 147쪽)에 대한 해체적 분석인 셈이다. 그 스스로 역사의 천사를 본뜨는 듯한 글쓰기는 파괴와 해체, 그리고 재건축으로 이루어진 과정인데, "진보라고 일컫는 것은 바로 이러한 폭풍을 두고 하는 말"(이론, 348쪽)이라는 게 바로 그 역사신학적 배경이 되어, 통속적 마르크시즘의 역사목적론적 접근과 날카롭게 갈라선다. 천국(미래)으로부터 불어오는 폭풍이 파괴한 이 물신의 세계와 그 폐허야말로 진보와 구원, 보상과 갱신의 묘맥(苗脈)이 되는 것이다.

벤야민에게 그의 역사신학적 분석과 적용의 현장이었던 파리라는 도시는 무엇보다도 판타스마고리아(Phantasmagoria)였다. 그는 이 풍경, 이 스펙타클이 된 자본제적 소망이미지(Wunsch-Bilder), 혹은 시공간의 꿈(Zeit/Raum · Traum) 속을 이를테면 호시우행(虎視牛行)으로 산책하고 관찰하는 만보자(flâneur)가 된다. 그리고 구라파적 계몽과 진보와 번성의 한 가운데를 거닐며 역사의 폭풍으로써 그 풍경을 깨는 역사천사의 시선으로 신화와 과거의 원형적 반복을 추적한다. 그는 "자본주의라는 자연현상과 함께 새로운 꿈꾸기가 유럽을 덮쳤고 꿈속에서 신화의 힘은 다시 활성화되었다"[26]고 하는데, 아도르노를 위시한 그의 동료들로부터 '충분

26) Walter Benjamin, *Gesammelte Schriften,* vol. V, eds. Rolf Tiedemann and Hermann

히 변증법적이지 않다'거나 '물신주의에 빠진다'는 추궁을 당한 그의 방법은 판타스마고리아의 꿈속에 잠겨 있는 현대의 파리, 혹은 파리의 현대를 깨우는 일이었다. 그래서 '변증법적 이미지(dialektische Bild)'라는 개념을 축으로 이루어지는 역사서술(Historiographie)의 주제는 깨어남(Erwachen)이며, "실상 역사는 오직 그것(깨어남)……19세기로부터 깨어남을 다룬다."27) 재 서술이 아니라 차라리 인용이라는 배치를 통해 타자들의 진실에 접근하려고 했던 것처럼, 갖은 도시 이미지들을 몽타주식으로 병치(倂置)시킴으로써 위협당한 과거를 구원하고 더불어 19세기의 통합된 풍경을 외상적 이미지의 충격으로 깨트린다. 그래서 질로크의 표현처럼 "변증법적 이미지는 19세기의 꿈에서 깨어나는 역사의 자명종"(폴리스, 234쪽)이 되는 것이다.

"스스로의 환등상에 의해 지배되는 세계"(프로젝트, 138쪽), 즉 아케이드와 전시장과 박람회로 구성된 유럽의 수도는 "빛으로 자아도취되어 있는 거울의 도시"(폴리스, 236쪽)이며, 기 드보르가 말한 자기 자신에게만 관심을 되돌리는 스펙타클의 사회이고, 책임을 묻지 않는 풍경의 세계이며, 마침내, 베버(M. Weber)의 의미심장한 진단처럼 "한 걸음 한 걸음 더 나아가면 갈수록 더욱더 철저히 무의미해질 운명을 지닌 듯이 보"28)이는 문화(文化), 혹은 문화(文禍)의 세계인 것이다.

Schweppenhäuser, Frankfurt am Main: Suhrkamp Verlag, 1974, p.494.

27) Gary Smith, *Benjamin: Philosophy, Aesthetics, History*, U. of Chicago Press, 1990, p.52 재인용. 이후 본문 속에서는 'Smith'로 약칭.

28) 막스 베버, 전성우 옮김, 『탈주술화 과정과 근대 : 학문, 종교, 정치』, 나남출판사, 2002, 272쪽.

4. 이미지의 침묵과 인문적 무능의 급진성

상품이라는 환상(마르크스), 풍경이라는 환상, 스펙타클이라는 환상(기 드보르), 그리고 판타스마고리아의 환상은 다양하게 분석·비판되며, 그 은폐된 자리와 억압된 진실은 폭로되고, 구원과 혁명의 희망 속에서 구제받기도 한다. '소비와 자아실현의 행복한 조합'(J. 리프킨)을 이루었다고 떠드는 '마지막 인간(der letzte Mensch)'의 주체가 (몰)이데올로기적으로 조응하는 자본제적 삶의 이미지들은 이처럼 그 근본에서 환상적이다. 그 환상은 욕망을 규정하며, 규제된 욕망은 자본제적 삶의 상징적 미봉으로서의 '풍경'을 유지하고 순환시키는 동력이 된다. '희망은 힘들게 배워야 한다'고 할 때, 그것은 자본제적 삶의 욕망으로 순환되는 풍경을 깨고 그 외부를 향해 몸을 끄-을-고 나아가는 공부와 연대(동무)의 어려움을 압축한다.

주체와 이에 조응하는 이미지의 합체로 구성된 풍경을 깨는 사건이 반드시 외부로부터의 침입(intrusion)일 필요는 없다. 특정한 개념의 정당화에 의지한 채 유지되는 상징적 미봉으로서의 풍경은, 폭력으로 다가오는 실재(réel)만이 아니라 마치 일종의 '내부고발자'와 같은 증상적 존재의 이미지에 의해서도 한 순간에 와해될 수 있다. 혹은, 「밀양」(이창동, 2008)에서 참척(慘慽)의 외상으로부터 도피하기 위해 급조한 신애의 주체-풍경이, 다른 과정을 통해 유사한 주체-풍경을 얻게 된 그 살인자의 모습에 의해 한 순간에 무너지는 것처럼, 자신의 은폐된 증상은 닮았지만 무엇인가 다른 대상과의 극적인 비교를 통해서도 되돌려 받게 된다. 또 다른 예를 든다면, '희생양은 사회적 관계가 없다'(R. 지라르)고 하듯이, 가령 풍경의 내밀한 조건으로서 은폐된 희생양의 존재는 그 침묵당한 존재의 부재 그 자체의 이미지에 의해서 역설적으로 그 풍경을 고발한다. 그래서

"타락한 세속과 사회적 관계를 맺지 않으려는 희생양들의 속절없는 죽음과 그 무능은 역사귀류법적 진실이 되어 그 모든 희생된 가치의 비판적 무게로써 자본주의적 유능을 내리치게 될 것"(동무, 459쪽)이라는 진단은 풍경 일반의 문제에도 고스란히 적용된다.

이미지들이 풍경을 이루고 있는 터에, 풍경에 저항하는 이미지의 급진적 존재론은 침묵과 무능이라는 반(反)풍경의 틈과 균열일 수밖에 없다. 엔도 슈사쿠의 「침묵」(1966)은 침묵하는 신과 그의 이미지인 후미에(踏繪) 앞에서 인간적으로 갈등하는 신부 로드리코를 그린다. 개인의 신앙양심과 그를 따르는 신자들의 목숨 사이에서 우왕좌왕하는 신부가 죽음과도 같은 신의 침묵과 실존의 고독을 업고 후미에 앞에 섰을 때, 동판(銅版)에 새겨진 그리스도의 이미지는 충신(忠信)과 배교의 세속적 이분법에 묶인 신부를 한 단계 높은 차원의 실천 속으로 급진(急進)시킨다. "밟아라, 밟아도 좋다." 혹은, 1980년 5월, 신군부의 광주학살로 부모를 잃은 어느 아이가 부모의 영정을 안고 철없이 재롱을 부리는 그 눈망울의 무지와 무능 속에서야 "인문(人紋)의 오래된 가능성은 어떤 잉여로, 어떤 초월로, 어떤 생산성으로, 빛보다 빠른 속력으로 그 체계를 벗어난다"(동무, 482쪽).

5. 풍경에서 장소로

터에 박힌 생활인이 내내 경험하듯이 "장소에 친밀하게 거주하려면 필수적인 일의 반복적 수행이 필요"[29]하다. 그것은 구경꾼과 냉소꾼,

29) 리 호이나키, 김종철 옮김, 『정의의 길로 비틀거리며 가다』, 녹색평론, 2007, 262쪽. 이후 본문 속에서는 '가다'로 약칭.

그리고 모짝 소비자로 변한 세속에서 인문적 연대의 진지(陣地)를 조형하는 데 드는 기본비용이다. 인간적 노동이 반복해서 (그리고, '극진'하게) 개입·투입되면서 이루어지는 '장소화(場所化)'는 주체-이미지의 복합체와는 다른 차원과 성질의 총체적(인식-정서-조직) 친밀성이다. 그것은 개입과 참여의 노동이 없이 피상적·이데올로기적으로 소비되는 이미지만으로 결코 만들어 낼 수 없는 인문주의의 밑절미가 된다. 응당 "장소란……오랜 시간에 걸쳐 평범한 사람들의 일상생활을 통해 형성되어야만 하고 그들의 애정으로 스케일과 그 의미가 부여되어야"[30]하기 때문이다. 이와 대조적으로, 렐프(E. Relph)에 의하면 무장소성(placelessness)이란 "장소의 심오하고도 상징적인 의미들을 인식하지 못하고 장소의 정체성에 대한 이해도 없는"[31] 장소에 대한 진정하지 못한 태도다.

무장소의 지리는 "개개의 장소들이 피상적이고 판에 박힌 '이미지'로 경험되며, 사회 및 경제활동이 이루어지는 '불명료하고 불안정한' 배경으로만 경험된다"(장소, 240쪽). 장소에 이르지 못한 이 공간들은 이미지-주체의 이데올로기적 합체를 도덕적(비윤리적)으로, 성실하게(비성찰적으로), 그리고 집단적(비개성적)으로 재생산하는 역할에 머문다. 예를 들어, 교회의 회벽에 걸린 금발의 미남자 예수 이미지(와 이에 조응하는 신앙의 주체), 장르나 주제와 무관하게 팝업(pop up)하는 인터넷의 젊은 나체들(과 이에 조응하는 성적 욕망의 주체), 환금(換金)의 가능성으로 집결하는 TV의 갖은 광고 이미지들(과 이에 조응하는 소비자 주체), 그리고 이른바 '매끈한 공간(Espace lisse)' 위를 질주하는 디지털 유목주의(digital nomadism)의 기업 광고들(과 이에 조응하는 노마드 주체) 등은 피상적·습관적으로

---

30) L. Brett, *Parameters and Images,* London: Weidenfeld and Nicolson, 1970, p.140.

31) 에드워드 렐프, 김덕현 외 옮김, 『장소와 장소상실』, 논형, 2005, 182쪽. 이후 본문 속에서는 '장소'로 약칭.

소비되는 이미지가 무장소성이라는 태도와 깊이 관련되었다는 사실을 증거한다.

속도가 자유가 아니며 이동이 변화가 아니고 다양성이 곧 진보가 아니 듯이, 자기차이화(self-differentiation)의 모방성과 전자매체적 이동성을 현란하게 표상하는 갖은 이미지들이 인문의 알짬이거나 밑절미일 리 없다. 다시 렐프의 말처럼, "무장소성이 커뮤니케이션의 발달, 이동성과 모방의 증가로 인해 비슷해 보이는 경관을 구성하고 있으며, 그 때문에 인간과 장소의 공통적이고 평균적인 성격에만 관심을 갖는 태도가 뿌리 깊게 자리 잡고 있"(렐프, 178쪽)기 때문이다.

"국지적인 절대성 속에 존재"[32]하는, 그래서 "국가나 도시를 이해하지 못하는"(고원, 676쪽) 유목민의 존재는 "전부를 포괄하는 총체성에 근거하기보다 스텝, 사막, 바다 같은 지평선 없는 매끈한 공간의 환경"(고원, 727쪽)을 근거로 삼는다. 그들에게는 "모든 지점은 오직 중계점"(고원, 729쪽)이며, 따라서 탈영토화의 과정 자체만을 대지와의 유일한 관계로 삼는다. 그러나 결론부터 말하자면, 홈 패인 공간이 곧 장소화된 것이 아니지만 매끈한 공간은 당연히 '장소화'가 되지 않은 공간이다. 가령, 논의를 확 바꾸어 그 이치만을 새로 염탐하자면, '탈영토화를 통한 영토화'와 '청소'의 관계는 무엇일까? 갖은 종류와 형태의 이동성으로 대변되는 자본주의적 세속의 풍경 속에서 한 장소를 택해 이드거니 그 장소의 인간화에 진력하는 노동의 가치는 미래의 인문주의에서 어떤 의미를 지닐까? 혹은 호이나키의 표현처럼, "이 덧없는 청소라는 허드렛일에 대해서 우리는 우리가 미술관에서 찬탄해 마지않는 장려한 작품의 창조

---

32) 질 들뢰스・펠릭스 가타리, 김재인 옮김, 『천개의 고원』, 새물결, 2001, 734쪽. 이후 본문 속에서는 '고원'으로 약칭.

에 대해 얘기할 때와 같은 기분으로 얘기"(가다, 262쪽)한다는 것은 무슨 뜻일까? 속도나 이동의 이미지에 미쳐있는 사회 속에서 그 이미지가 맨망해지도록 지며리 계속되는 한 장소에 대한 가없는 노동, 그 연극적 실천의 뜻은 무엇일까? 새롭고 밝은 유혹이 전래의 어두컴컴한 금지보다 결코 인문적이지 못한 시대에서 광속의 자본주의와 경이로운 기술주의의 풍경을 뚫고 인문주의의 미래적 연대를 기초할 장소를 얻는 일은 어떻게 가능해지는 것일까?

참고문헌

가라타니 고진, 송태욱 옮김, 『윤리21』, 사회평론, 2001.

__________, 박유하 옮김, 『일본근대문학의 기원』, 민음사, 2005.

강선학, 「풍경의 산수화, 산수의 풍경화」, 부산 시립미술관 기획전시(2004. 2. 20~4. 20) 전시기획문.

게오르크 W. 프리드리히 헤겔, 두행숙 옮김, 『헤겔 미학(2)』, 나남출판, 1996.

__________, 두행숙 옮김, 『헤겔 미학(1)』, 나남출판, 2001.

그램 질로크, 노병우 옮김, 『발터 벤야민과 메트로폴리스』, 효형출판, 2005.

기 드보르, 이경숙 옮김, 『스펙타클의 사회』, 현실문화연구, 1996.

김영민, 「무능의 급진성(3) : 이미지의 침묵과 인문(人紋)의 급진성」, 『동무론 : 인문연대의 미래형식』, 한겨레출판사, 2008.

레지스 드브레, 정진국 옮김, 『이미지의 삶과 죽음』, 시각과 언어, 1996.

리 호이나키, 김종철 옮김, 『정의의 길로 비틀거리며 가다』, 녹색평론, 2007.

마크 포스터, 김성기 옮김, 『뉴미디어의 철학』, 민음사, 1994.

막스 베버, 전성우 옮김, 『탈주술화 과정과 근대 : 학문, 종교, 정치』, 나남출판사, 2002.

미르치아 엘리아데, 이재실 옮김, 『이미지와 상징』, 까치글방, 1998.

발터 벤야민, 반성완 옮김, 『발터 벤야민의 문예이론』, 민음사, 1992.

__________, 조형준 옮김, 『아케이드 프로젝트 1』, 새물결, 2005.

배용제, 「엄마, 이름이 엄마인 엄마」, 『이 달콤한 감각』, 문학과 지성사, 2004.

수잔 손택, 이재원 옮김, 『타인의 고통』, 이후, 2004.

________, 이재원 옮김, 『사진에 관하여』, 시울, 2005.

슬라보예 지젝, 이수련 옮김, 『이데올로기라는 숭고한 대상』, 인간사랑, 2002.

신형철, 「문제는 서정이 아니다」, 『몰락의 에티카』, 문학동네, 2008.

에드워드 렐프, 김덕현 외 옮김, 『장소와 장소상실』, 논형, 2005.

에른스트 H. 곰브리치, 백승길 외 옮김, 『서양미술사』, 예경, 2003.

이상우, 『동양미학론』, 시공사, 1999.

이영권, 『제주 역사기행』, 한겨레출판사, 2004.

질 들뢰즈 · 펠릭스 가타리, 김재인 옮김, 『천개의 고원』, 새물결, 2001.

칼 마르크스, 김수행 옮김, 『자본론(1) 상』, 비봉출판사, 2002.

W. J. T. 미첼, 임산 옮김, 『아이코놀로지 : 이미지, 텍스트, 이데올로기』, 시지락, 2005.

Benjamin, Walter, *Gesammelte Schriften*, vol.V, eds. Rolf Tiedemann and Hermann Schweppenhäuer, Frankfurt am Main: Suhrkamp Verlag, 1974.

Brett, L., *Parameters and Images*, London: Weidenfeld and Nicolson, 1970.

Heidegger, Martin, *Die Zeit des Weltbildes*, 1938, 서광사, 1995.

________, *Basic Writings*, New York: Harper & Row, 1972.

Smith, Gary, *Benjamin: Philosophy, Aesthetics, History*, U. of Chicago Press, 1990.

III. 장소의 역사와 비판적 공간이론

최 병 두

1. 장소는 사라졌는가?

오늘날 우리의 삶에서 장소가 사라졌다고 말한다. 여기서 장소란 무엇을 의미하는가? 어떤 의미에서 우리의 일상적 삶은 여전히 '장소'에 근거를 두고 있다. 단독주택 또는 아파트에서의 가정생활을 위한 주거공간, 고층빌딩이나 사업현장에서 노동활동을 위한 작업공간, 그리고 재래시장이나 백화점에서의 상품구입을 위한 구매(시장)공간, 극장이나 야외에서의 여가생활 등을 위한 문화공간, 뿐만 아니라 이러한 공간들 사이를 이동하기 위한 도보길이나 도로 및 철로도 하나의 공간을 이룬다. 일상의 모든 일들의 바탕이 되는 이러한 공간들은 분명 장소라고 지칭될 수 있다. 그렇다면 우리는 장소 및 이와 관련된 개념들을 보다 분명히 규정할 필요가 있다고 하겠다.

그러나 다른 한편, 우리의 생활은 이제 더 이상 장소에 근거를 두지 않는다고 주장하더라도 부정할 사람은 거의 없는 것처럼 보인다. 아침 식탁의 구성에서 어디에서 생산되었는지도 알지 못하는 각종 수입식품들이 큰 몫을 차지하고, 작업현장은 전화와 인터넷으로 뉴욕이나 런던과 직통으로 연결될 뿐만 아니라 빈번한 해외 출장으로 이러한 세계도시들이 바로 작업현장이 되고 있다. 또한 시골의 조그만 재래시장에도 외국

상품들이 진열되고 국내 상품들과 경쟁하고 있으며, 여가생활을 즐기기 위한 관광을 목적으로 매년 수백만 명이 해외 나들이를 하고 있다. 월드컵 축구 경기를 관람하기 위하여 세계 도처에서 사람들이 찾아오고, 축구경기와 더불어 그 경기가 열리는 도시의 경관이 전세계인들에게 전송된다. 이제 일상생활은 더 이상 일정한 범위를 가지는 장소에서 이루어진다고 말하기 어렵게 되었다. 뿐만 아니라 이러한 상황에서 사람들은 전통적 의미의 장소에 대해 어떤 애착이나 정체성을 더 이상 느끼지 않는 것처럼 보인다. 문제는 다음 의문에 답하는 것이다. 왜 우리는 장소(성)를 상실하게 되었는가?

최근 많은 지역들에서 지방자치단체와 주민들은 이러한 장소(성)의 상실을 지적하면서, 새로운 장소의 창출을 통한 장소성의 복원을 시도하고 있으며, 상당수의 학자들이 이의 필요성을 뒷받침하고 있다. 문화엑스포와 거리 축제 등을 통해 이른바 '장소 판매'에 열을 올리고 많은 투자를 하고 있다. 왜 사람들은 장소(성)를 복원하고자 하는가? 장소 및 이와 관련된 개념들(대표적으로 공동체, 유토피아 등)은 매우 규범적인 의미를 가지는 것으로 이해되고 있다. 따라서 사람들은 문화유산이나 전통적 생활양식의 재현이 장소에 대한 향수나 애착, 정체감을 되살려줄 것으로 기대하고 또한 그렇게 느끼고 있다. 그러나 장소는 단순히 긍정적인 의미만을 가지는 것이 아니라, 장소 밖의 사람들에 대한 배타성, 장소의 규범적 의미 이면에 깔려 있는 이윤 추구의 논리 및 권력 또는 이데올로기 등의 은폐성과 같은 부정적인 측면을 가진다. 사실 이러한 점에서 보면, 최근 장소를 새롭게 복원하고자 하는 다양한 시도들 가운데 상당 부분은 부정적 측면을 내재하고 있다고 볼 수 있다.

끝으로, 그렇다면 우리는 장소의 규범적 의미를 포기하고 새로운 장소의 복원을 위한 시도들을 중단해야 할 것인가? 또는 장소의 의미를 새롭게 해석하고, 이를 현실 세계에 실천적으로 창출하기 위해 새로운 시도들을 계속해야 할 것인가? 현대 사회에서 전통적 의미의 장소를 복원하고자 하는 시도는 더 이상 유의하지 않다고 할 수 있다. 그러나 대부분의 학자들은 규범적 장소를 재개념화하고 이를 실현시키기 위한 노력이 여전히 유의한 것으로 이해하고 있다. 그러나 이들이 제시하는 새로운 장소의 모습과 이를 추구하는 방법은 매우 상이하다. 우리는 이들의 논의를 검토하여 진정한 장소의 실현을 위한 조건이나 전략들을 보다 심각하게 고찰해 볼 필요가 있다고 하겠다.

이러한 점들에서, 이 글에서 우리는 '장소의 상실과 복원'이라는 다소 진부하지만, 21세기 우리의 삶과 그 삶터를 전망하기 위해 매우 중요한 의미를 가지는 주제를 다루고자 한다. 먼저, 장소 및 이와 관련된 개념들을 재규정하고, 다음으로 자본주의 사회에서 어떻게 장소가 파괴되고 장소성이 상실되게 되었는가를 살펴보고자 한다. 그리고 난 후 최근 정책적 및 학문적으로 제기되고 있는 장소성 복원의 의의와 그 방안들을 비판적으로 검토하고, 끝으로 진정한 장소의 복원을 위해 철학적 대가들이 제시한 주요 사례들을 살펴 본 후 이에 함의된 몇 가지 주요한 사항들을 강조하고자 한다.

2. 장소와 장소성의 개념

우리는 '장소'라는 용어를 흔히 사용하지만, 이 용어는 매우 다중적인 의미를 가지고 때로 모호하게 사용되기도 한다. 즉 장소(place)는 어떤 특정한 활동이 이루어지는 장, 또는 그 활동이 이루어지는 물리적 배경

(소환경, setting), 그리고 이러한 활동을 통해 부여된 상징적 의미 등과 관련하여 이해된다. 이러한 개념 규정은 일상적으로 사용되는 장소의 용례 구분에서도 확인될 수 있으며, 장소(場所, place)에 대한 어의적 특성에 관한 고찰에서도 드러난다(<표 1> 참조).[1] 뿐만 아니라 장소와 관련하여, 또는 장소라는 용어를 사용하는 대신, 현장, 입지, 공간, 경관, 지역, 영토, 공동체 등 다양한 용어들이 사용되고 있으며, 또한 그 규모나 층위도 매우 보호하거나 중층적이다(예로, 신체가 차지하는 자리에서부터 가옥, 이웃, 구역, 지역사회, 국가에 이르기까지). 이러한 점에서, 우리는 일단 장소의 개념을 예비적으로 정의하고, 이를 보다 세련시켜 나가는 것이 바람직하다고 하겠다. 즉 예비적 개념으로, 장소란 일상생활에서 이루어지는 일정한 활동이 이루어지는 물리적 배경과 이에 부여된 상징적 의미를 말한다.

이러한 장소의 개념에서, 우선 일정한 활동이 이루어지는 물리적 환경 또는 공간과 관련하여 이 개념을 보다 자세히 살펴볼 수 있다. 즉 장소는 일정한 활동이 이루어지거나 또는 특정한 사건이 발생하는 한정된 범위의 공간이라고 할 수 있다. 여기서 장소는 공간과 대비되는 개념이다. 즉 공간은 일정한 활동이나 사물들 또는 환경을 가지는 위치들 간의 연장으로서 추상적이고 물리적인 범위와 관련된다면, 장소는 체험적이고 구체적인 활동의 기반이면서 맥락적이고 문화적인 의미와 관련된다. 물론 공간과 장소는 분리된 두 개의 실체나 사물이 아니라 동일한 것의 두 측면을 지칭한다. 이러한 점에서 공간과 장소간의 변증법을 주장한 메리필드[2]에 의하면, 공간은 사회적 과정의 결과이며 또한 동시에 그

---

1) 이석환 · 황기원, 「장소와 장소성의 다의적 개념에 관한 연구」, 『국토계획』 32(5), 대한국토도시계획학회, 1997, 169~184쪽.

2) A. Merrifield, “Place and space: a Lefebvrian reconciliation”, *Transactions, Institution of*

자체로서 하나의 과정(process)라고 할 수 있다. 장소는 기본적으로 사회적 실천들이 전개되는 곳이라는 점에서 실천적 공간이다. 실천의 장으로서 장소는 과정으로서 공간 속에서 이루어지며, 또한 동시에 장소의 구축을 통해 공간이 형성되고 재형성되게 된다.

<표 1> 장소와 place의 어의적 특성

구분	장소		place
	場	所	
물리적 환경 (공간)	구획된 공지, 제단, (타작)마당, 남새밭, 양지바른 곳, 평평함	관아, 마을, 보금자리, 거처, 위치, 구획됨	넓은 길이나 개방공간(open space), 사람/사물이 점유한 공간, 도시·읍·마을, 주거·주택·마당, 건물·사무실·좌석, 넓고 평평함
활동	모임, 제사, 타작, 채소/곡물 재배	머물음, 휴식, 의지함	점유, 사건(event)의 발생, 특정 목적의 활동 수용
상징	신성, 중심, 생산과 수확, 문화(인공성)	편안함, 고향, 한정, 높은 신분	편안함, 가정 혹은 고향(home), 한정, 문화(인공성)

자료 : 이석환·황기원, 1997, 173쪽.

활동이나 사물이 발생하는 무대, 또는 사회적 실천들이 전개되는 곳이라는 점에서 장소는 인간의 행위와 사회의 구조를 매개하는 장이라고 할 수 있다. 이와 관련하여, 행위와 구조의 변증법, 즉 구조화이론을 주창한 기든스[3]는 장소라는 용어 대신에 상호행동의 배경(setting)을 함의하고 있는 현장(locale)이라는 단어를 사용하고자 한다. 여기서 현장은 단지 상호행동의 무대 또는 물리적 환경과 관련되기 보다는 이 상호행동의 생산과 재생산에 참여하는 사람들에 의해 능동적으로 조직된 것으로 이해된다는 점에서 의의를 가진다. 그러나 다른 한편, 맥락성을 강조하는

British Geographers, NS 18, 1993.

3) A. Giddens, *A Contemporary Critique of Historical Materialism*, 최병두 옮김, 『사적 유물론의 현대적 비판』, 나남, 1991, 204쪽.

'현장'이라는 용어는 아래에서 살펴 볼 것처럼 장소가 가지는 상징적 의미나 규범적 가치 등을 제거한다는 점에서 지리학자들에 의해 거부되고, 대신 장소의 개념에 이러한 현장이라는 용어의 함의가 포괄될 필요가 있다고 주장되고 있다.

다른 한편, 장소는 인간의 활동, 특히 체험과 이를 통해 의미 부여와 획득과 관련된다. 즉, 장소는 의미가 부여된 공간이다. 장소의 체험은 인간 활동과 공간 환경간의 관계를 통해 구축되며, 의미 부여의 동기가 된다. 이러한 점에서, "장소는 인간과 분리되어 설명될 수 없는 개념이다. 즉, 장소는 이미 '체험된 대상'을 전제하며 엄격한 의미에서 '체험의 결과로 나타나는 현상'인 바, 인간의 의식이 물질적 존재와 맺는 관계의 총합체"라고 주장될 수 있다.[4] 이러한 측면에서, 장소감 또는 장소성의 개념이 파생된다. 장소감(sense of place)이란 개인이 자신의 체험을 통해 부여하거나 또는 생성(획득)된 장소관련 의미를 말한다. 엔트리킨(Entrikin)에 의하면, 장소감은 객관적으로 공유하는 환경의 속성과 이 환경과 관련하여 주관적으로 특유한 경험 사이에 놓여 있다. 그는 이러한 점을 강조하기 위하여 장소의 사이성(betweenness of place)이라는 용어를 사용했다. 즉, 그는 "장소를 이해하기 위해서는 객관적인 현실과 주관적인 현실에 접근할 수 있어야 하며……장소는 그 중간지점에서 가장 잘 파악된다"고 기술하였다.[5] 객관적 관점에서 보면 장소는 입지 또는 공유된 일련의 관계로 간주되며, 주관적 관점에서 보면 장소는 의미와 상징의 영역이다.

장소감은 체험적 실천을 통해 형성되며, 또한 동시에 일상적 실천을

---

4) 이석환, 『도시 가로의 장소성 연구: 대학로의 사례를 중심으로』, 서울대학교 박사학위논문, 1998.

5) N. Entrikin, *The Betweenness of Place: Towards a Geography of Modernity*, Baltimore: Johns Hopkins Univ. Press., 1991, p.5.

위한 의식의 배경이 된다. 이러한 점에서, "장소감은 우리를 세계와 연결시키는 능력으로서 모든 사람들이 (정도의 차이는 있지만) 가지고 있다. 즉, 장소감은 세계가 어떻게 구성되어 있으며, 어떻게 변하고 있는가를 파악할 수 있도록 해주는 경험된 그리고 학습된 능력"이라고 정의될 수 있다.[6] 이러한 장소감은 대체로 집단이나 사회적 차원이라기 보다는 개인의 활동이나 의식과 관련된다. 장소와 관련된 집단적 행위와 가치부여는 흔히 '장소 정신(spirit of place)'이라는 용어가 사용되며, 이러한 장소감이나 장소 정신이 개인이나 집단의 행위 차원에서 사회적 의식으로 승화될 때, 우리는 '장소성(placeness)'이라는 개념을 사용할 수 있다. 즉, 장소성이란 특정 사회의 구성원들이 집단적 생활을 영위하는 과정에서 그 생활의 기반이 되는 장소에 대해 가지는 사회적 의식이라고 할 수 있다. 이러한 점에서, "장소 정신은 집단적 국면과 보다 관계되고 장소감은 개인적 국면과 보다 관계"되며, "장소성은 장소 정신과 장소감 간의 변증법적 생산물"로 이해될 수 있다.[7] 장소성을 구성하는 소재(loci)는 한 사회의 자연환경 및 인공환경이며, 이와 관련된 의미의 창출・부여・획득・상실의 근거는 그 곳에서 생활하는 사람들의 상호행위와 의미부여, 생활양식, 나아가 사회체제이다.

이러한 장소감 또는 장소성과 관련하여, 장소의 정체성, 뿌리내림(존재론적 안전감) 등과 같은 규범적 가치가 논의된다. 우선, 사람들은 자신의 생활 장소와 관련하여 자신의 소속감으로서 정체성을 느끼게 된다는 점을 지적할 수 있다. 지속적인 삶이 영위되는 장소는 상호행위와 생활양식에 근거한 정체성과 안전감을 제공하는 것으로 이해된다. 사람들은

---

6) E. Relph, "Sense of place", *The Geographic Ideas That Changed the World*, 구자용 외 옮김, 「장소감」, 『세상을 변화시킨 열가지 지리학 아이디어』, 한울, 2001, 309쪽.
7) 이석환, 앞의 논문.

일상생활의 체험적 활동을 통해 장소를 구성하는 물리적 및 인공적 소환경에 대해 다양한 상징적 의미를 부여할 뿐만 아니라, 이러한 체험에 대한 기억과 의미에 대한 반추를 통해 자신의 생존과 생활에 대한 의미를 형성하게 된다. 이러한 소환경들은 물론 어떤 물체 그 자체로 존재하기보다는 사회적 관계를 매개하는 것으로 이해되어야 할 것이다. 사회적 관계는 사람들이 그들의 장소와 어떻게 상호 작용하는가를 반영할 뿐만 아니라 장소의 사회적 생산의 특성을 설명해 준다. 따라서 과거 사람들이 자신들의 이름과 출신지로 그 사람의 됨됨이나 신분을 확인하는 것이 일반적 관례였던 것처럼, 이름에서 확인되는 혈연과 더불어, 출신 장소에서 확인되는 지연은 그 사회 구성원들의 소속감이나 동일성에 근거한 정체성 형성과 확인에 필수적인 준거가 되었다.

장소를 통한 정체성은 물론 단지 사회적 관계에서의 소속감을 드러내는 것이라기보다는 장소에의 '뿌리내림(rootedness)'을 통한 삶의 안전감과 관련된다. 튜안[8]에 의하면, 뿌리내림은 국지적 소환경에 대한 의도적 가치 부여가 아니라, 무의식적이며 비(또는 선)반성적으로 안전하고 안락한 존재상태를 의미한다. 이에 따라 장소에의 침잠은 시간의 흐름에 대해서 뿐만 아니라 심지어 그 사람의 즉각적인 주변 환경을 넘어서는 세계에 대해서도 의식하지 않는다. 뿌리내림에 근거한 장소성은 단지 소속감뿐만 아니라 '집에 있음(being at home)'의 상태, 즉 존재론적 안전성을 전제로 한다. 현대 사회에서 장소감은 흔히 국가적, 지역적 정체성을 기념하기 위한 역사적 보전과 관련되지만, 튜안에 의하면 물리적 배경(자연적 환경이나 인공적 시설이든지 간에)과의 연계를 의도적으로 설정함으로써 의미를 창출하고자 하는 자의식적 장소감은 이러한 선반성적(즉

---

8) Y-F. Tuan, "Rootedness versus sense of place", *Landscape*, 24, 1980, pp.3~8.

실존적) 뿌리내림의 속성을 결하고 있다고 주장된다.

현상학이나 실존주의의 전통에 있는 학자들은 뿌리내림에 근거한 장소성이 정체성뿐만 아니라 존재론적 안전감을 가져다준다는 점에서 더 나아가고자 한다. 즉, 장소는 단순한 사건이나 활동의 현장이 아니라, 존재의 근원으로 간주된다. 이러한 류의 주장은 '장소'란 존재의 진리가 구현되는 장이라고 주장한 하이데거에게로 소급된다. 그에 의하면, 거주(dwelling)는 인간과 사물들 간의 영적 통합을 이루어내는 힘으로 간주된다.[9] 이러한 전통의 한 변형된 견해로서, 장소감이나 공동체는 어떤 규범적 가치 또는 공공적 선을 내재하는 것으로 간주되었다. 또는 공동체의 규범은 장소기반적 집단의 계약적 의무라는 점에서 정당성을 가진다고 강조되기도 한다. 지역사회의 집단적 의무 또는 책임성에 대한 강조는 오랜 생활의 토대가 되는 장소기반적 가치, 필요, 규범에 근거한다는 점에서 사회적 의미를 가질 수 있다. 그러나 문제는 장소 그 자체(특히 물리적 배경)가 어떤 내재적 가치를 가지는 것으로 이해되거나, 또는 장소기반적 정체성이 배타적 소속감으로 간주되어서는 안 될 것이다.

이러한 점에서, 장소 및 장소성이 가지는 두 가지 측면, 즉 긍정적 측면과 부정적 측면을 살펴 볼 필요가 있다. 즉, 장소성은 공유된 문화적 전통을 반영할 수도 있지만 반대로 엄청난 부정을 감출 수도 있다는 점에서 "장소에 대한 조심스럽고 비판적인 관찰이 요구"된다.[10] 사실 장소에 관한 전통적인 논의들은 대부분 장소성을 규범적이고 좋은 것, 선한 것 또는 진실된 것이며, 이의 개선을 통해 생활환경을 보다 아름답고 질서있게 하며, 생활의 질을 향상시키고 나아가 정의로운 공동체를

9) M. Heidegger, "Building, dwelling thinking", *Poetry, Language, Thought,* New York: Harper and Row, 1971.

10) E. Relph, 앞의 책, 310쪽.

위한 기본적인 능력을 육성할 수 있는 것으로 이해한다. 그러나 장소성은 항상 긍정적인 측면만을 가지고 있는 것은 아니다. 장소가 정체성이나 소속감과 관련되는 만큼, 배타성이나 차별성과도 관련된다. 어떤 장소에 소속되고 그곳의 전통에 참여하려는 사회적 욕구는 소속되지 않았다고 간주되는 사람들을 체계적으로 배제하려는 시도를 자극할 수 있다. 이에 따라, 장소성이 잘못 이용될 수 있다. 예로, 군사전략이나 식민지 통치 전략들 가운데 흔히 사용되는 한 방법은 적국이나 피식민국의 사람들의 의지를 약화시키기 위하여 기존의 장소를 파괴하고, 새로운 장소감을 갖도록 하는 것이다.[11] 오늘날 경제적 또는 정치적 목적으로 장소성이 고취되거나, 특정한 장소성을 가지는 것처럼 포장된 소환경들이 건설되는 경우를 흔히 볼 수 있다. 이러한 점에서 장소(성)는 '의사적 것'과 '진정한 것'으로 분석적으로 구분될 수 있지만, 특정한 장소(특히 물리적 배경)가 고정적으로 어떤 의사성이나 진정성을 가지는 것은 아니다.

또 다른 측면에서 장소(성)는 무장소(성)(non-place 또는 placelessness)와는 대조된다. 처음 웨버[12]가 무장소(non-place)라는 용어를 사용했을 때, 이 용어는 인접성(proximity)이라기 보다는 접근성(accessibility)과 관련되는 것으로 이해되었다. 즉 일상생활에서 접근이 통제된 곳은 의미를 가질 수 없으며 따라서 무(또는 비)장소로 지칭될 수 있다. 그러나 이 개념이 점차 일반적으로 사용되면서, 무장소는 친숙하지 않으며 역사적 의미를 가지지 않을 뿐만 아니라 어떠한 애착이나 정체성, 안전감을 부여하지 않는 장소들을 지칭하게 되었다.[13] 예로, 고속도로, 국제공항, 쇼핑몰,

11) 김백영, 「상징공간의 변용과 집합기억의 발명 : 서울의 식민지 경험과 민족적 장소성의 재구성」, 『공간과 사회』 28, 한국공간환경학회, 2007, 188~221쪽.

12) M. Webber, "The urban place and the nonplace urban realm", eds. M. Webber et al, *Explorations into Urban Structure*, Univ. of Pennsylvania Press, 1964, pp.79~153.

슈퍼마켓 등은 정체성, 관련성, 역사성이 거의 의미를 가지지 않는 어떤 장소들이다. 이들의 장소성은 마치 여행자들이 느끼는 것에 비유될 수 있을 것이다. 이러한 장소에서 개인의 사회적 관계는 최소화되며, 장소 정체성이란 별로 의미가 없다. 이 글에서 장소성(의 상실)에 관한 논의는 현대 사회에서 장소와 관련된 이러한 두 가지 측면, 즉 '무장소성' 및 '의사적 장소성'과 관련된다.

끝으로 장소 및 장소성의 개념과 관련하여 지적되어야 할 점은 특정한 장소 또는 장소성은 정태적인 것이 아니라 지속적으로 생성되고 발전·변화하고 소멸되며, 다른 장소 또는 장소성으로 대체된다는 점이다. 이러한 장소(성)의 역동성과 관련하여 논의함에 있어 강조될 수 있는 점은 장소 특히 장소성은 외적으로 존재하는 실체가 아니라 사회적 구성물(social construction)이라는 점이다. 즉 "공간이나 시간과 마찬가지로 장소도 사회적 구성물이며, 따라서 그렇게 읽히고 이해되어야 한다."[14] 이러한 점에서, 현상학적 학자들은 장소가 "거듭되는 만남과 복잡한 관련들을 통해 우리의 기억과 관심 속에서 건설되는"[15] 방법에 관심을 기울여야 한다는 주장이 유의하다고 할 수 있다. 그러나 문제는 특정한 장소(성)가 단순히 우리의 기억이나 관심 속에서 (주관적으로) 건설되는 것이 아니라 어떤 사회적 과정이나 배경 속에서 구축되며, 또한 그 사회의 지배적 담론과 관련된다는 점이다.

---

13) Auge · Marc, *Non-places: Introduction to An Anthropology of Supermodernity*, New York: Verso, 1995.

14) D. Harvey, *The Condition of Postmodernity*, 구동회 · 박영민 옮김, 『포스트모더니티의 조건』, 한울, 1995, 64쪽.

15) E. Relph, "Geographical experiences and the being-in-the-world: the phenomenological origins of geography", eds. D. Seamon and R. Mugeraure, *Dwelling, Place, and Environment*, New York: Columbia Univ. Press, 1989, p.26.

장소의 생성과 상실의 과정은 사회의 발전과정 속에서 분석되어야 하지만, 또한 여기서는 장소(성)의 개념과 관련하여 장소의 구성이 그 사회의 담론과 밀접한 관계를 가진다는 점이 강조될 수 있다. 고전적 의미에서 장소(topos)는 수사학과 관련을 가졌다. 플라톤의 『파이드로스(*Phaedrus*)』나 아리스토텔레스의 『수사학(*Rhetoric*)』에서 장소는 어떤 주장이 만들어지는 과정이나 배경과 관련을 가진다.[16] 이는 두 가지 측면에서 그러하다. ① 어떤 것이 알 수 있는 것으로 인식되기 위해서는 그것은 장소를 가져야만 한다. 즉 알 수 있는 것 따라서 의미 있는 것은 그것의 장소를 가리키는 것으로, "의미는 사물의 장소를 앎"이라는 점에서 이해된다. 사실 고대 희랍어에서 'topos'는 장소를 의미했을 뿐만 아니라 언술의 주제(topic)의 어원이다. ② 사람들은 같은 장소를 공유함으로써, 즉 공동의 장소(commonplace)에서 의사소통을 할 수 있다. 이러한 점에서, 장소는 또한 특이한 은유적 의미를 가진다. 즉, 사람이나 사건, 사물들을 적절한 장소에 둔다는 말은 곧 규범을 뜻한다. 그러나 오늘날 장소는 분명 담론과 관련을 가지지만, 어떤 내재적 규범이라기보다는 지식/권력과 관련된다. 즉 장소는 담론의 배경이며 주제이지만, 또한 권력 창출의 장이라고 할 수 있다.

3. 자본주의 사회와 장소성의 상실

장소의 중첩적 의미들을 이해할 뿐만 아니라 장소의 변화 과정, 특히 자본주의의 발달과 장소성의 상실에 관한 설명을 위하여, 우리는 장소와

16) G. Boswell, "Non-places and enfeeblement of rhetoric in supermodernity", *Enculturation*, 1(1), 1997, http://enculturation.gmu.edu/1_1/boswell.htm.

관련된 공간의 개념(그리고 그외 입지, 환경, 경관 등의 개념)을 좀 더 구체적으로 살펴볼 필요가 있다. 그러나 여기서는 공간의 개념을 상술하기 보다는, 장소와 관련된 공간의 개념을 범주화하여 장소(성)의 개념 및 이의 창출과 상실에 관한 장소의 역사적 변화과정을 살펴보고자 한다.

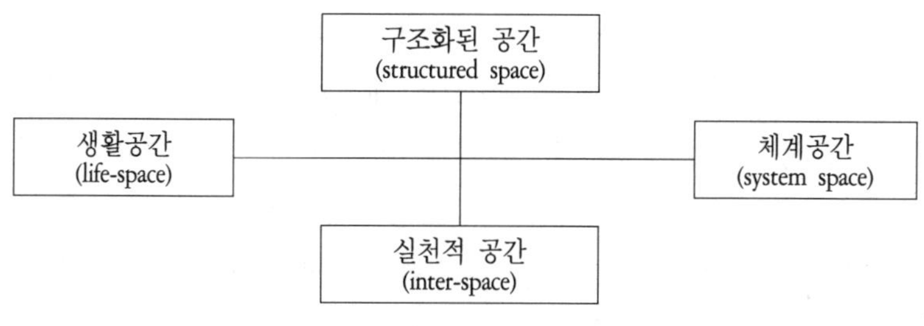

<그림 1> 장소와 관련된 공간의 범주화

<그림 1>에서 제시된 공간의 범주화는 두 가지 기본 축, 즉 기든스[17]가 그의 구조화이론에서 구분하는 행위/구조의 축과 하버마스(Habermas, 1984)가 그의 의사소통적 행위이론에서 구분하는 생활세계/체계의 축을 기초로 한 것이다.[18] 실천적 공간(practical space, 또는 간공간 inter-space)은 (상호)행위 차원의 공간으로, 사람들 간의 대면적 관계와 상호행위 과정에서 즉시적으로 형성되며 일련의 행위가 끝나면 사라지는 공간을 지칭한다. 구조화된 공간(structured space)이란 구조 차원의 공간으로, 일정한 활동의 지속이나 사회 제도적으로 구조화되어 일정한 기능을 가지는 공간을 말한다. 생활공간(life-space)은 일상적 생활이 영위되는 사회·문

17) A. Giddens, *A Contemporary Critique of Historical Materialism*, 최병두 옮김, 『사적 유물론의 현대적 비판』, 나남, 1991.

18) B.-D. Choi, *Space and Social Theory: A Geographical Critique and Reconstruction,* Leeds Unvi. Ph.D. diss, 1987.

화적 공간으로, 언어와 생활 규범에 의해 매개되며 이를 통해 사회적 가치가 (재)생산되는 공간이다. 체계공간(system space)은 경제적 활동과 정치적 행위가 이루어지는 경제·정치적 공간으로, 화폐와 권력에 의해 매개되며 이를 통해 사회적 부와 힘이 (재)생산되는 공간을 지칭한다.

이러한 공간의 범주화는 장소 그 자체를 유형화하기 어렵다는 점에서, 장소의 다중적 의미를 어느 정도 이해할 수 있도록 한다. 특히 제시된 공간의 범주들에서 장소는 생활공간에 대체로 상응하지만, 구조화된 공간으로서의 장소와 실천적 공간으로서의 장소를 포괄한다. 이러한 범주화는 구조화이론이나 또는 의사소통적 행위 이론 및 이를 원용한 다양한 분석들, 나아가 사회이론이나 철학 속에서 공간 및 장소의 개념이 어떻게 개입될 수 있는가를 이해하는 데 도움을 줄 것이다. 또한 이러한 공간의 범주화는 장소의 역사 및 자본주의의 발달과정에서 장소성의 상실을 설명하는 데 중요한 의미를 가진다.

1) 장소의 역사

인간의 삶은 장소에 근거를 두고 있다. 따라서 인간이 이 지구상에서 자신의 생존을 영위한 이래 어떠한 형태든 장소가 있었다. 이러한 점에서 우리는 위에서 제시된 공간의 범주들과 관련하여 장소의 역사를 살펴볼 수 있다.

인간의 역사에서 최초의 장소는 자연적 위협으로부터의 피난처인 동굴 속이었을 것이다. 동굴 속은 수렵이나 채취생활로 생존을 영위했던 고대인들에게 자연적 재해(비, 추위, 그리고 맹수의 위협)를 피하고 안전하게 잠을 잘 수 있으며, 가족들의 모임이 이루어지고 자녀를 양육하는 보금자리였다. 즉 동굴 속 장소는 일상적 생활이 이루어지는 실천적 장소였다. 물론 수렵이나 채취를 위하여 헤매던 산이나 들 그리고 하천은 점차 친숙해진 장소로 인식되었을 것이다. 이러한 장소들은 공감적 체험과 대화 과정에서 상징적 의미를 부여받게 되었으며, 사람들은 이 장소들에 대해 어떤 장소성을 가지게 되었다. 나아가 이러한 실천적 공간으로서 장소들은 오랜 생활습관 속에서 점차 구조화된 공간으로서 장소로 전환하면서, 동굴 속 또는 주변 특정 장소는 일정한 기능(예로, 숙소 또는 제사장, 놀이터 등)을 부여받았을 것이다.

유목생활에서 농경생활로 전환하면서 정착한 주거지와 주변의 농경지들은 매우 중요한 장소로 간주되었다. 정착 생활 속에서 이러한 장소들은 일정한 생활양식이 형성되는 바탕이 되었으며, 또한 그 생활양식을 반영한 경관과 장소성을 형성하게 되었다. 예로 정착 주거지는 원거리 사냥이나 전쟁 또는 여행에서 귀소본능을 가지도록 하는 고향으로 성격지워진 것처럼, 실천적 공간은 오래된 정착 속에서 구조화된 공간으로 제도화되었다. 거의 모든 일상생활은 이 장소 속에서 이루어졌으며, 따라서 일상생활의 사회적 관계와 문화적 활동뿐만 아니라 생산-소비활동 및 권위나 권력의 행사와 관련된 정치적 활동도 한 장소 내에서 이루어졌을 것이다. 즉 실천적 공간이 어느 정도 구조화되었다고 할지라도, 일상생활이 제도화된 생활공간과 경제·정치적 활동이 이루어지는 (체계)공간 사이에 아직 분화가 이루어지지 않았다.

그러나 점차 사회적 관계가 확대되면서, 노동의 분업과 이와 관련된 물물교환이 이루어지게 되었다. 노동의 분업에서, 성이나 연령에 기초한 사회적 분업뿐만 아니라 장소의 상이성에 기초한 공간적 분업이 중요성을 가지게 되었다. 공간적 분업과 이에 의해 동반된 물물교환은 그동안 한 장소 내에서 이루어졌던 생산과 소비를 분리시키는 과정이었다. 생산과 소비의 공간적 분리는 처음에는 시장에서의 대면적 만남을 통한 물물교환을 통해 매개되었지만, 화폐가 교환의 수단으로 등장한 이후 생산자와 소비자 간의 대면적 만남이 불필요하게 되었다. 이에 따라 사람들은 예로 곡물을 생산하지만 누가 소비할 것인지를 알지 못하고, 또한 마찬가지로 소비하는 어떤 물건이 누구에 의해 생산된 것인지를 알 수 없게 된다. 즉 화폐로 매개되는 상품들의 물신화뿐만 아니라 상품의 생산 및 소비 장소의 물신화(신비화)가 이루어지게 되었다. 요컨대 생산과 소비의 공간적 분리는 생활공간으로부터 경제적 체계공간의 분화를 의미한다(<그림 2> 참조).

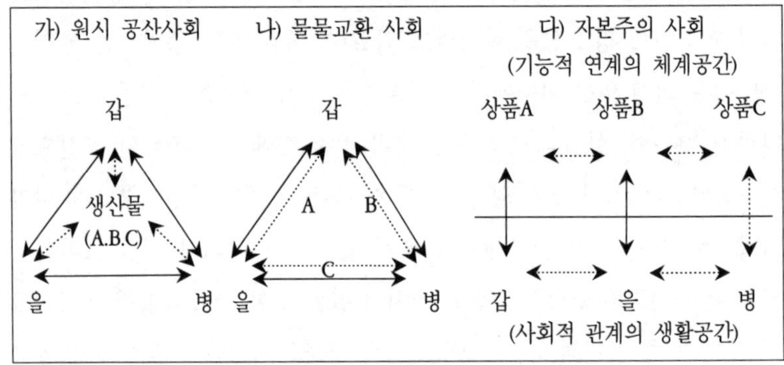

<그림 2> 생활공간에서 체계공간의 분화과정
자료 : Cohen, 1978, p.121.

뿐만 아니라 혈연 및 지연에 기초했던 정치적 단위는 점차 확대되어 권력의 생성과 행사를 제도화한 국가로 발전하게 되었다. 그동안 집단의 합의와 규범 또는 직접적 폭력에 근거를 두었던 정치, 즉 장소에 근거를 두었던 정치는 이들을 제도화한 국가체계를 통해 이루어지게 되었다. 고대 그리스의 도시국가들처럼, 초기의 국가들은 물론 일정한 장소(즉

polis)에 근거를 두었으며, 이 당시의 이상국가들은 대체로 대면적 관계(즉 직접 민주주의)를 전제로 한 것이었다. 그러나 국가의 영토가 점차 팽창하고 제국(주의)화되면서, 권력은 더 이상 장소에 근거를 두지 않게 되었다. 즉, 고대 국가의 발달과 더불어 권력은 사회의 구성원들로부터 도출되는 것이 아니라 제도화된 신분집단(귀족) 및 성문화된 율법으로부터 도출된다는 점에서 물신화되었다고 할 수 있으며, 이는 생활공간에서 정치적 체계공간도 분화하게 되었음을 의미한다.

고대사회에서 봉건제 사회에 이르기까지 전자본주의 사회에서 생활공간과 체계공간의 분화는 그러나 그렇게 기능적으로 발달하지는 못했다. 대부분의 지역들은 자급자족 경제체제를 이루고 있었으며, 화폐를 매개로 물물교환이 이루어지는 경우라고 할지라도 교환가치가 아니라 사용가치를 전제로 했다. 또한 봉건제 하에서의 권력집단에 의한 정치적 지배는 모든 지역들에 항상적으로 영향을 미친 것은 아니라고 할 수 있다. 예로, 권력집단의 교체를 의미하는 왕조의 변화는 일상생활을 영위하는 각 지역들에 별로 큰 영향을 주지 않았다. 그리고 대부분의 일상생활은 생활공간의 물리적 범위를 크게 벗어나지 않았다는 점뿐만 아니라 사회적 관계와 생활 규범 및 가치는 기본적으로 장소에 근거를 두고 있었다는 점에서 장소기반적이라고 할 수 있다. 또한 장소는 항상 구체적 사물들이나 사건들, 그리고 이들에 부여된 어떤 감정이나 가치와 관련하여 구성되었을 것이다. 이러한 장소기반적 (또는 장소제약적) 생활 속에서 사람들은 자신이 살아가는 일정한 장소와 관련하여 정체성과 안전감을 가지고 생활했다고 할 수 있다. 따라서, 실천적 공간으로서 장소와 구조화된 공간으로서 장소간에 큰 괴리(즉 물신성)가 없었고, 또한 사회문화적 생활공간과 경제정치적 체계공간 간에 전형적인 분리도 아직

이루어지지 않았다고 할 수 있다.

이러한 미분화 상태는 그러나 자본주의의 등장으로 급격히 변화하게 되었다. 노동의 분업이 더욱 발달하면서 지역적으로 생산의 전문화가 촉진되고 이에 기초하여 상품들의 교환이 급속히 증대하면서, 이를 매개하던 화폐는 단순히 교환수단에서 나아가 이윤추구를 위한 가치 증식의 수단, 즉 자본으로 운영되게 되었다. 자본의 이윤 추구를 위한 교환의 확대와 분업의 촉진은 상품거래를 위한 시장을 점차 팽창시켜서 세계적 규모로 확대시키게 되었다. 즉, 경제적 체계공간은 시장메커니즘의 기능적 작동에 의해 추동되면서, 국지적 생활공간과는 완전히 분리되게 되었다. 뿐만 아니라 일상생활의 장소와 관련된 물리적 배경으로서 소환경들은 점차 자본주의적 생산을 위한 수단(즉 원료와 에너지원)과 장소(즉 공장이나 공단의 부지)로 이용되게 되었다. 이 과정에서 장소의 물리적 환경들은 생산을 위한 개발되고 상품화되면서 자본의 축적과정에 편입되게 되었고, 장소의 속성은 일상생활을 위한 사용가치 보다는 이윤추구를 위한 교환가치로서 인식되게 되었다.

이러한 자본주의의 등장 및 발달과 병행했던 근대적 국민국가의 등장 역시 생활공간으로부터 정치적 체계공간을 완전히 분리시키는 계기가 되었다. 그동안 영주중심의 성곽도시에 근거하여 이루어졌던 정치는 국경을 서로 접하는 영토와 그 영토에 귀속되는 국민들로 구성된 국민국가(초기에는 왕정에서 입헌국가)에 기초한 정치체제로 전환하게 되었다. 국민국가의 권력은 명목상 국민들로부터 도출되지만 실제 권력은 대의정치에 의해 선출된 중앙집권적 정치집단과 폭력을 제도화(즉 제재수단을 정당화)한 공권력에 의해 행사되었다. 국민국가는 그 구성원인 국민들의 재산 및 신체의 안전을 위하여 봉사한다는 전제하에서 영토적 안전감을 제도화하였지만, 오히려 국민들은 과거 장소에 기초했던 능동적 안전감에서 국가의 제도적 장치에 의해 수동적으로 보장받는 안전감에 의존하도록 강제되었다.

생활공간에서 체계공간이 분화하는 이러한 과정은 궁극적으로 체계공간에 의한 생활공간의 식민화를 초래하게 되었다. 전자본주의 사회에서 경제적 생산과 소비는 한 장소 내에서 이루어지면서 그 장소의 구성원들의 암묵적 합의를 통해 이루어졌으며, 정치적 제재와 질서는 장소에 기초한 사회적 규범과 합의(예로, 향약)에 근거를 두었다. 즉 경제적 및 정치적 활동은 생활공간에 근거를 두었다. 그러나 자본주의 사회의 발달과 더불어, 생활공간으로부터 분화된 경제적 및 정치적 체계공간은 '보이지 않는 손'과 같은 그 자체의 운영 법칙을 가지는 것처럼 작동되었다. 뿐만 아니라 이러한 체계공간의 작동 원리(시장원리 또는 대의정치의 원리)와 매체들(즉 화폐와 권력)은 생활공간에 침투하게 되었다. 즉, 생활공간에서 호혜적 관계를 전제로 언어를 매개로 한 대면적(인격적) 만남은 점차 줄어들고, 배타적 이해관계를 전제로 화폐와 권력에 의해 매개되고 이를 추구하는 기능적 접촉이 확대되었다. 이에 따라 생활공간이 점차 축소(물리적 범위라는 점에서 뿐만 아니라 질적 의미에서)되었을 뿐만 아니라 체계공간에 의해 지배되면서 그 성격이 왜곡되게 되었다.

2) 장소성의 상실

현대 사회에서 장소성의 상실은 이와 같이 경제・정치적 체계공간에 의한 생활공간의 식민화에 기인한다. 분명 일상생활이 영위되는 장소들은 존재한다고 할 수 있으나 이 장소들은 이제 더 이상 본래의 성격을 가지지 못한다. 예로, 오늘날 주거공간은 과거와 같이 일상적 생활이 영위되는 장소이긴 할지라도 또한 동시에 투자나 투기의 수단으로 이용되고 있다. 이에 따라 사람들은 어떤 임계적 상황에서 주거공간을 전자의 생활공간(주거라는 필요를 충족시키는 사용가치)으로 간주하기 보다는 후자의 체계공간의 일부(재산의 저장과 증식을 위한 교환가치)로서 인식하는 경향이 있다. 오늘날 도시인들은 주택을 일상적 삶의 보금자리이고 이에 따라 가정생활의 규범이 내재되어 있는 장소로 인식한다고 할지라도, 만약 주택가격의 상승으로 차액이 생긴다면 언제든지 이사 갈 준비가 되어있다. 이러한 의식 속에서 주거공간은 본래의 기능을 점차 상실하게 되고, 도시인들은 자신의 주거공간이나 그 주변 이웃사회에 뿌리를 내리기 어렵게 된다.

오늘날 자본주의 사회에서 이와 같은 장소성의 상실 또는 왜곡은 여러 구체적 요인들, 특히 세계화(globalization), 정보화 그리고 근대성(modernity)의 발달에 의해 더욱 심각하게 촉진되고 있다.[19] 우선 자본주의 경제의 재구조화 및 세계화 과정에 의한 장소(성)의 상실을 지적할 수 있다. 자본주의 경제는 자본의 가치 증식을 끊임없이 추구하지만, 주기적인 위기를 내재하고 있다. 일단 한 지역의 경제가 위기에 처하게 되면, 이를 극복하기 위하여 경제적 및 공간적 재구조화 과정을 추진하게 되고, 이에 따라 장소들의 상대적 지위가 변화하게 된다. 즉, 한 장소(지역이나 국가)에서 과잉축적의 위기가 발생하게 되며, 이를 해결하기 위한 공간적 조정(spatial fix)과정은 과잉자본을 다른 장소로 이동시킴으로써 기존의 장소를 해체시키고 다른 장소에서 새로운 체계공간을 구축하고 팽창시킨다.[20] 이에 따라 한 때 성장하던 도시의 장소들은 쇠퇴하고,

---

19) 김왕배, 『도시, 공간, 생활세계』, 한울, 2005.

20) D. Harvey, 앞의 책; D. Harvey, "From space to place and back again: reflections on the condition of postmodernity", *Mapping the Futures*, 박영민 옮김, 「공간에서 장소로

새로운 장소들이 자본의 위기 극복과 새로운 공간관계의 형성과정에서 부상하게 된다. 실제 어떤 장소의 경제적 안정성이 위협받게 되면, 생활공간으로서 장소의 의미가 위축되거나 상실 또는 왜곡되게 된다.

이러한 자본주의의 내적 위기를 극복하기 위한 과정에서 자본주의 경제는 궁극적으로 세계화과정을 추동하게 되었다. 기존 사회주의 체제의 붕괴 이후, 자본주의는 기존의 공간을 넘어서는 새로운 팽창전략을 추구하고 있다. 이른바 신자유주의에 기초한 세계화전략은 경제적으로 국경을 넘어 자유로운 자본 이동을 주장하고 정치적으로 새로운 제국의 출현과 이데올로기적으로 세계시민사회의 도래를 천명한다. 특히 경제적 측면에서 세계화 과정을 주도하고 있는 초국적 자본은 어떠한 장소에의 소속감을 떠나서 최고의 이윤을 얻을 수 있는 곳을 찾아 끊임없이 이동한다. 세계의 각 도시들은 기능적 관계로서 연계됨에 따라 개별 도시들은 더 이상 장소로서 인식되지 아니하고 세계도시체계의 결절지로서 역할이 부각되고 있다. 세계화 과정은 전지구적으로 생활공간을 해체하고 체계공간으로 전환시키는 과정이라고 할 수 있다. 이러한 세계화 과정에서 이루어진 지역들 간의 기능적 연계성의 발달은 상호의존성(즉 매우 전문화된 국제적 분업)의 확대를 통해 자본축적 과정을 촉진하지만, 위기 상황에서는 어떤 지역의 차원을 넘어서 전지구적인 위기를 초래하게 되었다.

현대 사회에서 장소성의 상실을 촉진하는 또 다른 요인은 정보화과정이라고 할 수 있다. 교통 및 정보통신기술의 발달은 물리적 공간 거리를 극복하고자 하는 인간의 욕구에 기초해 있다고 할지라도, 자본주의 사회

다시 반대로 : 포스트모더니티의 조건에 대한 성찰」, 『공간과 사회』 5, 한국공간환경학회, 1995, 32~71쪽.

에서는 특히 자본축적과정과 관련된다. 자본은 이윤율을 높이기 위하여 그 회전속도(즉 자본의 회전율)를 높이기 위하여, 원료 및 제품의 이동시간을 단축시키고자 한다. 즉, 자본은 '시간을 통한 공간의 절멸'을 위해 공간관계의 기술적, 조직적 변화를 추구하게 된다. 공간적 거리의 극복(즉 시공간적 압축)을 위한 교통 및 통신수단들의 발달은 교통비용을 절감하고 자본의 공간적 이동을 보다 신속하게 함으로써 자본 축적에 기여했다. 고도화된 정보통신기술에 의해 전세계적인 네트워크가 형성되었고, 이에 따라 자본은 어느 한 곳에 머물기 보다는 끊임없이 이동하는 '흐름의 공간'상에 떠다니게 되었다. 이러한 흐름의 공간에서 자본뿐만 아니라 노동력(한 때 어느 정도 장소고정적인 특성을 가지는 것으로 간주되었던)의 이동성도 현저히 증가하여, 선진국들뿐만 아니라 상대적으로 발달한 개발도상국들에서도 쉽게 외국노동력을 볼 수 있게 되었다. 정보통신기술의 고도화된 현대 사회에서 "지배적 조직이 문화적 정체성과 국지적 사회의 제약으로부터 분리된 것처럼, 흐름의 공간(space of flow)은 역사적으로 구축된 장소들의 공간(space of places)을 지배하게 되었다."[21)]

이러한 교통 및 통신기술의 발달과 시공간적 압축은 그 자체로서도 장소의 속성을 완전히 바꾸어 놓게 된다.[22)] 어떤 한 고립된 시골 마을에 철도나 도로가 건설되고 그 마을이 급속도로 변화하는 것처럼, 새로운 교통 통신기술의 발달과 이를 응용한 새로운 수단의 도입은 장소들 간 상호교류를 증대시키면서 개별 장소가 가지는 특수성을 점차 완화시키게 된다. 심지어 근대적 교통시설이나 수단 자체가 탈장소화를 촉진한다.

---

21) M. Castells, *The Informational City*, 최병두 옮김, 『정보도시』, 한울, 2001, 20~21쪽.
22) 김덕현, 「장소와 장소 상실, 그리고 지리적 감수성」, 『배달말』 43, 배달말학회, 2008, 1~20쪽.

과거의 골목길이나 오솔길은 그 자체로서 추억과 정감을 불러일으키는 (기억의) 장소였지만, 오늘날 고속도로의 건설은 차량 이동의 효율성만을 우선할 뿐이고 주변 경관에 대해서는 아무런 고려를 하지 않는다. 요컨대, 새로운 교통·통신수단의 발달과 시공간적 압축으로 거리의 마찰이 극복되고 장소들 간 접근성이 증대되며 상호 만남의 가능성은 커진다고 할지라도, 장소성은 오히려 점차 소멸되게 된다. 이러한 장소성의 상실은 정보통신기술의 고도화에 의해 구축된 사이버공간상에서 극단적으로 나타난다. 사이버공간에의 접속은 시, 공간을 초월하며 이를 통해 새로운 사이버 공동체가 형성되고 있다고 하지만, 현실의 장소기반적 공동체의 특성을 오히려 와해시킨다.

이러한 장소성의 상실은 또한 근대성의 발달과도 관련된다. 근대성이란 "대략 17세기경부터 유럽에서 시작되어 전세계적으로 영향력을 확대하고 있는 사회생활이나 조직의 양식을 의미한다."[23] 근대성에 관심을 가지는 많은 학자들은 이 주제를 흔히 시, 공간적 문제와 관련시키거나 또는 이 문제로 귀착시키고 있다. 대표적인 예로, 기든스는 근대적 역동성의 원천으로 시간과 공간의 분리, 장소귀속 탈피 메커니즘, 지식의 성찰적 전유라는 세 가지 요소를 제시한다. 근대적 합리성의 발달은 시간과 공간을 표준화시키고 이들을 서로 분리시켰다. 과거 일상생활에서 시간과 공간은 분리되지 않은 채 다소 부정확하고 가변적이지만 구체적인 사건이나 사물들과 관련지어 인식되었다. 그러나 물리적 시간을 인식하는 달력과 시계, 그리고 물리적 거리를 측정하는 계측기와 근대적 지도로 일반화는 구체적인 사건이나 사물들을 시공간으로부터 분리시

23) A. Giddens, *The consequences of Modernity*, 이윤희 옮김, 『포스트모더니티』, 민영사, 1991, 17쪽.

키고, 이들을 추상화시켰다.[24)]

이러한 추상적 공간의 철학적 기반은 데카르트의 절대공간(또는 선험적 공간) 개념에서 도출된다. 데카르트적 절대좌표체계에서는 우선 선험적 공간이 주어지고, 그 다음 사건이나 사물들이 위치지워진다. 이러한 데카르트적 관점은 공간을 추상화시키면서 그 속에 위치지워지는 다양한 사물들과 사건들로 분리시키게 된다. 뿐만 아니라 이러한 추상적 공간관은 공간상의 합리적(또는 효율적) 사물 배치를 추구하는 근대적 도시계획의 바탕이 되었다. 구체적 장소들은 이제 추상적 공간관에 의해 인식되며 나아가 정책적으로 재개발되게 된다. 추상적 공간으로 인식되는 장소들은 이제 더 이상 어떠한 가치나 의미를 가지지 못하게 되었으며, 이러한 공간에서 사람들은 자신의 삶의 터전인 장소와 어떤 구체적 관련성을 갖지 못하고 결국 공간적 소외감(예로 텅빈 느낌)을 가지게 된다. 이러한 장소의 탈가치화 및 공간적 소외감은 장소의 상품화와 손을 맞잡고 진행된다.

4. 의사적 장소의 복원과 이론적 배경

현대사회는 세계화 및 정보화 과정과 근대성의 발달과 더불어 장소성을 상실했다는 주장은 물론 모든 장소들이 소멸했으며 이로 인해 완전히 무장소로 전환했음을 의미하는 것은 아니다. 여전히 우리의 일상생활이 영위되는 장소들이 있지만, 이러한 장소들은 더 이상 사회적 가치나 규범을 함의하지 않으며, 사람들은 이러한 장소와 관련하여 어떤 정체성이나 안전감을 느끼지 못하게 되었다. 이와 같이 한편으로 장소들은

---

24) 최병두, 『근대적 공간의 한계』, 삼인, 2002, 제1장 참조.

전통적 의미의 장소성을 상실하는 반면, 새로운 장소들이 끊임없이 만들어지고 새로운 장소성이 조작적으로 부여된다. 새로운 장소를 창출하고자 하는 노력들은 새로운 이주민들의 집적을 통해서[25] 또는 도심 재개발이나 신도시 건설과 도시재생에 이르기까지 다양한 방법으로 이루어지지만, 궁극적으로 자본주의의 공간 생산논리 속에서 이루어진다. 특히 세계화 과정 속에서 '세계도시'를 지향하는 도시 이미지의 제고와 새로운 장소의 건설은 기존의 장소를 와해시키면서 외형적 환경을 개발하고 이를 둘러싼 새로운 노동의 배치(즉 새로운 분업)를 전제로 하며, 자본에게 새로운 이윤창출의 기회를 보장한다.[26]

자본의 논리에 창출된 이러한 장소들은 전통적 의미의 장소성, 즉 장소의 정체성이나 안전감을 무시하고 있다는 점에서 진정한 장소라기보다는 의사적(擬似的) 장소라고 할 수 있다. 이러한 의사적 장소는 자본축적의 논리에 의해 구조적으로 규정된다고 할지라도 해당 장소의 주민들이나 관련 기관들의 행위 차원에서 창출된다. 이들은 소비자들을 직접 유치하여 이윤을 올리거나 또는 역외 자본의 투자를 경쟁적으로 유치하기 위하여, 장소를 다양한 광고나 이미지 홍보를 통하여 알리고자 한다. 이른바 장소판매 또는 장소판촉이라고 불리는 이러한 장소 이미지의 조작과 동원은 특정 장소(도시의 일부나 또는 전체)를 문화중심지나 쾌적한 도시 및 지역경관 따위를 만듦으로써 소비자를 끌어들이게 된다.

25) 예로, 한성미 · 임승빈 · 엄붕훈, 「서래마을의 장소 정체성에 대한 연구-프랑스인 주민과 방문자의 인식 비교를 중심으로」, 『한국조경학회지』 37(4), 한국조경학회, 2009, 32~41쪽 참조.

26) 박배균, 「세계도시 이미지 형성과 지식기반경제 육성 전략 : 싱가포르의 장소마케팅에 대한 비판적 고찰」, 『대한지리학회지』 42(2), 대한지리학회, 2007, 280~294쪽; 박선미, 「인천의 장소만들기 정책에 대한 비판적 고찰」, 『한국도시지리학회지』 19(3), 한국도시지리학회, 2007, 13~25쪽.

소비를 촉진하기 위한 장소 스펙터클의 강화, 장소 이미지의 판매 촉진을 위한 다양한 광고, 특정 장소와 관련된 토착적 전통의 복원을 추구하는 축제, 이 모든 것들이 장소간 경쟁과 맞물려 있다. 이러한 장소판촉은 소비자 또는 자본가를 유치하기 위하여 장소를 다른 장소와 차별화시키고자 하지만, 차별화된 것처럼 보이는 장소들은 결국 일련의 닮은 모습을 드러내게 된다.

이러한 장소마케팅(place marketing)은 오늘날 지방자치단체들의 주요 관심사가 되고 있다.[27] 각 지자체들은 그 지역의 고유한 토산품이나 문화유산들을 복원하여 관광소비자들을 끌어들이고자 한다. 그러나 장소마케팅이란 특정한 장소를 하나의 상품으로 인식하고, 내부 주민들의 일상생활과는 유리된 채 외부 소비자(특히 관광객)의 선호에 적합하도록 이미지를 개발해 장소의 상품가치를 높이는 전략이다. 이러한 장소마케팅은 장소를 상품화하기 위하여 장소 이미지를 창출하는 과정 즉 장소 만들기(place making), 그리고 창출된 장소 이미지를 홍보하여 많은 사람들이 소비하도록 하는 장소판매(place selling) 과정을 포함한다. 이러한 장소마케팅은 물론 완전히 새로운 어떤 이미지를 만들어내기 보다는 기존의 물리적, 인공적 환경이나 문화적 전통을 제도화하고 이와 관련된 유·무형의 유산을 보수·보존하며 (예로, 전통한옥지구 또는 문화특구 등으로 지정) 또한 다양한 방법으로 홍보(대표적으로 축제)함으로써 특정한 장소와 관련된 이미지를 개선하고 홍보하려는 노력이라고 할 수 있다.

장소마케팅은 장소의 외형적 환경뿐만 아니라 장소의 이미지(즉 장소성)를 상품화하며, 장소의 고정성 또는 장소성의 국지적 특성에 따라

---

27) 이무용, 「도시 개발의 문화전략과 장소마케팅」, 『공간과 사회』 8, 한국공간환경학회, 1997, 197~231쪽; 이무용, 「장소마케팅 전략의 문화적 개념과 방법론에 관한 고찰」, 『대한지리학회지』 41(1), 대한지리학회, 2006, 39~57쪽.

상품의 이동이 아니라 소비자의 이동을 수반한다. 최근 장소마케팅 전략은 단순한 장소의 이미지에서 나아가 새로운 장소 브랜드의 창출[28]이나 장소들 간의 네트워크를 통한 (즉 지역적 믹스를 통한) 상호관계의 창출[29] 등으로 발전하고 있다. 이러한 점에서 장소마케팅은 마치 내생적 지역발전을 위한 주요한 전략인 것처럼 동원되고 있다. 즉 장소마케팅은 흔히 특정한 지역이 가지는 부정적인 이미지를 탈피하고 새로운 이미지를 창출함으로써 지역경제를 활성화하고 지역주민들의 정체성 확립을 통해 주민들의 사회적 통합에 기여하는 것으로 간주된다.[30] 최근 지방자치단체들이 지역의 경쟁력 강화와 재정 자립도의 증대 등을 목적으로 이러한 장소마케팅을 촉진하고 도시 또는 지역 전체를 상품화하는 경향을 보이고 있다. 그러나 자본주의 사회에서 이러한 장소마케팅은 결국 일상생활의 체험과는 달리 과거의 문화적 전통이나 유산을 복원한 장소성에 근거하여 장소를 물신화된 상품적 가치로 조작하고, 이를 통해 이윤을 추구하려는 목적을 가진다는 점은 부인될 수 없다.

이러한 의사적 장소(성)의 창출은 일부 인간주의적 지리학자나 도시계획가들이나 또는 포스트모던론자들에 의해 이론적으로 뒷받침되는 것처럼 보인다. 예로 렐프[31]에 의하면, "만약 장소들이 실제 세상 속에서

28) 이정훈, 「연성 지역개발의 주요 수단으로서 장소브랜딩에 관한 이론적 고찰과 과제」, 『대한지리학회지』 43(6), 대한지리학회, 2008, 873~893쪽.

29) 이무용, 「장소마케팅 전략의 지역믹스 유형 분석과 시론적 모델 연구－광주, 전남지역을 사례로」, 『한국지역지리학회지』 15(2), 한국지역지리학회, 2009, 226~249쪽.

30) 최재헌, 「지역정체성과 장소 마케팅; 세계화시대의 지역과 지역정체성에 대한 개념적 이해」, 『한국도시지리학회지』 8(2), 한국도시지리학회, 2005, 1~17쪽; 최병두, 「살기 좋은 도시를 위한 지역공동체 복원 방안」, 『지리학연구』 40(4), 지리학연구회, 2006, 513~528쪽 참조.

31) E. Relph, *Place and Placelessness*, 김덕현 · 김현주 · 심승희 옮김, 『장소와 장소상실』, 논형, 2005, 96쪽.

인간 실존의 근본적인 측면을 이룬다면, 또한 개인이나 집단의 평온함과 정체성의 원천이라면, 의미심장한 장소 경험과 장소의 창조 및 지속"은 매우 중요하다고 강조된다. 인간주의자들의 이러한 주장은 비록 자본(또는 권력)에 기여하는 의사적 장소의 창출을 결코 옹호하는 것이 아니라고 할지라도, 실제 생활과 유리된 장소성의 조장은 결코 의미심장할 수가 없을 것이다. 다음과 같은 주장은 이러한 문제점을 더욱 심각하게 드러낸다. 즉, "그것이 역사적 가치가 있는 문화재이든 아니면 단순한 상업적 이용을 위한 것이든 혹은 단순히 한 그루의 마로니에이든 간에 이용자들로 하여금 과거의 기억을 유발시키는 물리적 환경이 있음으로써 사람들은 보다 풍부한 장소성을 체험하게 된다."[32] 단순한 과거의 기억을 유발하는 물리적 환경의 유지나 조성으로 장소성이 체험되는 것은 결코 아닐 것이다.

이러한 주장은 일부 포스트모던(건축)론자들에서도 찾아 볼 수 있다. 우리는 거리의 건축물의 외형이나 화려한 간판뿐만 아니라 도로에 넘쳐나는 자동차나 심지어 길 양쪽의 가로등이나 작은 꼬마전구를 수없이 달고 있는 화려한 가로수까지 비판적으로 서술할 수 있을 것이다. 그러나 다른 한편, 포스트모던 건축가들은 이러한 건축양식이나 외관의 장식, 전령사와 같은 간판 등이 보여주는 놀라운 생명력을 느낄 수도 있다고 주장한다. 모더니즘은 표준화된 외형과 장식이 없는 기능성을 옹호하지만, 포스트모더니즘은 차이와 특이성, 절충적 장식 등을 찬미한다.[33] 이러한 점에서, 포스트모던론자들은 장소들이 만들어 내는 차이와 특이성뿐만 아니라 장소의 외형적 환경으로서 건축물들에 대한 과거 건축양

32) 이석환, 앞의 논문.
33) 최병두, 앞의 책, 219~244쪽 참조.

식의 복원이나 절충에 관심을 가진다. 뿐만 아니라 새로운 문화경제 또는 공공예술의 입장에서 기존의 도시경관과 그 이미지가 새롭게 심미적 특성을 가지도록 다양한 조경이나 행사들이 강구될 수 있다.[34] 그러나 역설적으로 이러한 포스트모던 건축양식이나 공공예술이라고 할지라도 그 속에는 이윤을 추구하는 상업적 목적이 도사리고 있음을 확인할 수 있다.

이러한 사례는 우리나라에서도 흔히 찾아 볼 수 있다. 흔히 서울 압구정동의 로데오거리는 우리나라에서 찾아 볼 수 있는 포스트모던 거리의 전형이라고 일컬어지지만, 우리는 보다 세속화된 형태의 포스트모던 거리를 재개발된 도심이나 신도시 지역에서 흔히 볼 수 있다. 이러한 거리는 토산음식점에서부터 국제적인 패스트푸드점까지 즐비하게 늘어서 있고 사이사이에 룸살롱, 노래방과 호텔 등으로 가득 차 있다. 이러한 거리를 지나가면서, 우리는 국제적으로 각종 요리와 음식들, 화려한 술집과 러브호텔들의 각종 건축양식들이 혼재하는 거대한 콜라주 속에서 살아가고 있음을 실감하게 된다. 한편으로 보면 각종 건축양식들과 경관들은 다양성을 강조하고 있지만, 다른 한편으로 보면 이 거리는 점점 더 치밀하게 외식문화에 지배되고 있다. 심지어 이러한 장소들, 예로, 건물 외형을 장식된 돌로 보이도록 만들어진 콘크리트, 실내를 이국적 풍경을 자아내는 각종 조형물이나 그림들, 오래된 건물처럼 보이게 만든 신축건물(초가집이나 전통한옥의 앞부분으로 장식된 술집)들은 사람들의 눈을 현혹시키는 기만을 조장한다. 장소의 표절과 모방, 벤치마킹을 통해 장소들은 외형상 다채로운 모습을 보이지만, 실제 장소들은 서로

---

34) 최병두, 「공공예술과 도시 재이미지화 : 2006 부산 비엔날레 평가」, 『한국지역지리학회지』 13(5), 한국지역지리학회, 2007, 543~562쪽.

점차 비슷해진다는 점에서 차이의 상실, 즉 무장소화된다고 할 수 있다.

그럼에도 불구하고, 이러한 포스트모던 장소들은 다른 장소들과는 '차이'를 가지고 '타자성'을 내재하는 것처럼 인식되는 경향이 있다. 뿐만 아니라 이러한 장소들이 가지는 장소성의 형성요인들을 계량화하고 경제적 가치를 측정하고자 하는 시도까지 제시되고 있다.[35] 그러나 자본주의 사회에서 장소와 관련된 차이와 타자성은 장소에 고유하게 주어지는 것이 아니라, 자본투자의 불균등성과 노동의 공간적 분업에 의해 생산된 것이다. 즉, 자본주의적 발전 과정과 공간적 조정 과정에서, 장소들은 균등하게 발전하기 보다는 매우 차별적으로 변화한다. 포스트모던론자들이 차이와 타자성을 이와는 전혀 다른 맥락에서 강조한다고 할지라도, 현실 세계에서 드러나는 차이와 타자성은 분명 자본축적의 논리와 밀접한 관계를 가진다. 이러한 점에서, 공간은 무수히 많은 차이와 타자성이 존재하는 장소들의 복합체라고 할 수 있다. 우리는 차이와 타자성을 그 자체로서 뿐만 아니라 전반적인 자본주의의 발전논리 속에서 이해해야 한다.[36]

의사적 장소성의 복원과 관련하여 공동체주의자들의 주장도 비판적으로 검토해 볼 필요가 있다. 전통적 장소성은 기본적으로 장소에서 이루어지는 호혜적 관계를 전제로 한다는 점에서, 장소는 흔히 공동체를 함의하는 것으로 이해된다. 이에 따라, 현대 사회에서 장소(성)의 상실을 극복하기 위한 대안들 가운데 하나로 현실 공간 또는 심지어 사이버 공간에서의 공동체의 구축이 강조되고 있다. 공동체의 복원 노력은 현대

35) 예로, 최막중 · 김미옥, 「장소성의 형성요인과 경제적 가치에 관한 실증분석 : 대학로와 로데오거리 사례를 중심으로」, 『국토계획』 36(2), 대한국토도시계획학회, 2001, 153~162쪽.

36) D. Harvey, 앞의 논문.

사회의 구성원들이 장소의 정체성을 상실한 채 불안정한 생활을 영위하고 있음을 지적하고 이를 극복하고자 노력한다. 이러한 점에서, 공동체주의자들은 그 구성원들이 보편적 권리에 따라 이해를 공유하기 보다는 상호존중을 통해 공동생활에 참여하고 합의를 통해 가치를 공유하는 공동체를 강조한다.[37] 이러한 공동체는 물론 그 장소에 근거한 결속력과 정체성을 가질 것으로 추정할 수 있다. 심지어 이러한 공동체는 사이버공간 속에서도 구축될 수 있는 것처럼 인식될 수 있다. 사이버 공간에서는 아무런 조건 없이 접속이 이루어지며, 비위계적 의사교환이 가능하고, 기존의 권위나 권력이 직접적으로 작용하지 않는 자유로움 속에서 관계가 형성될 수 있다는 점에서, 사이버 공동체는 완전한 민주주의와 자유주의를 실현시킬 수 있다는 점이 주장되기도 한다.

현대 사회에서 순수한 의미의 공동체 복원에 대한 시도들이 완전히 부정되어서는 안 될 것이다. 그러나 오늘날 공동체주의자들은 장소성을 크게 강조하지 않으며, 장소성의 복원을 추구하는 공동체론자라고 할지라도 왜 장소성이 상실되었는가에 대해 치밀하게 분석하지 않는다. 이로 인해 오늘날 공동체에 관한 주장이나 시도는 장소의 공동체가 아니라 장소와 유리된 가치나 이해관계의 공동체를 추구하는 경우도 있다. 또한 대면적 만남에 근거를 두기 보다는 사이버공간상에서 간접적 접속에 기초한 상호관계는 장소기반적 공동체의 특성을 오히려 와해시킬 수 있다. 물론 장소성이나 대면적 만남 그 자체가 공동체적 장소의 구축에 필수적인 조건이라는 점이 지나치게 강조되어서는 안 될 것이다. 예로, 영[38]은 대면적 공동체의 이상을 비판하면서, 대신 '동화되지 못한 타자성

37) 예로, Ezioni, "The responsive community: a communitarian perspective", *American Sociological Review,* 61, 1996. 또한 최병두, 앞의 책, 342~363쪽; 최병두, 앞의 논문, 2006 참조.

에 대한 개방적 태도'를 표방하는 '비억압적 도시'를 대안으로 제시한다. 시간이나 공간에 의해 매개되는 모든 관계들 속에서 다양한 유형의 차이들을 담아내고 조정할 수 있는 도시생활의 생생한 경험에 바탕을 둔 장소의 건설이 강조된다.

이러한 영의 주장에서 장소성과 대면적 관계에 기초한 공동체에 대한 비판은 의사적 장소성의 복원이 배타적인 지역중심주의적 또는 전체주의적 해석과 정치를 초래할 가능성이 있기 때문이다. 즉, 한 사회의 장소성(특히 폐쇄적 장소성)은 자신의 장소에 대한 우월성을 강조하는 반면 타자의 장소에 대해서는 비하하거나 무시하는 경향을 가질 수 있다. 이에 따라, 현실적으로 특정한 장소성에 중독된 구성원들은 인종적, 민족적 우월성과 동시에 외국인 공포증을 가지는 맹목적 성향을 가질 수 있다. 이로 인해 현실 세계에서, 개별 장소들이 가지는 문화적 다양성이 세계적 자본주의의 상품문화에 공격되는 것처럼, 각 장소들에서 이러한 문화를 영위하고 있는 인종들에 대한 배타성으로 인해 격렬한 인종전쟁(인종청소라고 할 정도로)이 발생하고 있다. 즉, 배타적 장소감은 우리 자신과 우리의 장소를 안전하게 되도록 다른 인종을 청소하거나 강제적으로 제거하는 결과를 초래할 수도 있다. 의사적 장소성에 대한 강조는 편협한 지역주의를 부활시킬 수 있으며, 귀속감이 강화되면 될수록, 국외자에 대한 적대감은 그만큼 더 커질 수 있다. 공유된 특성의 인식을 배제한 채 단순히 소속감이나 특이성만을 강조하는 장소성은 파시즘으로 나아갈 가능성을 가진다.

38) I. Young, *The ideal of community and the politics of difference*, ed. L. Nicholson, Feminism/Postmodernism, New York: Routledge.

5. 진정한 장소의 복원을 위한 실천

현대 사회에서 장소(성)의 복원은 중요한 의미를 가진다. 앞서 논의한 것처럼, 의사적 장소성의 복원은 여러 가지 문제점을 가지지만, 진정한 의미의 장소(성)은 그 사회의 구성원들에게 정체성과 더불어 존재론적 안전감을 보장해 준다. 따라서 어떤 종류의 장소를 어떻게 복원할 것인가는 문제는 생존과 발전을 위한 중요한 과제가 되고 있다. 사실, '미래의 장소들에 대해 어떻게 상상하는가'는 '우리 미래가 어떨 수 있는가'를 이해하는 관건이 된다. 그러나 진정한 장소성의 복원을 위하여 우선 지적되어야 할 두 가지 사항이 있다. 하나는 단지 장소성의 복원에만 관심을 가질 것이 아니라, 무엇이 장소성을 파괴했는가를 이해하고 그 원인을 해소하는 것이 중요하다는 점이다. 이러한 점에서, "포스트모던 정치에서 강조되는 '타자성'이나 '지역적 저항'은 어떤 특정 장소에서 번성할 수 있다. 그러나 이들은 보편적으로 분절화된 공간들 그 어디든지 축적으로 뒤덮으려 하는 자본권력에 의해 쉽사리 지배당한다. 장소기반적(place-bound) 정치는 실패할 것이 틀림없는데도 호소력을 가진다"는 주장이 제기될 수 있다.[39] 하비는 이러한 점에서 공간에서 장소로, 그리고 다시 장소에서 공간으로 관심을 옮겨갈 것을 강조한다. 이러한 강조는 자본주의 공간에서 "화폐의 지배를 해체하는 기획은 단순히 '장소'나 '차이'의 생성에 의해 이루어질 수 없다. 오히려 그것은 자본의 한계가 낳은 모순, 적대성, 거시적 정치의 장을 통해서 이루어져야 한다"는 주장에 반영된다.[40]

---

39) D. Harvey, 앞의 논문, 63쪽.

40) 박영균, 「현대적 지배의 공간과 저항의 공간」, 『시대와 철학』 19(3), 한국철학사상연구회, 2008, 301쪽.

다른 한 사항은 복원되어야 할 미래의 장소(성)가 어떠해야 할 것인가에 관하여 미래 장소에 대한 유토피아적 상상력도 필요하지만, 다른 한편으로는 이러한 유토피아적 상상력에 기초한 미래의 장소를 실현하기 위하여 실천이 매우 중요하다는 점이다. 달리 말해서, 진정한 장소성은 장소의 외형적 환경의 본원과 이에 대한 의도적 의미부여로 형성되는 것이 아니라 이를 위한 실천과정에서 끊임없이 형성되고 재형성되는 것이다. 많은 학자들은 장소성이 어떤 구조화된 공간에 고정적으로 내재될 수 있는 것처럼 고려하지만, 장소성은 구조적 공간(또는 과정으로서의 공간)이 실천적 공간에서 즉시화된 것이라고 할 수 있다. 이러한 점에서 물론 실천적 공간에서도 장소의 이미지와 반이미지 간 갈등이 드러나고, 장소의 지배에 대한 격렬한 저항의 장을 구축하고자 하는 '장소의 정치'가 이루어진다. 이러한 점에서, "장소의 재발견은 진보적 유형의 정치를 건설하는 데 기회만큼이나 많은 위험들을 불러일으킨다"고 주장될 수 있다.[41] 이러한 점에서, 장소의 외형적 환경에 대한 복원을 지나치게 강조되어서는 안 될 것이며, 또한 마찬가지로 장소의 외형적 특성을 무시한 호혜적 관계(극단적인 형태로, 사이버공간에서의 가상적 장소성)만 강조되어서도 안 될 것이다.

이러한 점에서, 우리는 우선 주요 사상가들이 제시하는 진정한 장소성의 복원을 위한 실천 전략들을 몇 가지 검토해 볼 수 있다. 우선 푸코의 헤테로토피아(heterotopia) 개념을 살펴 볼 수 있다. 푸코는 모든 장소(공간)를 권력의 생성과 관련을 시키지만, 이러한 권력-공간에 대항하는 공간으로서 헤테로토피아를 제안한다. 푸코에 의하면, 헤테로토피아란 현실적인 것으로, 거울-장소(mirror-place)이며, 이질적 공간으로 환상의 장소로서

---

41) D. Harvey, 앞의 논문, 67쪽.

'유토피아'와는 반대되는 공간이다. "존재하며 또한 사회에 기반하여 구성된 장소, 반위치(counter-sites)와 같은 어떤 것, 현실 위치들이……동시적으로 재현되며, 경쟁하며, 역전되는 일종의 활성적인 유토피아. 이런 류의 장소들은 현실에서 그 입지를 나타내는 것이 가능하지만 그러나 모든 장소의 바깥에 있다."[42] 푸코에 의하면 이러한 헤테로토피아는 어떠한 사회에서도 존재한다. 즉 우리들에게 생활이 다르게 경험될 수 있는 공간들(예로, 재즈클럽, 댄스홀, 공동체적 정원 등)은 모두 헤테로토피아가 될 수 있으며, 흥미롭게도 묘지, 식민지, 사창가 그리고 감옥 등도 이에 포함될 수 있다. 즉 헤테로토피아란 이를 둘러싸고 있는 모든 규범적 (합리적) 장소들과는 다른 방법으로 사회세계의 일부를 조직하는 대안적 질서화의 공간이다. 여기서 특히 푸코는 이러한 헤테로토피아가 특정한 사물의 형상으로 주어지는 것이 아니라, 대안적 방법으로 사회적 질서화가 이루어지는 과정(process)으로 이해한다. 그러나 문제는 이러한 '대안적 장소들'에 관한 푸코의 주장에서 문제는 이들이 권력과 아무런 관계를 가지지 않는가, 또는 어떤 장소가 헤테로토피아라고 판단할 수 있는 근거는 무엇인가 라는 의문에 답할 수 없다는 점이다.

대안적 장소를 추구하는 또 다른 철학자로 들뢰즈를 들 수 있다. 들뢰즈에게 있어 대안적 공간의 생산 또는 새로운 장소의 창출은 탈영토화를 지향한다. 들뢰즈에 의하면, 현대 사회는 끊임없이 가두고 획일화하여 질서를 편성하려는 영토화로 특징지어지며, 이러한 상황에서 대안적 공간의 생산 또는 새로운 장소의 창출은 끊임없이 벗어나고, 위반하고, 다양하게 흐르고자 하는 탈영토화를 지향한다. 이러한 영토화/탈영토화는 유목(주의)적 사고로 흔히 인식되지만, 탈영토화는 완전히 무장소(성)

42) M. Foucault, "Of other spaces", *Diacrtics*, 16, 1986, p.24.

를 지향하는 것은 아니다. 특히 그의 리좀적 실천에 대한 강조는 대안적 장소를 추구하는 중요한 전략으로 인식될 수 있다. 리좀이란 원래 식물학 용어로서, 줄기가 변태하여 생긴 땅속 줄기를 의미한다. 계통적 구조를 가지는 수목조직과는 달리, 리좀조직은 중심을 갖지 않는 이질적 선들이 상호교차하고 다양한 흐름들과 다양한 방향들로 복수의 선분들을 만들면서 사방팔방으로 뻗쳐 나가면서 망사구조를 이룬다. 이러한 중심으로부터 탈주선으로서 리좀만들기는 탈영토화에 의해 그 영토를 넓혀 나가는 과정이다.[43] 리좀적 실천은 낯선, 친밀하지 않은, 가장 멀리 떨어져 있는 영토를 찾아 끊임없이 이동하는 것, 그리고 그곳에서 '자유의 새로운 공간'을 찾는 것이다. 그러나 이러한 리좀적 실천으로 은유되는 대안적 장소 만들기는 현실에 대한 어떤 저항이 아니라 도피이며 오늘날 세계화된 자본으로 뒤덮여 있는 공간에서 리좀의 구체적 내용은 어떠해야 하는가에 대해서 답을 하지 못하고 있다는 점이 지적될 수 있다.

지배공간에 대한 저항공간 또는 새로운 대안적 공간의 창출과 관련하여 소개될 수 있는 또 다른 철학자는 르페브르이다. 그는 공간적 실천을 특히 강조하여, 공간을 텍스트로 간주하고 기호학적으로 해독하려는 시도에 반대한다. 즉 그에 의하면, 기호학적으로 사회공간을 해독하려는 시도는 "공간을 메시지의 차원으로, 독해의 차원으로 깎아 내린다. 이는 역사와 실천 모두를 회피하는 것이다."[44] 달리 말해, "공간은 읽혀지기 위해서 생산되는 것이 아니라 육체와 생명이 있는 인간이 살기 위해서 생산되는 것"이라고 주장한다.[45] 르페브르는 이러한 공간의 생산을 위한

---

43) G. Deleuze · F. Guattari, *A Thousand Plateaus: Capitalism and Schizphprenia*, Minneapolis: Univ. of Minnesota Press, 1987, p.11.

44) H. Lefebvre, trans. Donald Nicholson-Smith, *The Production of Space*, Oxford: Blackwell, 1991, p.7.

방법과 관련하여 세 가지 유형의 공간을 구분한다. 이들은 공간적 실천(사회적 지각을 통해서 즉 사회적으로 코드화된 공간의 경험을 통해 규범화된 실천), 공간의 재현(데카르트적 합리주의에 의해 구상된 공간으로 도시계획과 같이 공간적 조직의 물질적 형식으로 현실에 구체화됨), 그리고 재현의 공간(규범화된 공간적 실천을 벗어난, 또는 공간의 재현과 충돌한 공간적 실천들이 행해지는 공간)이다. 르페브르의 관점에서 진정한 장소성의 복원은 다음과 같이 서술될 수 있다.

> 수동적 경험으로 점철된 소외투성이 일상생활의 공간적 실천으로부터 저항적이고 전복적이며 차이를 생산하는 실천으로서의 재현의 공간을 찾아냄으로써 공간생산의 '능동적' 주체를 스스로 [세워나가야 할 것이다]. 일상적 실천이 해방되는 곳, 그곳이 재현의 공간이다. 이러한 재현은 어디에 근거하는가? 그것은 현실적 경험에 근거한 인간의 '상상력'에서 찾아진다. '상상'은 인간적 창조성의 본원지이며 해방을 갈구하는 육체적 욕망의 산물이다.[46]

르페브르의 대안적 공간은 일상생활의 규범화된 공간에 대한 대항공간이라는 점에서 푸코나 들뢰즈와 같은 맥락에서 이해될 수 있지만, 다른 한편으로 르페브르는 일상생활이 이루어지는 장소에 대한 철저한 비판과 이의 전복을 전제로 한다. 즉 르페브르는 자본주의적 추상공간의 현실적 모순과 갈등에서 모순적 공간이 생산되고, 이러한 모순적 공간은 공간의 점유, 일탈, 유착이라는 방식으로 현실공간의 대항공간(차이의 공간)이 된다. 차이의 공간은 소외되지 않은 총체적 경험을 가능케 하는 일상생활을(이) 만들어내는 공간이며, 그러므로 새로운 생산관계의 획득

---

45) *ibid.*, p.143.

46) 김남주, 앞의 책, 71쪽.

을 통해서 완전히 실현된다. 르페브르에게 있어 장점은 일상생활에서 대항공간을 위한 실천을 강조한다는 점이다.

이상에서 제시된 논의들에 함의된 점들에 기초하여 진정한 장소의 복원을 위한 실천을 위하여 다음과 같은 몇 가지 사항들이 강조될 수 있다.

첫째, 일상생활에서의 생활공간과 이에 주어진 장소성에 대한 비판이 중요하다. 흔히 일상생활은 따분하고 기계적이며 반복적인 하찮은 삶으로 규정되면서, 진정한 삶과 대립되고 있다. 그러나 르페브르가 주장하는 바와 같이, 거대한 사회구조에 짓눌린 하찮은 일상생활에 대한 비판이야말로 그 거대구조와 지배방식을 바르게 밝혀낼 수 있다. 달리 말해서, 오늘날 일상생활이 여전히 어떤 장소에서 이루어지고 있다고 할지라도 그 장소에 본래 속성, 즉 장소의 진정성은 점차 상실되고, 새로운 성격을 부여받게 된다. 왜냐하면 현대 사회에서 대부분의 장소들은 일상적 언어와 친밀성을 매개로 이루어지는 생활공간이라기보다는 기능적으로 작동하는 화폐나 권력을 매개로 이루어지는 체계공간의 일부로서 생산되고 재생산되고 있기 때문이다. 그럼에도 불구하고 둔감한 일상생활에서 우리는 장소가 이러한 체계공간의 기능성에 의해 중독되었다는 사실을 잘 알지 못한다. 이와 같이 중독된 장소감(poisoned sense of place)에 대한 비판, 즉 체계공간의 기능적 관계들의 결절로서 변질한 일상생활의 장소들에 대한 비판 없이 대안적 장소를 구축할 수 없다. 또한 그동안 일상생활에서 이루어져 왔던 사소하고 무의미한 것처럼 보였던 작은 저항들은 거대한 자본과 권력에 의해 억압적 관계를 재생산하는 수동적 장으로 치부되었던 일상생활에서 사회변혁의 능동적 힘을 찾을 수 있는 단초를 제공할 수 있다.

둘째, 대안적 장소성을 구축하기 위한 담론과 실천이 중요하다. 장소와 장소성은 어떤 실체로서 존재하기 보다는 담론과 실천에 의해 만들어지는 사회적 고안물이다. 장소에 대한 사회적 의미 부여는 기본적 담론을 통해 이루어진다. 포스트모던 사상의 주요 전제들 가운데 하나는 정체성과 장소들이 사회적 질서 속에서 담론적으로 구축된다는 점이다. 장소에 관한 우리의 지식, 나아가 장소성에 함의된 규범적 가치나 진정성은 장소에 근거를 둔 체험과 이에 관한 공감적 대화를 통해 형성된다. 그러나 현대 사회에서 우리의 지식은 점점 더 이차적 지식(엄정한 심사과정을 거친 교과서에서 왔던, 무작위적으로 송출·접속되는 텔레비전이나 인터넷에서 왔던 상관없이)에 의해 지배되고 있다. 이로 인해 오늘날 지식과 담론은 더 이상 장소기반적(즉 처재적 또는 맥락적)이질 못하며, 이에 근거한 장소성은 결국 피동적이고 흔히 조작되는 경향이 있다. 따라서, 실천적 체험과 이에 기초한 지식과 담론은 조작된 장소 이미지를 극복하고, 구체적인 생활세계의 실존적 상황에서 능동적인 장소만들기 또는 장소성의 생성(즉 장소 이미지의 실천적 형성)에 중요하다.

셋째, 외형적 환경의 개선에 의한 정체성 복원 보다는 장소에의 뿌리내림이 더 중요하다. 오늘날 장소감의 회복을 목적으로 국가적 또는 지역적 정체성을 가지는 것으로 추정되는 기념물이나 전통의 복원을 시도하고 있다. 과거 장소성이 전통적 문화나 공동체적 생활양식에 의해 가능했다고 할지라도, 과거를 보존하기 위하여 박물관을 건설하거나 전통 축제를 한다고 해서 장소성이 이루어지는 것은 아니다. 뿐만 아니라 여기서 더욱 중요한 점은 어떤 장소성이 특정한 외형적 환경에 고착되는 것은 아니라는 점이다. 예로, 과거의 민주화 과정에서 중요한 역할을 했던 광장을 기념하기 위해 광장을 보전하고 기념비를 세운다고 해서 민주화가 유지되는 것은 아니다. 극단적인 반대 사례로, 나치정권의 아우슈비츠 수용소에서도 수용자들 간의 신뢰성과 삶의 의미 추구는 어떤 진정한 장소성을 만들어내었을 것이다. 물론, 장소성이 외형적 환경과 전혀 무관한 것이 아니라, 또한 가상적 공간에서처럼 외형적 특성이 완전히 무시된 장소성은 진정한 장소성이라고 할 수 없다. 그러나 분명한 점은 물리적 배경과의 연계를 설정함으로써 의미를 창출하려는 의도적 장소감은 진정한 장소성에 필요한 뿌리내림의 속성을 결하고 있다는 점이다. 장소에의 뿌리내림이란 장소성에 대한 신뢰감과 안전감의 회복을 의미하며, 단순히 장소감을 배양하는 것과는 다르다. 장소성은 외형적 환경에 고착되지 않으며, 또한 이를 명시한 어떤 제도들에 의해 보장되지 않는다. 따라서 진정한 장소성은 구조화된 공간으로서 장소가 아니라 실천적 공간으로서 장소의 성격과 관련된다.

넷째, 폐쇄적 장소성에서 개방적 장소성으로 나아가는 것이 중요하다. 특정한 장소성은 흔히 일정한·범위 내에 한정된다고 할 수 있지만, 이는 장소성이 폐쇄적, 배타적이어야 함을 의미하는 것은 아니다. 달리 말해, 오늘날 자본주의적 체계공간의 기능적 팽창으로부터 국지적 생활공간이 식민화되는 것을 막기 위하여 기존의 장소를 보호할 필요가 있다고 할지라도, 국지적 조건으로부터 자기 자신들을 보호하기 위해 취해진 폐쇄적 장소성은 현대 사회에서는 더 이상 가능하지 않을 것이다. 만약 타자의 장소에 대해 배타적으로 자기 장소의 활력과 위력을 옹호한다면, 이는 장소들 간의 차이가 아니라 차별성을 강조하는 것이고, 결국 하나의 장소로 획일화된 세계를 추구하는 것이다. 이러한 점에서, "영토 위주의 장소에 바탕을 두고 형성된 정체성은 특히 민족이나 인종, 사회적 성(gender), 종교, 계급의 차별성과 관련되면서, 진보적 정치뿐만 아니라 보수적 (배타적) 정치 양자 모두에서 가장 확실한 동원의 토대로 기능"할 수 있다고 주장된다.[47] 따라서 새로운 장소의 구축은 폐쇄된 장소에서 탈피하여 장소의 개방성 나아가 이를 구성하는 담론과 실천의 개방성을 요구한다.

6. 사라진 장소를 찾아서

오늘날 '장소의 소멸' 또는 '장소성의 상실'에 대한 우려가 증대하고 있다. 현대 사회의 물질적 풍요로움과는 달리, 현대인들은 상실감에 빠져 있으며, 이러한 상실감에 관한 논의는 흔히 장소와 관련된 의미의 상실, 즉 무장소감에 초점을 두고 있다.[48] 이는 자본주의 사회에서 경제 · 정치적 체계공간의 세계적 팽창에 의한 일상적 생활공간에서의 신뢰성 부재에 기인한다고 할 수 있다. 즉, 자본주의적 이윤 추구와 이를 구현하고자 하는 정치적 조직의 힘은 대면적 관계 속에서 이루어져 왔던 정체성과 안전감을 와해시키고, 장소성을 상실하도록 했다. 이러한 점에서 우리는 현대 사회가 왜 장소성을 상실했는가에 대한 문제를 보다 철저히 분석하고 비판해 볼 필요가 있다.

다른 한편으로, 장소를 복원하거나 또는 대안적 장소를 창출하여 상실한 장소성을 회복하고자 하는 정치, 즉 장소의 정치 또는 정체성의 정치가 강조되고 있다.[49] 또한 정책적으로 살고 싶은 도시 만들기 또는 장소(마을) 만들기 운동이 정부 주도적으로 진행되기도 했다. 이러한 정치나

47) D. Harvey, 앞의 논문, 34쪽.

48) M. Arefi, Non-place and placelessness as narratives of loss: rethinking the notion of place, *Journal of Urban Design*, 4(2), 1999, pp.179~193.

49) M. Keith · S. Pile, *Place and the Politics of Identity*, London: Routledge, 1993.

정책을 가능하게 하는 한 요인은 장소 또는 공동체가 그 자체로서 존재하는 실체가 아니라 담론이나 실천의 구성물이라는 점이다. 그러나 장소의 정치는 장소와 관련된 신뢰성을 회복하여 새로운 장소성에 기초한 공동체를 구축할 수 있겠지만, 또한 동시에 장소성은 이러한 긍정적 측면뿐만 아니라 부정적 측면, 즉 장소에의 포함과 배제의 관계를 전제로 권력과 관련된다. 장소에 대한 애착심 또는 고취된 장소성은 의도된 정치적 목적을 위해 그 장소를 지속적으로 유지・재건하는데 동원될 수 있다. 이러한 점에서 우리는 어떠한 장소(성)을 어떻게 복원할 것인가의 과제를 안게 되었다.

이 글은 현대 사회에서 이러한 장소성의 상실과 복원을 주제로, 장소성의 상실과 관련된 장소의 역사를 살펴보고 자본주의 사회에서 경제・정치적 체계공간의 팽창과 이로 인한 생활공간의 식민화가 오늘날과 같은 장소성의 상실을 초래했다고 주장한다. 특히 현대 사회에서는 장소성의 상실은 자본축적과정의 고도화를 위하여 전지구적으로 경제적 관계를 보다 치밀하게 조직하고자 하는 세계화 과정, 교통・통신수단의 발달과 이에 따른 시・공간적 압축을 가능하게 하는 정보화 과정, 그리고 추상적 공간관과 도구적 공간 지식, 그리고 이를 응용한 효율적 공간계획을 강조하도록 하는 근대성의 발달 등과 관련된다.

그러나 이러한 공간성의 상실을 초래한 자본주의 발달과정은 다른 한편으로 새로운 장소의 창출을 시도하고 있다. 흔히 자본과 권력에 의해 조작된 이미지를 가지는 이러한 새로운 장소들의 창출과 홍보는 때로 은밀하게 이루어지지만, 때로 매우 노골적으로 이루어짐에 따라 이른바 '장소마케팅'이라는 용어를 만들어내고 있다. 그러나 이러한 장소들은 가시적인 정체성을 자극한다고 할지라도 장소의 뿌리내림, 즉 존재론적 안전감을 제공하지 못한다는 점에서 의사적 장소라고 할 수 있다. 그럼에도 불구하고, 이러한 의사적 장소성의 복원의 정당성은 마치 인간주의적 지리학자, 포스트모던론자, 그리고 공동체주의자들에 의해 제공되는 것처럼 간주된다.

이러한 상황에서, 즉 장소성이 상실될 뿐만 아니라 의사적 장소성이 창궐하고 있는 상황에서, 진정한 장소성은 어떻게 복원될 수 있는가? 많은 학자들, 대표적으로 푸코, 들뢰즈, 르페브르 등은 다양한 견해들을 제시하고 있다. 이들의 제안과 더불어 이상에서 논의된 점들을 고려하여, 우리는 진정한 장소성의 복원을 위하여, 일상생활에서의 장소 비판, 장소 구성을 위한 담론과 실천, 진정한 장소에의 뿌리내림, 그리고 개방적 장소성 등의 중요성을 강조할 필요가 있다. 궁극적으로 진정한 장소성의 복원을 위하여 제기되는 의문은 다음과 같다. 만약 자본주의가 인간의 인간다움뿐만 아니라 장소의 장소다움을 시장가치나 성장기계로 녹여 없애버렸다면, 우리는 상실된 인간성과 장소성의 회복을 위하여 어떻게 해야 할 것인가?

참고문헌

김남주, 「차이의 공간을 꿈꾸며 : 『공간의 생산』과 실천」, 『공간과 사회』 14, 한국공간환경학회, 2000.

김덕현, 「장소와 장소 상실, 그리고 지리적 감수성」, 『배달말』 43, 배달말학회, 2008.

김백영, 「상징공간의 변용과 집합기억의 발명 : 서울의 식민지 경험과 민족적 장소성의 재구성」, 『공간과 사회』 28, 한국공간환경학회, 2007.

김왕배, 『도시, 공간, 생활세계』, 한울, 2005.

박배균, 「세계도시 이미지 형성과 지식기반경제 육성 전략 : 싱가포르의 장소마케팅에 대한 비판적 고찰」, 『대한지리학회지』 42(2), 대한지리학회, 2007.

박선미, 「인천의 장소만들기 정책에 대한 비판적 고찰」, 『한국도시지리학회지』 19(3), 한국도시지리학회, 2007.

박영균, 「현대적 지배의 공간과 저항의 공간」, 『시대와 철학』 19(3), 한국철학사상연구회, 2008.

이무용, 「도시 개발의 문화전략과 장소마케팅」, 『공간과 사회』 8, 한국공간환경학회, 1997.

_____, 「장소마케팅 전략의 문화적 개념과 방법론에 관한 고찰」, 『대한지리학회지』 41(1), 대한지리학회, 2006.

_____, 「장소마케팅 전략의 지역믹스 유형 분석과 시론적 모델 연구－광주, 전남지역을 사례로」, 『한국지역지리학회지』 15(2), 한국지역지리학회, 2009.

이석환, 『도시 가로의 장소성 연구 : 대학로의 사례를 중심으로』, 서울대학교 박사학위논문, 1998.

이석환 · 황기원, 「장소와 장소성의 다의적 개념에 관한 연구」, 『국토계획』 32(5), 대한국토도시계획학회, 1997.

이정훈, 「연성 지역개발의 주요 수단으로서 장소브랜딩에 관한 이론적 고찰과 과제」, 『대한지리학회지』 43(6), 대한지리학회, 2008.

최막중 · 김미옥, 「장소성의 형성요인과 경제적 가치에 관한 실증분석 : 대학로와 로데오거리 사례를 중심으로」, 『국토계획』, 대한국토도시계획학회, 2001.

최병두, 『근대적 공간의 한계』, 삼인, 2002.

_____, 「살기 좋은 도시를 위한 지역공동체 복원 방안」, 『지리학연구』 40(4), 지리학연구회, 2006.

_____, 「공공예술과 도시 재이미지화 : 2006 부산 비엔날레 평가」, 『한국지역지리학회지』 13(5), 한국지역지리학회, 2007.

_____, 「도시발전 전략에 있어 정체성 형성과 공적 공간의 구축에 관한 비판적 성찰」, 『한국지역지리학회지』 14(5), 한국지역지리학회, 2008.

최재헌, 「지역정체성과 장소 마케팅; 세계화시대의 지역과 지역정체성에 대한 개념적 이해」, 『한국도시지리학회지』 8(2), 한국도시지리학회, 2005.

한성미 · 임승빈 · 엄붕훈, 「서래마을의 장소 정체성에 대한 연구－프랑스인 주민과 방문자의 인식 비교를 중심으로」, 『한국조경학회지』 37(4), 한국조경학회, 2009.

Arefi, M., “Non-place and placelessness as narratives of loss: rethinking the notion of place", *Journal of Urban Design*, 4(2), 1999.

Boswell, G., "Non-places and enfeeblement of rhetoric in supermodernity", *Enculturation*, 1(1), http://enculturation.gmu.edu/1_1/boswell.htm, 1997.

Castells, M., *The Informational City*, 최병두 옮김, 『정보도시』, 한울, 2001.

Choi, B.-D., Space and Social Theory: A Geographical Critique and Reconstruction, Leeds Unvi. Ph.D. diss, 1987.

Cohen, G. A., *Karl Marx's Theory of History: A Defence*, Oxford: Oxford Univ. Press, 1978.

Deleuze, G. · Guattari, F., *A Thousand Plateaus: Capitalism and Schizphprenia,* Minneapolis: Univ. of Minnesota Press, 1987.

Entrikin, N., *The Betweenness of Place: Towards a Geography of Modernity*, Baltimore: Johns Hopkins Univ. Press, 1991.

Ezioni, A., "The responsive community: a communitarian perspective", *American Sociological Review*, 61, 1996.

Foucault, M., "Of other spaces", *Diacrtics*, 16, 1986.

Giddens, A., *A Contemporary Critique of Historical Materialism,* 최병두 옮김, 『사적 유물론의 현대적 비판』, 나남, 1981.

________, *The consequences of Modernity,* 이윤희 옮김, 『포스트모더니티』, 민영사, 1991.

Harvey, D., *The Condition of Postmodernity*, 구동회 · 박영민 옮김, 『포스트모더니티의 조건』, 한울, 1989

________, "From space to place and back again: reflections on the condition of postmodernity", J. Bird et al, *Mapping the Futures*, 박영민 옮김, 「공간에서 장소로 다시 반대로 : 포스트모더니티의 조건에 대한 성찰」, 『공간과 사회』 5, 한국공간환경학회, 1995.

Habermas, *The Theory of Communicative Action*, 1, 2, London: Heinenmann, 1984.

Heidegger, M., "Building, dwelling thinking" in *Poetry, Language, Thought*, New York: Harper and Row, 1971.

Keith, M. and Pile, S. (eds), *Place and the Politics of Identity*, London: Routledge, 1993.

Marc, Auge, *Non-places: Introduction to An Anthropology of Supermodernity*, New York: Verso. 1995.

Merrifield, A., "Place and space: a Lefebvrian reconciliation", *Transactions, Institution of British Geographers*, NS 18, 1993.

Relph, E., *Place and Placelessness*, 김덕현 · 김현주 · 심승희 옮김, 『장소와 장소상실』, 논형, 2005.

_______, "Sense of place", ed Hanson, Susan, *The Geographic Ideas That Changed the World*, 에드워드 렐프, 「장소감」, 구자용 외 옮김, 『세상을 변화시킨 열가지 지리학 아이디어』, 한울, 2001.

_______, "Geographical experiences and the being-in-the-world: the phenomenological origins of geography", eds. D. Seamon and R. Mugeraure, *Dwelling, Place, and Environment*, New York: Columbia Univ. Press, 1989.

Tuan, Y-F., "Rootedness versus sense of place", *Landscape*, 24, 1980.

Webber, M., "The urban place and the nonplace urban realm", eds M. Webber et al, *Explorations into Urban Structure*, Univ. of Pennsylvania Press, 1964.

Young, I., The ideal of community and the politics of difference, ed. L. Nicholson, *Feminism/Postmodernism*, New York: Routledge.

제2부
도시의 기억과 형상

Ⅰ. 탈근대 도시성(Postmodern Urbanity)의 탐색

장 세 룡

1. 도시-로컬리티학의 전술공간

필자는 탈근대 세계인식이 탈근대 사회의 구성요소, 즉 주체·미학·소비·담론·기호 등이 모두 공간을 통해서 구성되고 작동하는 사실에 주목한다. 이것은 인간생활의 공간성을 강조하고 공간적인 맥락에서 각 로컬의 독특한 차이점을 드러내는 것이 로컬리티 연구의 중요한 과제라는 판단과 연관된다.[1] 미셸 푸코의 통합적인 공간개념은 우리의 연구를 안내하는 출발점이다.

> 총체적인 역사를 완성하기 위해서는, 거대한 지정학적 전략에서부터 사소한 거주지 전술에 이르는 공간들에 대한 기술-이는 동시에 권력들의 역사가 될 것이다-이 아직 과제로 남아 있다.[2]

---

1) Edward W. Soja, *Postmodern Geographies: The Reassertion of Space in Critical Social Theory*, 이무용 외 옮김, 『공간과 비판사회이론』, 시각과 언어, 1997, 37쪽.

2) Michel Foulcault, "The Eye of Power, Space, Knowledge and the Power", in P. Rabinow(eds.), *The Foucault Reader*, Pantheon Books, 1984, p.250. 이는 본래 Jeremy Bentham, *Panopticon, or The Inspection-House, & C* (1791)의 불어판 Christan Laval(tr.), *La Panoptique* (Mille et Une Nuits, 1977, 2002)의 서문으로 쓴 글이다.

그러나 지금까지 거대한 지정학적 전략공간은 우리에게 다양한 관심의 대상이었지만, 사소한 거주지 전술공간인 '로컬(local)'은 상대적으로 소홀히 취급된 측면이 많다.[3] 이 연구는 추상적인 체제공간과 구조적 과정이 아니라, 특정 장소에 내재한 역동성·구체성·특이성·일상성을 읽는데 도움이 되는 미시적 이론을 검토하는 데 목표를 둔다. 그 이유는, 거시적 추상공간에 대한 체계적 이론보다는 시공간 속에 로컬화된 담론과 '작은 이야기'가 현실을 더욱 적실성 있게 드러낸다고 판단하기 때문이다.[4] '작은 이야기' 만들기는 언어와 재현의 문제를 강조한다. 여기에는 이야기·텍스트·상징형태·해석학·사회 및 과학적 분석의 가정들이 중요하다. 그러므로 리차드 로티의 말대로, 우연히 창출된 시공간의 무대 속에 수없이 중첩되는 미시적인 사회·정치적 관계들의 교차현상[5]을 로컬을 중심으로 사유하고 해석하는 사람들 사이의 대화로서 합의된 진리에 도달하는 실용적 방식으로 읽어내고자 한다. 아울러 장소들 사이의 통일성과 확실성을 고집하기 보다는 오히려 다양성과 모호성 그리고 심지어 비일관성까지도 내포한 로컬의 감수성에 주목한다.[6] 그

3) '로컬'은 전체체제 단위의 하부에 위치한 국지적 영역을 의미하는 말로써, 비교적 가치중립적, 수평적 개념으로 사용되는 '지역'과 국가 내지 중앙과 대비되어 위계성을 나타내는 개념으로 사용되는 '지방'을 모두 포함하는 복합적인 의미이다. '지역', '지방'이란 용어가 가지는 모호함과 선입견을 피하기 위하여 '로컬'이라는 용어를 그대로 사용하고자 한다.

4) Barney L. Warf, "Postmodernism and the Locality Debate: Ontological Questions and Epistemological Implications", 손명철 옮김, 「포스트모더니즘과 지방성 논쟁」, 『공간과 사회』 5, 한국공간환경연구회, 1995, 154~161쪽.

5) Richard Rorty, *Contingency, Irony, and Solidarity,* 김동식·이유선 옮김, 『우연성, 아이러니, 연대성』, 민음사, 1996; *Philosophy as Cultural Politics: Philosophical Papers,* Cambridge U. P., 2007, pp.68~69.

6) Philip Cooke, *Back to the Future: Modernity, Postmodernity and Locality,* London: Unwin Hyman, 1990, pp.114~116.

런데 공간은 여러 가지 형식으로 존재함에도 불구하고, 우리가 로컬(local) 연구를 도시(urban) 연구와 연결시키는 이유는 무엇인가? 그것은 현재의 도시가 근대 공간만이 아니라 탈근대 공간의 핵심적인 양상을 가장 잘 표상하는 장소이며, 그 가운데서도 메트로폴리스로 불리는 대도시에서 더욱 두드러진다는 평가에 동의하기 때문이다. 이와 더불어 현재 탈근대 도시에 관한 논의가 탈근대 인문·사회학적 지식-담론이든 체계이든 막론하고-의 형성에 가장 주요한 논리와 근거를 제공하는 양상에 주목한다. 본 연구는 탈근대 공간인식에서 탈중심화된 로컬의 중요성을 전략적으로 주목하고[7] 도시에 대한 연구가 '로컬리티학'의 담론적 질서를 모색하는 전술공간으로 적합하다고 판단한다.

과연 탈근대 도시가 존재하는가? 그것이 근대 도시와는 어떻게 다른가? 일반적으로 근대 도시는 산업현장에서 포드주의적 효율성이 강조되는 생산도시, 중앙집중적 권력이 관철되는 기술관료적 도시, 계급갈등이 대치하는 계급도시 등을 특징으로 한다. 그와 비교해서 탈근대 도시는 건축물과 건축물의 집합군, 거리의 구성방식, 도시의 색깔과 기호체계와 같은 표현적인 구조물이나 양식·일상·생산·소비·문화·정치 등 모든 분야에서 탈근대성이 실현되는 공간이다. 그 공간은 '행위하는 개체의 공간(space of agent)'인 동시에, 지금까지 근대성의 판단근거로서 유효했던 선과 악, 효율과 무질서 같은 이원적인 근대적 구획과 관리의 경계가 들쑥날쑥해지면서 허물어지는 '인지 지도그리기(cognitive mapping) 공간'이다. 그 가운데서 가장 대표적인 개체공간이 바로 장소(place)이다. 장소는 주체가 호명되는 공간이면서 또한 주체의 정체성이 확인되는 정체성의 공간이기도 하다. 이 공간은 타인과의 일상적인 상호작용을 통하여

7) 조명래, 『현대사회와 도시론』, 서울 : 한울, 2002, 172쪽.

주체의 정체성이 형성되는 공간이다. 탈근대 도시공간은 이런 기본공간이 포개져서 형성된다. 이 공간은 또한 탈근대 정체성을 획득하는 다양한 형태와 기능의 장소들이 기호적으로, 중층적으로 포개어진 '스펙터클한 공간'이기도 하다.[8)]

다시 말하면 여기는 자본이 주도하는 위계적 배열과 포섭이 관철되는 생산 공간이 아니라, 개체의 정체성에 관한 욕망을 충족시키는 주거와 레저 그리고 쇼핑과 같은 소비 행위의 의미가 강하게 작용하는 소비 공간이다. 그 결과 이곳은 개별공간의 차별성을 허용함으로써 존재의 양상들이 지극히 다원화되는 공간이다. 여기서 각 개별공간은 '주체의 공간'이지만, 다른 공간과는 차이를 지닌 '타자들의 공간'이며 그런 점에서 '상호주체적인 공간'이다. 이 공간을 강내희는 초공간(hyper space), 역공간(liminal space), 사이버 공간(cyber space)으로 구분하였는데[9)] 이와 같은 개별공간이 다원적으로 구성된 탈근대 공간을 우리는 '공간적 꼴라쥬(spatial collage)'라고 부른다.

현재 탈근대 도시이론은 과거 도시이론의 중심에 서있던 시카고학파[10)]를 대신하여 로스엔젤레스학파(LA학파)의 에드워드 소자와 마이클

---

8) Guy Debord, *La Société du Spectacle,* 이경숙 옮김, 『스펙타클의 사회』, 현실문화연구, 1996, 12쪽.

9) 강내희, 「소비공간과 그 구성의 문화과정」, 『공간과 사회』 5, 1995, 19~39쪽; 「유사도시, 역공간, 사이버공간-결연의 실험장」, 『문화과학』 7, 1995, 13~37쪽; 『공간, 육체, 권력 : 낯선 거리의 일상』, 문화과학사, 1995. (1) 초공간(hyper space)-실제의 방향감각이 상실된 채 현실과 가상이 혼재하는 공간인데 예로서 쇼핑센터에서 느끼는 인공장식 공간이 그것이다. (2) 역공간(liminal space)-공간의 속성 경계가 불투명한 전이 공간으로서 전철역 공간과 매장공간이 혼합된 듯한 백화점 입구가 그것이다. (3) 사이버 공간(cyber space)-전자정보 네트워크에 구성된 가상공간으로서 인터넷을 통해서 형성된 상호작용의 관계망이 그것이다.

10) 조명래, 앞의 책, 72~100쪽. 시카고학파는 1920~30년대에 산업도시 시카고의

디어 등이 주도하고 있다. 20세기 말 LA학파는 집단적인 연구를 통해서 미국 최고 도시의 하나로 떠오른 로스엔젤레스의 도시적 성격을 규명하려 시도하면서 생성되었다.[11] 본 연구는 첫째, 탈근대 도시의 독특한 생활양식을 구성하는 집합적 속성인 탈근대 도시성의 특성을 이론적으로 검토한다. 둘째, 준거가 되는 표상으로서 LA의 탈근대성에 대한 이론들을 검토하는 것을 목표로 삼는다.

2. 탈근대 도시의 공간성

오늘날 탈근대성 담론에서, 우리 삶은 시공간의 객관적 성격이 급격하게 변화하고 있다. 데이비드 하비는 개인의 의사결정과 공공 의사결정에 드는 시간지평이 축소되는 한편, 위성통신과 운송비용의 하락으로 그러

특징을 다양한 측면에서 보여주었다. 이런 연구 토대 위에서 도시구조 이론의 고전이라고 일컫는 로버트 파크와 어니스트 버제스의 동심원 모델이 이루어졌다. 시카고학파의 생태주의 도시론은 게오르그 짐멜의 인간관계 발달과 도시적 인성론의 영향을 많이 받았으며, 비록 이론적 약점은 많이 지적되었지만 아모스 홀리, 오티스 던칸, 특히 루이스 워스 등의 이론적 보완을 거치면서 산업도시에서 나타나는 도시구조 분화의 특징을 명쾌하게 표현한다는 평가를 받았다. 그러나 계속되는 산업구조변화, 교통과 통신의 발달로 말미암은 도시구조의 광역화, 도시 내부구조의 다핵화 현상은 실제의 도시와 단순화된 동심원 모델의 괴리를 심화시켰다. 이 때 새로운 경향의 특징을 가장 잘 갖춘 도시로 로스엔젤레스가 주목받게 되었다.

11) 캘리포니아 대학(UCLA)의 '루이스 지역정책연구센터'(Lewis Center for Regional Policy)가 주관하였는데 LA의 이종적인 건축물과 LA학파가 도시이론 형성에 끼친 영향, LA에서 도시주의가 관철되어온 지난 2백년에 이르는 장기역사에 대한 고찰, LA의 교통운송정책, LA의 도시경계선, 무주거자의 증가, LA에서 도시재구성을 발생시킨 위기 등을 연구하였다. Allen J. Scott & Edward W. Soja eds., *The City: Los Angeles and Urban Theory at the End of the Twentieth Century,* Uni. of California Press, 1996, p.viii.

한 의사결정이 멀리 떨어진 여러 지역으로 즉시 전파되는 현상을 '시·공간 압축(time-space compression)'[12]이라고 불렀다. 이 현상은 시간이 갈수록 더욱 심화된 결과 일상의 물질적 공간을 바탕으로 삼으면서 전지구적 공간, 심지어 우주의 무한공간으로 끝없이 뻗어가는 경향과, 정반대로 큰 공간으로의 흐름에 저항하면서 작은 공간으로, 심지어 신체공간조차도 해체하여 미세한 단위 욕망의 공간까지 끝없이 쪼개어 나가는 경향이 동시에 진행되고 있다.[13] 우리가 근대사회의 공간을 국가제도가 관철되고 거대한 자본활동이 구축되며 계층화된 삶이 전개되는 집중화된 '형식적 공간'이라고 규정한다면, 탈근대 사회의 공간은 생산보다 문화와 소비의 요소, 체제와 제도의 힘보다 주체와 일상의 의미를 중심으로 성찰하고, 중앙집권화된 위계질서보다는 탈집중화되고 분산적이며 타자와의 동등한 관계를 형성하는 '탈형식적 공간'이라고 유비적으로 말할 수 있을 것이다.

탈근대 공간의 또 다른 특징은 기본적으로 주체들 사이의 기호적 관계를 중심으로 구성되는 공간이란 점이다. 이런 공간의 전형은 전자통신매체에서 정보와 상징의 흐름으로 형성된 공간이며, 주체들 사이의 물리적 거리가 초월된 공간 즉, 초현실 공간인 '사이버 공간'이다. 그러나 본 연구는 아직 사이버 공간을 탐구공간으로 삼지는 않는다. 왜냐하면 탈근대성 또는 포스트모더니즘을 후기자본주의의 문화논리로 받아들이든,[14] 유연화된 자본주의 축적체제의 문화적 외피로 파악하든[15] 그것이

---

12) David Harvey, *The Condition of Postmodernity: An Enquiry into the Origins of Cultural Change*, 구동회·박영민 옮김, 『포스트모더니티의 조건』, 서울 : 한울, 1995, 186, 282, 310쪽.

13) David Harvey, *Spaces of Hope*, 최병두 외 옮김, 『희망의 공간 : 세계화, 신체, 유토피아』, 서울 : 한울, 2001, 146~148쪽.

14) Frederic Jameson, "Postmodernism, or the Cultural Logic of Late Capitalism", *New Left*

근대성(modernity)의 패러다임에 총체적인 비판과 해체를 수행하는 것은 사실이지만, 우리는 로컬의 물질성과 장소성 그리고 현장성에 더 주목하면서 출발하기 때문이다. 그 이유는 탈근대성은 여전히 후기 근대성의 요소를 크게 유지한다고 판단하는데서 비롯한다. 신자유주의 전지구화에서 보듯 근대성의 총체적 표현에서 가장 중요한 자본주의는 모순에 충만하면서도 여전히 끈질긴 지속력을 유지하고 있다. 어떤 측면에서 탈근대성은 현실 그 자체의 변화 못지않게, 우리가 현실에 접근하고 해석하는 인식과 지식의 지형도가 크게 바뀐 것을 표현하는 측면이 크다. 인식과 지식의 지형도를 바꾸는데 가장 큰 영향을 끼친 것은 정보통신과 IT기술의 급격한 발전이다. 이것은 물리적·문화적 및 심미적 체험의 급진화와 다원화를 가져왔다. '사이버 공간'은 바로 이런 심미적 체험의 급진화와 연관되기에 접근에 신중하려는 것이 기본 입장이다.

알튀세주의자 마뉴엘 카스텔은 특별히 정보기술의 발전이 도시공간에 끼치는 영향에 주목하였다. 초기 정보화 단계에서는 정보기술의 발전에 따른 도시의 해체가 전망되었다. 원거리 통신의 시간 절감효과와 새로운 통신기술의 시간 포섭능력이 결합하여, 드디어 시공간적 탈도시 시대가 도래하고 전자오두막의 출현이 임박했다는 예견이 매우 설득력 있게 받아들여졌다. 그러나 카스텔의 예견과는 달리 최근 들어서 도시가 해체되기는커녕 도리어 기존의 대도시에 제도적이고 물질적인 기능과 인구가 더욱 집중되는 경향을 보인다.[16] 그럼에도 불구하고 카스텔의 도시이론은 탈근대 도시를 이해하는 데 많은 준거를 제공한다. 카스텔은

Review, Vol.146, 1984, pp.59~92.

15) 구동회·박영민 옮김, 앞의 책, 186~210쪽.

16) 강현수, 『도시, 소통과 교류의 장 : 디지털 시대 도시의 역할과 형태』, 삼성경제연구소, 2007, 91~93쪽.

허브(hub)와 결절지(nods)로서 위계성을 갖는 관계망(network)의 형성과정에서 나타나는 새로운 도시공간을 '흐름의 공간'이라고 불렀다. 정보화 사회의 핵심 논리인 관계망 만들기(networking)의 논리가 자본의 흐름, 정보의 흐름, 조직적 상호작용의 흐름, 이미지·소리·상징의 흐름들을 가속화시키며 출현하고 있으며, 그것이 "흐름을 통해서 작동하는 시간을 공유하는 사회적 실천의 물질적 조직"17)으로 나타난다고 보기 때문이다. 카스텔은 '흐름의 공간'이 3개 층위의 물질적 토대가 조합된 것으로 본다. 첫째 층위는 전자충격 회로(극소전자, 원격통신, 컴퓨터 프로세싱, 정보기술 방송시스템, 고속교통망 등을 포함)라고 불리는 전자기술적 하부구조이다. 둘째 층위는 결절지와 허브로 구성되는 네트워크로서 각 장소들은 허브나 결절의 관계망 안에서 위계적으로 조직된다. 이 위계는 네트워크에서 수행되는 활동들의 진화에 따라 달라질 수 있다. 셋째 층위는 지배적인 관료 엘리트의 공간조직이다. 이들은 특수한 현시공간을 만들어 자신들만의 상징과 부동산 가격으로 외부와 차단된 부족적인 하위문화를 가진다. 또한 전세계 엘리트들의 상징적 환경을 단일화하기 위하여 일정한 공간형태를 설계하고 라이프 스타일을 창출하여 각 지역이 만들어온 고유한 역사성을 말살시킨다. 다시 말하면 코드화된 코드파괴의 논리를 로컬에 적용시켜서, 프랜시스 후쿠야마적 의미에서 역사의 종말과, 흐름의 공간에서 장소의 억압을 표현하는 새로운 지배이념을 등장한다. 그 결과 데이비드 하비가 말하는 포스트모던적 건조환경(built environment)이 구성된다.18) 카스텔은 이런 새로운 흐름의 공간은 인구

---

17) Manuel Castells, *The Informational City,* 최병두 옮김, 『정보도시 : 정보기술의 정치경제학』, 서울 : 한울, 2001; *The Rise of The Network Society,* 김묵한 외 옮김, 『네트워크 사회의 도래』, 서울 : 한울, 2003, 536쪽. cf. 장세훈, 「카스텔의 새로운 도시사회학」, 『월간 국토』 12월호, 1997, 88~93쪽

18) 김묵한 외 옮김, 위의 책, 537~545쪽; Manuel Castells, *Internet Galaxy: Reflections*

1천만 이상의 메가시티(megacity)를 세계 도처에 형성시킬 것이라고 예견한다. 특히 반주변부(북경, 서울, 뉴델리, 멕시코시티, 리우데자네이로 등)에도 출현시켜, 2010년경에는 홍콩, 광쪼우, 쎈쩬, 주하이, 마카오, 주장강 삼각주 소도시를 연결하는 주민 4~5천만 정도의 새로운 메가시티가 출현할 것이라고 전망한다.[19)]

또한 도시에 대한 인식도 보다 유연하고 절충적이며 다원적인 정체성을 지닌 도시적 실체로 이해하게 되었다. 이는 구조주의 공간에서 탈근대 공간론으로의 이행을 의미한다. 그 공간은 코드화된 계급관계, 제도적 규준, 사회적 이념 중심의 진행이 아니라 문화적 상징, 소비규범, 이미지와 담화 등을 중심으로 의미가 엮어지는 공간이다. 이러한 문화적 변동이 공간에 유입되어 새로운 '공간의 재형상화'를 전개한 결과, 공간은 더 이상 계급·자본·중심권력·민족과 같은 하나의 기제로 환원되지 않고, 분절과 차이의 탈중심화된 개체적 공간이 부단히 유동하며 존재할 뿐이다. 그 공간은 위계화와 체계화, 중심성과 집중성의 공간역학보다는 차이와 분산, 로컬과 개체의 미학적 공간으로 변용되었다. 탈근대 공간의 일차적 특성은 중심에서 벗어난 주변적인 개체 중심의 공간이라는 것이고, 이는 타자와 로컬의 대등한 공존을 전제로 한다. 즉, 탈근대 도시공간

---

on the Internet, Business, and Society, 박행웅 옮김, 『인터넷 갤럭시』, 서울 : 한울, 2004.

19) 김묵한 외 옮김, 위의 책, 527~530쪽. 메가시티는 전지구적 경제에서 결정적 기능을 수행하며 전세계를 대상으로 지휘, 생산, 경영 등의 상위 기능, 미디어 통제, 진정한 권력과 메시지를 창조하고 확산시키는 상징적 능력이 결합되어 있다. 그런데 여기에는 최선과 최악이 결합되어 있다. 메가시티가 의미심장한 것은 그것이 외부적으로는 세계적 네트워크 또는 자신의 국가와 연결되지만 내부적으로는 기능적 필요성이 없거나 사회적 문제를 일으킬 수 있는 지역주민들과는 연결되지 않는다는 점이다. 즉 물리적, 사회적 측면에서는 전세계와 연결되지만 국지적으로는 연결되지 않는 새로운 도시 형태이다. 그러므로 메가시티는 공간적 파편들, 기능적 조각들, 그리고 사회적 분절들의 불연속적 배열이다.

론의 전략적 핵심은 탈중심화된 '로컬' 공간들을 자율과 연대의 공동체로 만들어 보려는 것이다.[20)]

분석적으로 볼 때 탈근대 도시공간은 세 가지 층위 즉, 주체의 층위, 정치경제 과정의 층위, 도시경관의 층위로 나누어 이해가능하다. 이 공간에 대한 기존 연구들도 분석의 강조점이 크게 세 측면으로 나뉘어 있다. 첫째는 프로이트와 들뢰즈, 라캉 등의 주체 · 소비 · 욕망 개념을 원용하여 탈근대 도시의 특징을 소비주체의 욕망과 관련된 쇼핑몰의 확대 공간으로 해석한다. 둘째, 마르크스주의 정치경제학적 입장에서 후기포디즘(postfordism) 또는 유연적 축적이 관철되는 도시의 구체적 경제조직을 분석하면서, 이의 반영으로서 도시의 다양한 문화적 양식을 분석한다. 셋째는 장 보드리야르의 초현실 도시개념과 국제상황주의자(SI) 기 드보르의 스펙터클 도시개념의 영향을 받아서 도시를 하나의 거대한 기호체계 또는 경관으로 해석한다. 이렇게 보면 근대 도시가 정치 · 경제를 중심으로 구조화된 공간구조를 갖는데 비해서, 탈근대 도시는 그 공간의 내포적 깊이가 타자성이 공존하는 상호주체적 공간과 때로는 현실 공간을 넘어서는 초공간적 수준으로 심화된 양식을 갖고 있다.[21)]

그렇다면 탈근대 공간은 필연적으로 자율과 연대성을 구현하는 해방의 공간인가? 결코 그렇게 볼 수는 없다. 탈근대성은, 근대성이 형식성, 동일성, 균질성에 입각하여 모색한 해방이 도리어 이성과 주체의 억압을 가져온 것을 비판하면서 출발하였다. 하지만 차이성, 잡종성, 이질성을 강조하는 탈근대의 전망 역시 이중적 모순과 직면해 있고, 과연 그것이 어떤 전망을 가져올지 확신하기 어렵다. 오늘날 우리의 일상공간은 자유

20) 손명철 옮김, 앞의 논문, 154~161쪽.
21) 조명래, 앞의 책, 175쪽.

롭고 개방된 것 같지만, 그 내부에는 배제와 억압 그리고 차별화의 논리가 여전히 치밀하게 관철된다. 그 논리는, 푸코의 다음과 같은 언명에서 보듯, 이젠 육체의 미세한 욕망공간까지도 침투 대상으로 삼는다.

> 권력은 모두 공간적인 방식으로 작용한다. 권력은 특히 육체들 사이의 미세한 관계망을 통해 치밀히 그러면서도 전면적으로 침투하고 있어, 오늘날 우리는 공간을 통해 미시적인 감시와 처벌이 일상화되는 삶을 살고 있다.22)

사실 탈근대 도시의 공간성에서 계층 차별은 외면적 모습이 잘 드러나지 않는다. 제도적 폭력과 도덕적 장악이 아니라 이미지 · 담론 · 스펙터클을 이용하여 권력의 불평등한 배분을 정당화하기 때문이다. 권력은 자유와 평등의 허상을 앞세워 일상의 미시적 영역에서 '타자'라고 불리는 주체의 욕망을 자극하고 조종한다.23) 그 결과 변혁운동의 주력군이라 자칭한 노동자들조차도 욕망에 매몰된 이익집단으로 전락하고 말았다.

탈근대 도시에서 삶은 더욱 공간화되는 동시에 공간화 방식을 통해 권력의 다양한 억압과 모순을 강제 당한다. 그렇다면 이제 남은 가능성은 무엇인가? 오직 회의주의자의 길 뿐인가? 우리는 삶의 해방이 공간적인 실천 즉, 공간적 해방을 통해서 그 가능성을 확장시키리라고 기대한다. 탈근대 도시에서 공간적 해방의 전망은 어떻게 제시되는가? 탈근대 도시에서 과연 새로운 혁명의 동력이 출현하는 것이 가능할까? 우리는 지난 여름 서울시청 앞 광장과 부산 서면 로터리에서 경험한 촛불시위와 같은

22) Michel Foucault, *Surveiller et Punir: Naissance de la Prison,* 오생근 옮김, 『감시와 처벌 : 감옥의 역사』, 나남출판사, 1994, 56쪽.

23) John Storey, *An Introductory Guide to Cultural Theory and Popular Culture,* Harvester Wheatsheaf, 1993, pp.247~248.

'장소의 정치'에서 '다중(multitudes)'의 다원적 저항운동이 급진민주주의를 구현할 동력을 제공할 가능성을 목격하였다. 그런 관점에서 조명래의 현대도시 이론연구가 많은 시사점을 제공함에도 불구하고, 다원적인 저항운동이 급진적 저항운동의 길을 열 가능성에 지나치게 회의적이고, 그것을 신사회운동으로 손쉽게 규정하는 것은[24] 이해하기 어렵다. 탈근대 공간에서 여전히 계급적 전선만이 해방의 동력이라고 보는 것은 산업노동자에게서만 변혁이 가능하다고 집착하는 과도한 이분법적 논리이다. 타자성을 구현하는 상호주체들의 자유와 평등을 향한 자율적 연대와 투쟁이야말로 오히려 근대성의 억압과 탈근대성의 회의주의를 넘어 해방의 가능성을 열어나갈 새로운 기회를 제공할 것으로 기대한다.[25]

본래 근대 도시의 주체는 자본과 노동의 관계 가운데서 출현한 계급적 주체였으며, 사회적 규범과 코드가 규정한 사회적 주체였다. 근대 도시에서 주체의 해방은 필연적으로 제도와 구조의 변혁을 전제하였다.[26] 탈근대 도시는 그 대신 환경·주거·소비·여성운동이 사회정치적 모순을 드러내어 문제를 제기하는 역할을 맡는다. 구조화된 생산과 계급 및 정치를 해체하고 주체형성의 준거점을 탈중심화된 환경·여성·소비·문화 등으로 다양하게 설정한다. 그리하여 주체를 타자화하고 각자 자율적인 존재가치를 긍정하는 다원적인 상호주체를 설정한다. 도시 전체가 소비를 촉진하는 기호들로 구성된 상황에서 다원적인 탈근대 주체의

---

24) 조명래, 앞의 책, 190~193쪽.

25) cf. Chantal Mouffe, *The Democratic Paradox*, 이행 옮김, 『민주주의의 역설』, 인간사랑, 2006, 187쪽; *The Return of Political*, 이보영 옮김, 『정치적인 것의 귀환』, 후마니타스, 2007, 243쪽. 혹은 더 나아가서 다음을 보라. Michael Hardt and Antonio Negri, *Empire*, 윤수종 옮김, 『제국』, 이학사, 2001, 505쪽; Paolo Virno, *A Grammar of the Multitude*, 김상운 옮김, 『다중』, 갈무리, 2004, 63쪽.

26) Stuart Hall, David Held & Tony McGrew(eds.), *Modernity and Its Future,* 전효관·김수진 외 옮김, 『모더니티의 미래』, 현실문화연구, 2000, 48쪽.

특징은 이들이 소비주체라는 사실이다. 이 소비주체들의 특징은 기호와 의미의 사물로 구성된 자본이 순환되는 도시경관에 대하여 미학적이며 감성적으로 반응한다는 사실이다. 이들은 얼핏 보면 자본의 요구를 따르는데 급급한 듯 보인다. 그러나 한편으로는 발터 벤야민의 '산보자', 미셸 드 세르토의 '보행자'처럼 긴박한 도시적 삶의 흐름을 거슬러 역행하면서, 내면을 성찰하고 일상의 삶을 미학화하기를 추구한다.[27] 이것은 탈근대 도시의 삶이 근대 도시와는 또 다른 삶을 생성시키는 자율적 인간의 모습이기를 요청한다는 것을 의미한다.

3. 탈근대 도시의 실제-LA를 중심으로

탈근대 도시의 실재성(reality)은 탈근대성이 구현되는 과정인 '탈근대성의 도시화' 분석을 통해서 확인될 수 있다. 에드워드 소자는 탈근대 현상이 보편화된 오늘날 지구상의 도시는 어느 정도 차이는 있지만 모두 탈근대 도시라고 단언한다.[28] 여기에는 서구의 도시뿐 아니라 당연히 비서구의 도시도 포함시켜서 말한다. 과연 그렇게 말할 수 있는가? 여기서는 LA학파가 제시한 명제를 중심으로 탈근대 도시의 특성을 살피는 것으로 논의를 한정한다.

LA학파를 대표하는 학자로는 마이클 디어와 에드워드 소자를 들 수

---

27) Walter Benjamin, *Das Passagen-Werk,* 조형준 옮김, 『아케이드 프로젝트』, 새물결, 2002; Michel de Certeau, *L'invention du Quotidien*, tome I, *art de faire*, Gallimard, 1990, p.64, 164.

28) Edward W. Soja, "Heterotopologies: A Remembrance of Other Spaces in the Citadel-LA", in Sophie Watson & Katherine Gibson eds., *Postmodern Cities and Spaces,* Blackwell, 1995, pp.13~35.

있다. 그러나 이 두 사람은 메트로폴리스 LA를 바라보는 전망이 미묘하게 다르다. 여기에는 일정하게 좌파 이론주의 성향이 강한 에드워드 소자와 경험적 연구를 중시하는 마이클 디어의 학문적 성격 차이도 작용할 것이다. 디어의 경우에는 소자, 그리고 비록 LA학파는 아니지만, 데이비드 하비가 여전히 마르크스주의 사회이론을 수용하는 계몽주의 전략을 채택함으로써 탈근대 도시주의가 도리어 너무 때 이르게 소멸되도록 만들었다고 (비판적으로) 아쉬워한다.[29] 소자와 하비가 프랑스의 좌파이론가 앙리 르페브르의 공간생산 이론의 영향을 받은 사실을 비판하는 것이다. 반면에 소자는 여전히 자신의 좌파이론적 요소를 인정하지만, 또한 포스트모더니즘을 도전적으로 받아들여서 탈근대 이론의 명제들이 도시연구에 어떤 전망을 제시하는지 자유롭게 검토하기를 촉구하고 있다.[30] 소자는 탈근대 도시의 일반적 특징을 여섯 가지 차원의 담론으로 종합하였다. 이 담론은 어느 하나가 더 절대적으로 우월한 설명력을 제공하는 것은 아니다. 다만 현대 도시변화 과정의 각기 다른 측면에 대한 보완적 설명을 제공해줄 뿐이다.[31] 마이클 디어 또한 소자와 비슷한 명제들을 제시한다. 이 담론들은 LA학파 연구경향의 주요한 특징을 대표하는 이론

---

29) Michael Dear, "The Premature Demise of Postmodern Urbanism", *Cultural Anthropology*, Vol.6, No.4, 1991, pp.538~552.

30) Edward W. Soja, *op.cit.*, pp.13~35.

31) 에드워드 소자가 제시한 6개의 명제는 로스엔젤레스라는 하나의 도시를 이론적으로 연구하여 탈근대 도시의 전망으로 일반화하였다. 그 결과 세계화, 양극화, 정보통신의 발달, 가상공간의 발달 등에 주목하여 도시형태, 도시공간구조, 도시내부 사회구조의 변화를 설명하는데서 상당한 설득력이 있다. 그러나 생활공간의 속성을 분석하는 것에는 성공했지만 도시발달의 역사적 과정에서 나타나는 구조적 변화의 패턴을 분석하고 사례들을 종합하여 일반화를 도출하는 일관된 이론적 틀을 제공하는데 크게 성공하지는 못했다는 평가도 있다. Natalie Cherot & J. Murray Martin, "Postmodern Urbanism: Reality or Fantasy", *Urban Affairs Review*, Vol.37, No.3, 2002, pp.432~438.

적 시각을 보여준다.

소자와 디어의 연구를 중심으로 이들이 제시하는 탈근대 도시성의 명제를 정리하면 다음과 같다. 첫째, 후기포디즘(postfordism)적 산업 대도시로서의 특성을 강조한다.[32] 즉, 산업구조에서 제조업의 비율이 저하되지 않으며 기술집약적인 산업을 바탕으로 새로운 형태의 제조업이 발전하고, 아울러 이민노동자의 값싼 노동력을 이용한 산업들이 도시의 경제발전을 이끄는 도시라는 사실이다. 후기포디즘적 산업대도시란 노동의 새로운 공간적 분업과 유연적 생산체계에 따른 새로운 공간조직의 형성을 의미한다. 이것은 기존의 계층구조나 공간분화 패턴을 변화시키는 노동과정, 기업관계, 분업구조, 생산과 소비 관계 전반을 재편한다. 도시경제의 주요한 변화양상에서 구상과 실행의 분리, 노동과정의 분절화·자율화·외부화, 협력과 신뢰를 바탕으로 하는 기업간 네트워크 분업의 심화, 다기능 노동자의 출현, 생산자 서비스업의 확산이 유연적 산업조직이 등장한 결과의 산물이다. 후기포드주의에서는 포드주의와 달리 성찰적 요소가 강화된다는 의미에서 이를 '성찰적 축적'이라고 말하기도 한다. 이러한 축적에서 가장 중요한 특징은 생산과정에서 분임토론과 같은 생산주체의 담화적 요소가 강조되고 상품생산과 상품구성에 디자인·정보·상징과 같은 기호적 요소의 투입이 두드러진다는 점이다.

둘째, 탈근대 도시는 전지구화에 따른 세계도시(cosmopolis)로서 세계화를 진전시키고 이에 상응하여 자본·노동·문화의 지방화를 진행시키는 글로컬한 양상을 보인다.[33] 그 결과 정치, 경제, 문화에서 지금까지

32) Edward W. Soja, *Postmetropolis: Critical Studies of Cities and Religions,* Blackwell, 2000, pp.157~188; Michael J. Dear, *The Postmodern Urban Condition,* Blackwell, 2000, pp.143~150.

33) Soja, *ibid*, pp.189~232; Dear, *ibid*, p.160.

존재한 어떤 도시보다도 더욱 이질적 도시공간을 이루게 된다. 대도시는 전지구화의 경제와 정치, 문화를 연결하는 기능을 수행할 인력과 조직, 기구와 정책 그리고 공간구조를 갖추고 정보흐름, 상품의 생산, 분업과 시장거래, 금융거래, 문화활동과 정치적 협상 등에서 중심역할을 수행한다. 이러한 전지구화는 지방의 일상적 삶을 재편하는 지방화를 통해서 구체적으로 실현된다. 전지구화와 지방화는 도시를 매개로 동시적으로 진행되고 이것이 결합하는 탈근대 도시화 과정은 도시의 일상적, 사회적 구성에 다원화 및 이질화를 촉진하고 세계시민적 생활양식을 향유할 수 있는 기회를 제공한다. 그리하여 도시주체들은 기존의 계급적 주체나 민족국가의 '공민'으로서보다는 '전지구적 시민사회'의 다양한 활동관계에서 차지하는 역할을 중심으로 자아정체성을 획득하기에 이른다.

셋째, 소자는 도시의 재구조화에 따른 도시의 공간형태에 주목하여, 교외 도시의 발달 및 도시광역화에 따라 발전하는 외연도시(exopolis)적 특성을 강조한다. 한편 마이클 디어의 경우에는 많은 자동차와 주차장이 필요하게 되고 다수 여성이 노동시장에 편입되면서 나타난 현상으로 도시의 환상고속도로와 중심과 측면도로의 교차지대에 주거지가 생성되는 '외곽 거점도시(edge city)'라는 점을 지적한다.[34] 근대 도시를 전반적으로 독점자본의 관리기능에 집중되는 동시에 노동자 계급의 재생산을 위한 집합적 소비가 주거지별로 차별적으로 실현되는 공간구조라고 말할 수 있다. 반면에 탈근대 도시는 도심부활에 따른 도시기능의 강화, 도심근처 전문자유직 주거지의 출현, 분산적인 문화위락 및 쇼핑중심지의 출현, 소규모 생산활동 확산, 신주거 빈곤층의 확산 등을 가져온다. 특히 주거형식에서는 주택 소유자들의 결사로서 관리되는 공동관심단

34) Soja, *ibid*, pp.233~263; Dear, *ibid*, pp.143~150.

지개발(CIDs)[35]에 바탕을 둔 개인주택이 발달하여 개인의 사생활중심 유토피아(privatopia)가 만들어지는 모습을 보인다.[36] 그리고 근대 도시의 공간과 지역 간의 엄격한 위계구분이나 밀도형태가 해체되면서 도시형태 전반이 '다중심화되고 유동화'된다. 이것은 기업활동, 구입가능한 주택, 대중교통에 대한 접근성과 같은 도시생활의 기회가 재배분 되면서 계층과 계층, 인종과 인종, 세대와 세대 사이의 사회적 분화가 심화된 결과라고 설명할 수 있다.

넷째, 소수자 주민이 증가하고 사회구조의 양극화(bipolarization)가 심화되며, 혼합된 정체성을 가진 이종적인 도시의 특성을 보인다.[37] 즉, 탈근대 도시는 빈부격차, 인종과 민족 및 종교에 따라 양극화된 이중도시(dual city)의 양상을 보이며, 사회적 양극화와 더불어 불평등이 심화된 파편화된 도시(fractal city)의 특성을 보인다. 마이클 디어는 관습적 공동체가 무너지고 새로운 문화적 범주와 공간 특히, 잡종문화와 공간을 포함하는 잡종도시(hybrid city)가 탄생하는 양상에 주목한다.[38] 도시의 기술집약적 산업과 노동집약적 상업의 동시발달에 따른 고용구조의 변화는 사회집단간의 임금격차를 유발하여 사회구조의 양극화를 심화시켰다. 기존의 자본가-노동자 중심의 엄격한 계급구분이 사라지면서 다양한 계층집단이 나타나는데, 생산부문의 분화에 따른 계층구분에 인종뿐 아니라 성별

---

35) 공동관심단지개발(Common Interest Developments: CIDs)이란 출입이 엄격하게 통제되고 거주공간은 주민 소유지만 공원, 잔디밭, 도로, 주차장, 수영장, 테니스장, 오락센터 같은 공동구역의 소유권은 공유하는 폐쇄적 주거공동체로서 미국 전역에서 새로운 주택단지개발로 자리 잡고 있다. 우리나라 도시근교에서도 전원주택, 타운하우스, 빌라 등에 공동관심단지개발이 상류층 전용 주거커뮤니티로 유행처럼 번지고 있다.

36) Dear, *op.cit,* pp.143~150.

37) Soja, *op.cit.*, pp.264~297; Dear, *op.cit.*, pp.143~150.

38) Dear, *ibid.*, p.160.

과 세대 그리고 문화집단에 따른 계층구분이 복합적으로 첨가되었다.[39] 그 결과 탈근대 도시에서의 계층분화는 도시의 일상생활이나 문화적 구성에서 소득과 언어, 거기에 라이프 스타일을 중심으로 계층 이질화와 차별화가 근대 도시보다 더욱 심화되는 결과를 가져온다. 이런 현상은 한편으로는 예술, 사업, 정치에서 '창조적 혼합, 지적이고 다계급적 결속'을 가져오는 측면이 있지만, 다른 한편에서는 '절망과 좌절, 인종 및 계층간 갈등, 범죄와 폭력'을 촉발시키는 도시문화적 경관이 출현하도록 자극한다.[40]

다섯째로 탈근대 도시는 사유화된 공간이 공적 공간을 압도하고 정교하게 발달된 전자감시시스템을 갖춘 방어적 요새도시(carceral archipelago)가 된다.[41] 즉, 계층 이질화와 차별화가 심화된 도시는 시민들로 하여금 안전에 대한 강박관념을 가지도록 만든다. 특히 부유한 사회적 집단은 안전욕구가 심화되어 공적공간을 사사화하면서 까지도 목적을 추구한다. 그 결과 도시는 안전을 최우선으로 삼는 요새로 변형된다. 도시 전역에는 하이테크 기술 감시망을 설치하여 작동시킨다. 도시는 감시체제가 작동하는 금지공간(interdictory space)이 되고 도시경관은 날카롭게 파편화되어 버린다.[42] 그러나 역설적으로 요새도시는 이제 폭력과 탈법을 효율적으로 통제하기 불가능한 도시가 되어버린다. 탈근대 도시는 출입 통제,

---

39) 블루칼라 중심의 노동자를 바탕으로 하는 중산층이 상대적으로 감소하고 신중산층인 정보·금융전문직 종사자, 관리자, 예술·연예활동 종사자, 미디어 종사자, 전문서비스업 경영자 등이 급성장한다. 한편 노동시장에서 배제된 비공식부분 종사자, 탈기능화된 임시직 노동자, 여성노동자, 외국인노동자 등으로 구성된 신하층집단이 급격히 팽창한다. 조명래, 「산업양극화와 도시정치」, 『지방자치』 80, 1995.

40) Soja, "Heterotopologies: A Remembrance of Other Spaces in the Citadel-LA", pp.13~35.

41) Soja, *Postmetropolis: Critical Studies of Cities and Regions*, pp.258~322.

42) Dear, *op.cit.*, pp.143~150.

무장경찰 순찰, 전자감시체제 가동, 판옵티콘식 감시, 인텔리전트 빌딩 관리, 주거지별 경비시스템 운영 등 통제관리 메커니즘에 종속된다. 본래 중상층들이 자신들의 거주지를 하층민이나 폭력집단으로부터 지키려는 의도에서 구체화된 요새도시가 점차 보편화되어 도시생활 전체가 완벽한 감시와 처벌기제에 노출되기에 이른 것이다. 근대 도시에는 감시와 통제가 제도적으로 작동하였으나, 이제는 일상생활에 외면상 개방과 자유가 허용되지만, 뒷면으로는 더 철저한 미시적 감시와 통제가 행해진다. 이것은 포스트모던 도시생활 자체가 이미지나 기호적 상품을 소비하는 스펙터클과 감시의 장소인데서 비롯한 현상이다.

마지막 여섯째, 도시이미지가 가상공간에서 재구조화되는 가상도시(simcity)적 특성을 가지며, 도시는 정보화시대의 도전에 따른 사이버도시(cyber city)가 된다.[43] 탈근대 도시에서 일상인들의 도시에 대한 인식은 경험적 현실에 근거하기보다는 상징과 담론 및 허상의 영향을 압도적으로 받는다. 이종적 건축물들이 출현하고 건조환경이 유동적이고 활력에 차있으며 심지어 전혀 계획되지 않은 키치적 천박함까지 보여준다. 도시 자체를 일종의 다채로운 무늬의 테마 파크로 받아들이게 만든 것이다. 이것이 가능한 것은 끊임없는 광고공세와 비디오 매체를 통한 허상의 유포, 일상의 무성한 담론들, 가상현실을 연출하는 하이테크 건물, 상품욕구를 끝없이 자극하는 쇼핑몰, 기호학적 건물배열, 광장에서 일상화된 축제, 인터넷이 만드는 사이버공간의 확산이 도시전체를 스펙터클한 가상현실로 연출하는데서 나온다. 스펙터클 도시에서는 가상현실과 경험현실의 구분이 모호해진다. 가상도시의 가상현실은 이용자가 진짜 현실처럼 행동하도록 이끈다. 탈근대 도시화의 가장 중요한 단면은 바로

43) Soja, *op.cit.*, pp.323~348; Dear, *op.cit.*, p.160.

도시현실에 대한 초현실적 이미지를 지속적으로 제공하는 것이다. 이것은 도시 시민들의 삶이 원본 없는 복제품의 반복되는 삶, 곧 '시뮬라크르'의 삶이라는 것이다.

물론 이것은 탈근대 도시성에 대한 잠정적인 지적에 불과하다. 앞으로 더 많은 도시간 비교분석을 통해서 탈근대 도시에 대한 전망을 확충할 수 있을 것이다. 여기서 흥미로운 것은 에드워드 소자가 로스엔젤레스를 탈근대가 진행된 도시로 보는데 비해서 마이클 디어는 '원형적-탈근대(proto-postmodern)'로 규정하여 아직 시발점에 있으며 진행되는 과정에 있다고 본다. 그러면서도 이론적 분석의 성격이 강한 소자의 평가와 경험론적 · 지정학적 고찰의 성격이 강한 디어의 분석이 결론에서는 대체로 일치한다는 사실이다.

4. 탈근대 도시의 이중구조

도시, 특히 대도시는 근대와 탈근대의 핵심적인 양상을 가장 잘 표현하는 장소이므로 로컬리티 연구의 중심 대상으로 삼기에 적합하다. 본 연구는 LA학파의 에드워드 소자와 마이클 디어의 이론들을 중심에 두고 탈근대 도시성을 이론적으로 탐색하였다.

LA학파의 에드워드 소자와 마이클 디어가 다양하게 전개하는 탈근대 도시성의 명제들을 정리하면 다음과 같다. 첫째, 탈근대 도시는 포드주의 산업생산에서 후기포디즘(postfordism)적 산업 생산이 이루어지는 도시로 이행한다. 후기포디즘적 산업대도시란 노동의 새로운 공간적 분업과 생산과 노동에서 유연적 생산체계에 따른 새로운 공간조직의 형성이 진행되는 것을 의미한다. 둘째 탈근대 도시는 전지구화에 따른 세계도시

(cosmopolis)로서 세계화를 진전시키는 한편 이에 상응하여 자본·노동·문화의 지방화를 진행시키는 글로컬한 성격을 가진다. 그 결과 정치, 경제, 문화에서 지금까지 존재한 어떤 도시보다도 더욱 이질적이고 혼종적인 도시공간을 이루게 된다. 셋째, 특히 에드워드 소자는 도시의 재구조화에 따른 도시의 공간형태 변화에 주목하여, 교외 도시의 발달 및 도시광역화에 따라 발전하는 외연도시(exopolis)적 특성을 강조한다. 한편 마이클 디어는 도시의 환상고속도로와 중심과 측면도로의 교차지대에 주거지가 생성되는 '외곽 거점도시(edge city)'라는 점을 지적한다. 넷째로 인종 또는 민족적으로 소수자 주민이 증가하고 사회구조의 양극화(bipolarization)가 심화되며, 혼합된 정체성을 가진 이종적인 도시의 특성을 보인다. 탈근대 도시는 빈부격차, 인종·민족·종교에 따라 양극화된, 마뉴엘 카스텔이 말한 이중도시(dual city)이며, 양극화와 더불어 불평등이 심화된 파편화된 도시(fractal city)의 특성을 보인다. 다섯째로 탈근대 도시는 사회경제적으로 부유한 집단의 사유화된 공간이 공적 공간을 압도하고 정교하게 발달된 전자감시시스템을 갖춘 방어적 요새도시(carceral archipelago)가 된다. 여섯째로는 도시이미지가 가상공간에서 재구조화되는 가상도시(simcity)적 특성을 가지며, 도시는 정보화시대의 도전에 따른 사이버도시(cyber city)가 된다. 탈근대 도시에서 일상인들의 도시에 대한 인식은 경험적 현실에 근거하기보다는 상징과 담론 및 허상의 영향을 압도적으로 받는다.

탈근대 도시 자체는 해당사회의 발전에 따라 상이한 모습을 보이고 매우 다양한 모습을 지니므로 일률적인 범주화는 실상을 왜곡할 가능성이 있다. 서구의 도시와 비서구 또는 제3세계의 도시는 동일한 시대의 도시이지만 내부 구성에서 많은 차이가 있다. 서구의 도시는 교외화,

계층별 · 인종별 주거지 분화, 내부도시의 쇠락, 도시재정 위기, 빈번하게 발생하는 도시소요, 도시재생 프로그램 적용, 국제적 기능의 집합이 그 특징이라고 정리할 수 있다. 한편 비서구 도시는 세계체제와의 관계 안에서 식민도시, 종속도시, 수출기지 등으로 결정되는 경향이다. 그와 더불어 농업 발달과 무관하게 도시로의 과도한 인구이동, 도시의 비공식 부문의 팽창을 가져와서 지배 권력이 집중하며 빈민과 슬럼가가 과잉번창하고 국토 발전의 불균형을 경험한다. 그 결과 비서구의 대도시는 전통과 현대가 복합적으로 결합한 이중구조 도시의 성격을 지니면서 도시화의 팽창이 가속되는 경향을 보여준다. 이러한 명제들이 한국의 대도시 특히 부산에서 현실을 설명하는데 어느 정도 타당성을 가지는지는 장차의 연구과제가 될 것이다.

참고문헌

강내희, 『공간, 육체, 권력 : 낯선 거리의 일상』, 문화과학사, 1995.
______, 「유사도시, 역공간, 사이버공간－결연의 실험장」, 『문화과학』 7, 1995.
______, 「소비공간과 그 구성의 문화과정」, 『공간과 사회』 5, 1995.
강현수, 『도시, 소통과 교류의 장 : 디지털 시대 도시의 역할과 형태』, 삼성경제연구소, 2007.
박진빈, 「환경, 공간, 인종 : LA의 도시 정체성」, 『역사와 문화』 13, 문화사학회, 2007.
장세훈, 「카스텔의 새로운 도시사회학」, 『월간 국토』 12월호, 1997.
정진수, 「CCTV에 의한 감시와 사회통제」, 『형사정책연구』 제10권 제3호, 1999.
조명래, 「산업양극화와 도시정치」, 『지방자치』 80, 1995.
______, 『현대사회와 도시론』, 서울 : 한울, 2002.
Castells, Manuel, *The Informational City*, 최병두 옮김, 『정보도시 : 정보기술의 정치경제학』, 서울 : 한울, 2001.
____________, *The Rise of The Network Society*, 김묵한 외 옮김, 『네트워크 사회의 도래』, 서울 : 한울, 2003.

__________, *Internet Galaxy: Reflections on the Internet, Business, and Society*, 박행웅 옮김, 『인터넷 갤럭시』, 서울 : 한울, 2004.

Certeau, Michel de, *L'invention du Quotidien*, tome I, *art de faire*, Gallimard, 1990.

Cherot, Natalie & J. Murray Martin, "Postmodern Urbanism: Reality or Fantasy", *Urban Affairs Review*, Vol.37, No.3, 2002.

Cooke, Philip, *Back to the Future: Modernity, Postmodernity and Locality*, London: Unwin Hyman, 1990.

Dear, Michael, "The Premature Demise of Postmodern Urbanism", *Cultural Anthropology*, Vol.6, No.4, 1991.

__________, *The Postmodern Urban Condition*, Blackwell, 2000.

Debord, Guy, *La Société du spectacle*, 이경숙 옮김, 『스펙타클의 사회』, 현실문화연구, 1996.

Friedman, J., "The world city hypothesis", *Development and Change*, Vol.17, No.1, 1986.

Foulcault, Michel, "The Eye of Power, Space, Knowledge and the Power", in P. Rabinow(eds.), *The Foucault Reader*, Pantheon Books, 1984.

Hall, Stuart, David Held & Tony McGrew(eds.), *Modernity and Its Future*, 전효관 · 김수진 외 옮김, 『모더니티의 미래』, 현실문화연구, 2000.

Hardt, Michael & Antonio Negri, *Empire*, 윤수종 옮김, 『제국』, 이학사, 2001.

Harvey, David, *The Condition of Postmodernity: An Enquiry into the Origins of Cultural Change*, 구동회 · 박영민 옮김, 『포스트모더니티의 조건』, 서울 : 한울, 1995.

__________, *Spaces of Hope*, 최병두 외 옮김, 『희망의 공간 : 세계화, 신체, 유토피아』, 서울 : 한울, 2001.

Jameson, Frederic, "Postmodernism, or the Cultural Logic of Late Capitalism", *New Left Review*, Vol.146, 1984.

Jencks, Charles, "Hetero-Architecture and the L.A. School", in Scott, Allen J. & Edward W. Soja(eds.), *The City: Los Angeles and Urban Theory at the End of the Twentieth Century*, Uni. of California Press, 1996.

Marcuse, Peter & Ronald van Kempen, *Globalizing Cities: A New Spatial Order?*, Blackwell, 2000.

Mouffe, Chantal, *The Democratic Paradox*, 이행 옮김, 『민주주의의 역설』, 인간사랑, 2006.

__________, *The Return of Political*, 이보영 옮김, 『정치적인 것의 귀환』, 후마니타스, 2007.

Rorty, Richard, *Contingency, Irony, and Solidarity*, 김동식 · 이유선 옮김, 『우연성, 아이러니, 연대성』, 민음사, 1996.

__________, *Philosophy as Cultural Politics: Philosophical Papers*, Cambridge U. P., 2007.

Scott, Allen J. & Edward W. Soja(eds.), *The City: Los Angeles and Urban Theory at the End of the Twentieth Century*, Uni. of California Press, 1996.

Soja, Edward W., "Heterotopologies: A Remembrance of Other Spaces in the Citadel-LA", in Sophie Watson & Katherine Gibson(eds.), *Postmodern Cities and Spaces*, Blackwell, 1995.

__________, *Postmodern Geographies: The Reassertion of Space in Critical Social Theory*, 이무용 외 옮김, 『공간과 비판사회이론』, 시각과 언어, 1997.

__________, *Postmetropolis: Critical Studies of Cities and Religions*, Blackwell, 2000.

Storey, John, *An Introductory Guide to Cultural Theory and Popular Culture*, Harvester Wheatsheaf, 1993.

Warf, Barney L., *Folding Time and Space: Historical Geographies of Time-Space Compression*, London: Routledge, 2008.

__________, "Postmodernism and the Locality Debate: Ontological Questions and Epistemological Implications", *Tijscrift voor Econ. en Soc. Geografie*, Vol.84, No.3, 1993, 손명철 옮김, 「포스트모더니즘과 지방성 논쟁」, 『공간과 사회』 5, 1995.

Ⅱ. 근대의 도시공간과 사유방식

장 희 권

1. 도시를 읽는다는 의미

도시는 여러 경로를 통해 생겨난다. 자연발생적으로 생겨나기도 하지만, 자본의 흐름과 집적의 결과로서, 외부세력에 대한 저항과 생존의 장소로서 또는 특정 이데올로기가 관철된 결과이기도 한다. 도시는 '일련의 기호(sign), 커뮤니케이션으로 이루어진 비언어적인 시스템'[1)]이다. 도시공간의 배치와 구조, 규모, 디자인을 들여다보면 그 도시의 역사를 비롯해 지역민들 간의 지배/피지배의 권력관계, 구성원들의 성향 등 제(諸) 관계가 엿보인다. 근대 이전의 문학작품에서는 공간에 대한 기술보다는 그 속에서 살고 있는 구성원들의 삶과 갈등을 추적하고 묘사하는 게 익숙한 방식이었다. 그러나 산업화와 근대화를 거치면서 도시가 형성되기 시작했고, 인간들이 대도시로 몰려들어 삶의 대부분이 (대)도시에서 이루어지는 게 낯설지 않게 되었다. 말하자면 근대 이후로는 도시, 특히 대도시에서의 삶과 문화를 관찰하고 기술하는 일이 문화적, 사회학적, 인류학적으로 중요해졌다. 특히 유럽에서의 도시공간은 급진적인 변모를 거듭하며 집약적인 발전을 이룩함으로써 인류가 성취한 과학기

1) 존 레니에 쇼트, 이현욱 · 이부귀 옮김, 『문화와 권력으로 본 도시 탐구』, 2001, 한울아카데미, 372쪽.

술의 진보와 동일시될 정도로 근대의 비전은 곧 '도시적인 것'이기도 했다.[2] 이때 도시는 미래에 대한 비전을 제시하는 유토피아의 모습으로 그려졌다. 그러나 인류가 제1차 세계대전을 겪으며 기술지상주의가 초래한 위험을 인식하며 도시는 파멸, 종말(Eschatologie), 죽음의 환영(幻影)으로 중첩되어 나타났다. 특히 인간들의 대도시 집중으로 인한 근대의 폐해들이 드러나는 20세기 후반부터 도시가 곧 진보의 상징이라는 등식은 더 이상 유효할 수 없게 되었다.

그렇게 한동안 부정적 이미지를 띠던 도시가 이제 다시 그 의미를 회복하고 있다. 도시연구의 시각에 변화들이 일어난 것이다. 도시공간에 대한 관심은 도시와 연관된 다양한 학문분야들, 특히 문화연구(Cultural Studies)와 밀접한 관계를 맺으며 연구영역을 넓혀가고 있다. 특히 포스트모던적 관점에서 수행하는 도시문화 연구는 도시경관이 권력집단의 이해관계를 강하게 반영하고 있고, 피지배자들의 사고를 전용(appropriation)하려는 사회적 구성체라는 입장을 견지한다. 예로써 지리학자인 코스그로브(D. Cosgrove)는 인간 경험의 주관적인 측면을 중시하는 기존의 도시경관 연구에 대해 반론을 제기하면서, 경관을 동시대의 정치적 · 이데올로기적 논의에 끌어들인다.[3] 도시경관과 건축물에 비중을 두던 도시공간 연구가 이제 도시의 기능과 인구변화의 추이 등을 정치, 경제, 문화의 관점에서 접근 규명하는 학제적 연구의 방향으로 나아가고 있다. 도시에는 다양한 사람들과 계층들이 살지만, 구성원들 모두가 동일한 비중으로 받아들여지고 또 의식 속에 남는 것은 아니다. 누가 도시라는 몸체에,

---

2) 최용찬, 「도시의 사회사에서 도시의 문화사로?」, 『공간 속의 시간』, 도시사연구회, 2007, 161쪽 참조.

3) 홍인옥 · 최병두, 「포스트모던 도시의 사회문화와 새로운 도시화」, 『도시연구』 9, 한국도시연구소, 2004, 270쪽 참조.

즉 도시의 역사와 외관과 구조에 자신의 흔적들을 새기느냐의 문제는 또 문화정치적인 차원에서 다루어질 문제다.

도시는 그 지역사회와 관련된 거의 모든 것을 '누설'하는 의미의 집합체이다. 우리가 도시를 이해한다는 것은 곧 도시를 읽고 해석하는 것이다. 지층 단면을 보고 적층(積層)된 세월의 부피를 짐작하듯이, 다양한 세월이 켜켜이 쌓인 시간의 층적물이 도시이다. 알라이다 아스만(A. Assmann)은 도시를 팔림프세스트(Palimpsest, 양피지)로 비유하는데,[4] 이는 도시가 단순한 물리적·기술적 공간이 아니라 생성하고 발전, 소멸하는 유기체임을 전제로 하기에 가능하다. 인간은 자신이 사는 곳에 자신의 삶을 마치 양피지에 쓰듯 여러 겹에 걸쳐 써내려감으로써 도시는 집단의 기억과 흔적이 기록된 텍스트가 된다.[5] 도시 읽기란 그 뭉쳐진 원고지들을 한 장씩 한 장씩 벗겨내며 읽고 해독하는 작업이다. 이전의 도시공간 연구가 도시를 '관찰'했다면, 지금은 '읽는다'는 표현이 더 적절해 보인다. 도시는 겉으로 드러난 표면적인 것 외에 복합적인 것들을 함축하는 상징적인 그 무언가를, 즉 다중적 코드를 지니고 있기에, 이것을 이해하고 해독하는 작업이 필요하기 때문이다. 단지 보는 것만으론 부족한 것이다.[6] 이런 점에서 문화경관으로서의 도시 독법은 문화연구와 건축학, 기호학, 지리학 등의 연구방법론을 함께 사용하는 게 매우 유용하다. 도시는 생성되고 또 소비된다. 문학텍스트의 경우, 더 이상 작품을 생산하는 작가만 창조성을 지녔다고는 말하지 않는다. 텍스트를 읽는 독자

4) Aleida Assmann, *Geschichte im Gedächtnis: Von der individuellen Erfahrung zur öffentlichen Inszenierung*, München, 2007, p.111.

5) 김동윤, 「도시인문학 시론 2-도시, 좋은 삶과 거주로서의 공간」, 한국영상문화학회 2008년 춘계학술대회 자료집, 2008, 102쪽.

6) 이영민, 「한국 도시문화경관 연구의 쟁점과 과제」, 『녹우연구논집』 39, 이화여자대학교록우회, 2001, 54쪽.

역시 간(間)텍스트적이며 복합적인 읽기를 함으로써 텍스트(Text)를 작품(Werk)으로 한 단계 업그레이드 시키는 과정에 참여하듯이, 도시 역시 유사한 방식으로 읽히는 것이다.

포스트모던 시대의 도시공간 연구의 전단계로서 20세기 초반 근대의 (대)도시문화를 논할 때 일종의 '필수코스'로 여겨지는 글이 도시문화비평을 다룬 보들레어, 발터 벤야민, 그리고 게오르그 짐멜의 글이다. 도시를 읽는 방식이 한 도시를 놓고서도 시대에 따라, 사회에 따라, 읽는 자의 시선에 따라 상이하게 다를 수 있음을 전제로, 본 논문에서는 도시공간 연구의 출발선상에 있는, 근대의 도시 사유 방식을 거칠게 다섯 가지로 분류하고 유형화해서 근대성이 도시공간 속에서 어떻게 인식되는지, 또 도시가 시공간적으로 어떠한 변화와 가치로 이해되고 설명되어지는지를 살펴보겠다.

2. 근대의 도시 산보객(Flaneur) 발터 벤야민

도시문화를 시적으로 형상화시킨 보들레어를 누구보다 정확히 이해하였고, 문학비평가로 또 문화연구가로 큰 족적을 남긴 벤야민(W. Benjamin), 그는 도시를 사유의 대상이자 주제로 삼은 일련의 저술들을 통해 도시문화 연구를 개척한 선구적인 모더니스트로 평가받는 데 손색이 없다. 벤야민은 도시공간을 인간의 삶, 일상과 긴밀한 관계성 속에서 바라보는 인상학적(physiognomisch) 관점을 취한다. 「일방통행로(Einbahn straße)」(1928), 『베를린의 유년시절(Berliner Kindheit)』(1932)은 벤야민이 베를린에 헌정한 문화사적 성찰이고, 『모스크바 일기(Moskauer Tagebuch)』(1926/1927)는 그가 모스크바 여행에서 지적 동반자였던 아샤 라치스(A.

Lacis)를 비롯해 당시 모스크바의 여러 지식인들과의 교류를 비롯해 공산주의, 사회주의에 대한 성찰 등을 담은 도시인상기이다.

벤야민의 대표적인 도시인상기는 『파사젠베르크(Passagenwerk)』(1927~1940)이다. 그는 파리에 대한 인상학적 연구를 통해 자신이 평생 몰두했던 주제를 완성하려는 야심찬 계획을 가졌으나, 이 계획은 실현되지 못한 채 원고로 남아 있다가 그의 사망 후 40여 년이 지나 발간되었다. 19세기의 문화사의 결정체라 할 수 있는 『파사젠베르크』는 벤야민이 파리의 아케이드를 배회하는 만보객, 창녀, 그리고 소비와 산업기술의 발전을 대변하는 백화점과 만국박람회의 인파 속에서 상품의 물신적 성격을 읽어내고, 미시적인 관찰을 통해 다중의 집단 무의식을 독창적으로 분석해낸 글이다. 19세기 초, 당시의 '세계 수도'였던—이는 벤야민이 1935년에 쓴 에세이의 제목 「19세기의 수도 파리(Paris, die Hauptstadt des neunzehnten Jahrhunderts)」이기도 하다—파리 시내를 만보(漫步)하며 도시에 대한 인상을 글로 옮겼던 보들레어의 경우에서 보듯, 예술가들의 거리 산보는 하나의 사회적 유형이었다. 사실 자본의 축적 규모나 인구, 산업화 정도를 놓고 볼 때 '19세기의 수도'라는 타이틀은 런던에 더 어울렸는지 모른다. 하지만 벤야민이 파리를 세계 수도라고 한 데에는, 정치 혁명의 진원지인 파리에서는 내전이나 계급투쟁 혹은 기술 발전과 예술 간의 투쟁 등이 벌어지는 복잡다단한 도시였지만, 런던은 이미 산업혁명이 성숙기에 접어든 모범적인 제국주의의 수도로서 별 문제가 없는 도시일 뿐이었다는 견해가 작용했다.[7] 이에 대한 벤야민의 말이다.

파리의 사회 질서를 지형으로 비교한다면 (이탈리아의) 베수비오 활화

7) 발터 벤야민, 조형준 옮김, 『아케이드 프로젝트 I』, 2005, 역자 서문 17~18쪽 참조.

산(活火山)에 해당된다. 파리는 위협적이며 위험한 거대한 바위로서, 여전히 살아있는 혁명의 6월이다. 베수비오 화산의 경사면이 그곳을 뒤덮고 있는 진흙 토양 덕분에 온갖 과일들이 자라는 낙원으로 변했듯이, 파리에서는 세계 어디에서도 찾아볼 수 없는 예술과 화려한 삶, 그리고 유행이 활짝 피어났다.[8)]

벤야민이 살던 1910~20년대의 베를린은 빌헬름 제국이 뒤늦게 유럽의 강대국에 합류하면서 도시가 급격히 변모하던 시기였다. 새 시대의 수도 베를린에 나타난 도시 건축물이나 풍경의 변화, 도시적 삶의 빠른 속도와 리듬이 벤야민의 사유방식에 큰 영향을 끼쳤다. 근대 이전의 시인들이 묘사하던 '풍경'에는 분명 관찰자의 감성과 주관이 강하게 작용했다. 하지만 포스트모던 시대에 진행된 문화연구의 관점에서 '풍경'은 어쩌면 도시건축이나 지리학에서 더 선호할 듯한 '경관'이란 용어로 대체되고, 이 용어 속에는 그 시대의 정치적, 이데올로기적 관계성들을 찾아내려는 의지가 담겨 있다. 이제 경관은 '미적' 감상과 판별 기준을 넘어 결코 가치중립적일 수 없는, 지배와 권력의 관계성들을 그 속에 품고 있는 하나의 몸처럼 인식되고 있다. 벤야민의 도시경관 인식은 주관과 감성에 기초한 문학적 관찰에서 제(諸) 관계성들을 고려한 문화적 분석으로 넘어가는 단계에 있다. 이무용 역시 벤야민의 도시독법이 현대의 도시미학적 관찰로 평가되기도 하지만, 메를로 퐁티(Merlau-Ponty)의 상호육체성, 미셸 드 세르토(M. de Certeau)의 도시 걷기, 앙리 르페브르(H. Lefevre)의 육체와 도시 분석 등과 함께 탈현대적인 공간육체론 유형으로 분류하고 있다.[9)]

8) Walter Benjamin, *Gesammelte Schriften*, Bd. 2, p.1056 재인용; Uwe Steiner, *Walter Benjamin*, Stuttgart, 2004, p.156.

9) 이무용, 「도시와 문화」, 김인 · 박수진 편, 『도시해석』, 푸른길, 2006, 284쪽.

작품 「일방통행로」는 근대 도시의 거리 모습을 철학적 아포리즘의 대상으로 삼은 것으로서, 다양한 가게의 간판과 벽보, 플래카드, 쇼윈도, 번지수가 적힌 집들이 나란히 늘어서 있는 길거리를 유유자적하게 거니는 작가의 모습을 떠올리게 한다. 산보객의 눈길이 닿는 곳은 주유소, 식당, 유실물 보관소, 우표수집상 가게, 반지하방 등 이른바 고급문화에서는 소홀히 취급되고 평가절하 된 말 그대로 일상(日常)의 문화적 코드들이다. 이와 같은 다양한 도시공간들이 역사적 시간을 동반한 채 순간적으로 산보객의 눈앞에서 펼쳐지면서 멀어졌다 다시 가까워지는 과정을 반복하게 되고, 산보객은 이를 인상학적 관점에서 사유해 나간다. 산보객의 사유는 이미지로 응결된 사유이다. 『파사젠베르크』의 편집자 서문에서 "이미지는 정지상태의 변증법이다"[10]라고 강조한 바 있듯이, 그에게서 이미지는 중요한 의미를 띤다.

한편, 도시 중의 도시인 로마가 아닌 파리가 산책자 유형을 낳은 이유로 벤야민은 잘 구획되고 정비된 도로와 신전(神殿), 광장들이 즐비한 신(神)들의 도시 로마와 달리, 파리는 이방인들이 아닌 파리 토박이들이 빚어낸 '진짜 삶만으로 만들어진 풍경'(후고 폰 호프만스탈)을 간직하고 있다고 보았기 때문이다.[11] 벤야민에게 도시는 여러 시대의 시간 층이 겹겹이 쌓인, 혹은 잔주름이 가득한 '기억의 공간'이고－아스만 식으로 말하면 '팔림프세스트'이고,－이는 짐멜(G. Simmel)이 도시를 화폐법칙에 의해 지배하는 추상적 공간으로 이해했던 것과는 다른 시각이다. 도시공간의 구석구석은 잊혀진 과거에 대한 기억을 떠올리게 하는 매개고리가 되고, 이런 '기억들의 저장고(Depot gesammelter Erinnerungen)'인[12] 도시

10) 벤야민, 김영옥 · 윤미애 · 최성만 옮김, 『일방통행로. 사유이미지』, 2007, 길, 48쪽.

11) 벤야민, 조형준 옮김, 앞의 책, 965쪽.

속에서 숨겨진 기억의 흔적들을 발견하기 위해서는 거리를 배회하는 산보의 '기술'이 필요하다. 그런데 도시 산보객이 찾아야 할 도시의 기억과 흔적은 개인의 차원이 것이 아니다.

> 과거는 작가 자신의 사적 과거에 불과한 것이 아니라는 점에서 그만큼 더 우리를 더욱 사로잡는다. 아스팔트 위를 걷는 걸음마다 경이로운 반향이 생겨난다.……고독한 산보자의 기억을 돕는 도시는 작가의 유년기와 청년기, 즉 작가 자신의 과거를 넘어 그 이상에 대한 기억을 불러일으킨다.[13)]

산보객은 사소한 매개물을 통해 유년을 회상하지만, 이 기억은 산보객 혼자만 소유하는 것이 아니라 그가 속한 집단 전체에 해당된다는 점에서 그가 떠올린 기억은 사적인 과거가 아닌 집단의 과거가 되고 집단의 기억이 된다. 벤야민이 『베를린의 유년시절』에서 유년에 대한 기억을 집단무의식 또는 집단 환상과 결부시키고자 한 만큼, 이 기억행위는 프루스트(M. Proust)의 『잃어버린 시간을 찾아서』(1913~1927)의－벤야민과 프란츠 헤셀(F. Hessel)이 이 책을 독일어로 번역함－시도동기(Leitmotiv)인 사적인 기억더듬기와는 다른 차원이다.[14)] 벤야민에서 보듯 산보객이 문화적, 문화인류학적으로 도시의 인상학을 구축하고, 그 도시 공간과 결부된 집단의 기억을 불러내는 일은 넓은 의미로 볼 때 도시공간의 이미지를 만드는 일이고 나아가 그 도시지역의 장소성과 정체성을,

---

12) 세르비아의 건축예술가인 복다노비치(B. Bogdanovic)의 표현 참조(Assmann, 앞의 책, p.112).

13) Walter Benjamin, *Gesammelte Schriften*, Bd.3, p.194.

14) 윤미애, 「대도시와 거리 산보자」, 『독일문학』 44권 1호, 한국독어독문학회, 2003, 396~397쪽.

즉 로컬리티(locality)를 찾기 위해서는 꼭 거쳐야 할 단계이기도 하다.

산보객 역시 도심에서 수많은 인파속을 누비지만, 에드가 알란 포의 「군중 속의 남자(*The Man of the Crowd*)」(1840)에 등장하는 익명의 거리방랑자와는 다르다. 보들레어는 런던의 밤거리를 이리저리 헤매는, 군중 속의 이 남자를 거리산보객과 동일시해도 무방하다고 하지만, 벤야민은 이 두 유형의 차이를 강조한다. 포에게는 군중 속에 파묻힌 근대적 도시인간이 갖는 불안과 공포, 역겨움, 전율 등이 문제시되고, 그 원인은 익숙했던 주변 환경을 박탈당할 때 오는 조울증(躁鬱症) 때문이다. 반면 벤야민의 산보객은 조악한 군중으로부터 거리두기를 하고 주변 환경 속에 포섭되는 것을 의식적으로 거부함으로써 관조가 가능한 여건을 확보한다. 산보객이 군중 속에 파묻힐 때 그의 존재는 소멸된다.[15] 도시 군중에 대한 벤야민의 부정적 입장은 『파사젠베르크』의 '산보객' 장에 인용한 엥겔스의 글에 잘 드러난다.

> 서로 밀고 밀리며 지나쳐 가는 온갖 계급과 신분의 수만 명의 사람들……누구 하나 다른 사람에게 눈길을 주는 일이 없다. 잔인할 정도의 무관심, 각자는 개인적인 관심 속에 무정하게 고립되어 있다는 느낌은 이들 개개인이 좁은 공간에 몰리면 몰릴수록 점점 더 불쾌하고 치욕적인 것이 된다. 개개인의 이러한 고립, 이처럼 편협한 이기심이……이 사회의 기본원리라는 것을 알고 있다.[16]

15) 벤야민, 반성완 옮김, 「보들레어의 몇 가지 모티브에 관해서」, 『발터 벤야민의 문예이론』, 1990, 139~145쪽; 그램 질로크, 노명우 옮김, 『발터 벤야민과 메트로폴리스』, 효형출판, 2005, 276쪽 이하.

16) Friedrich Engels, Die Lage der arbeitenden Klasse in England, Marx/Engels, *Werke*, Bd.2. 1969, p.256(재인용, 벤야민, 앞의 책, 2005, 986쪽).

산보객의 거리체험 방식은 이중적이다. 그는 필요에 의해 군중들의 혼잡 속에 파묻히기도 하지만, 자신을 온전히 외부의 출렁거림에 내맡기지는 않는다. 그는 시장에 호기심 많은 구경꾼으로 가장하고 가면서도, 실은 자신의 임무를 수행하고자 하는 다른 목적이 있다. 그는 "아스팔트 위에서 식물채집"(보들레어)을 하는 인상학자이기 때문이다.[17] 이 점에서 산보객의 정처 없는 발걸음은 실제로는 '의미의 방랑(l'errance du sémantique)'(데리다)이다. 산책자와 관련해 세르토의 『일상생활의 발견(L'Invention du Quotidien)』은 주목할 만하다. 산보객은 마치 바둑판처럼 실용적으로 잘 구획된 도시공간의 배치에도 불구하고 때로는 빠른 길을 가로지르고, 때로는 정처 없이 배회함으로써 도시구획을 정한 자의 의도에 꼭 부합하지 않는다. 도시를 권력자에 의해 구획된 지도 대로가 아닌, 자신의 마음대로 새롭게 읽음/배회함으로써－이른바 '밀렵으로서의 글읽기'이다－지도를 만든 권력구조의 통제를 벗어나고, 뿐만 아니라 전혀 새로운 창조성까지 이루어낼 수 있다는 게 세르토의 도시 걷기 전략이다. 이것은 도시의 구석구석을 거닐며 문화사적 연상을 조합하고 역사성을 불러내는 벤야민의 산보객과 그 의도는 다를지언정, 도시 배회를 통한 도시 읽기, 도시 (달리) 해석하기 면에서는 서로 비교해 볼 만하다.[18]

3. 게오르그 짐멜과 추상적 도시공간

짐멜의 도시공간에 대한 사유는 추상성이 그 특징이다. 그의 대도시 논의에는 정치와 산업의 문제가 전혀 고려 대상이 되지 않는다. 사회적

17) 그램 질로크, 앞의 책, 308쪽.
18) 박명진 외 8인 편역, 『문화, 일상, 대중』, 한나래, 2005, 155~182쪽 참조.

공간의 파괴, 사회계급의 분화 및 갈등, 다양한 사회문제에 대한 분석이 빠져 있다. 오히려 문예비평가인 벤야민이 행한 파리의 도시인상학이 도시의 제 관계성들을 끌어들임으로써 포스트모던적 도시공간론의 맹아(萌芽)를 보여준다. 1903년에 짐멜이 「대도시와 정신적 삶(Die Großstädte und das Geistesleben)」을 쓸 당시, 베를린 대학 역사학자인 디트리히 셰퍼는(국가중심적 사고에 익숙한 역사학자의 시각에서) 짐멜의 대도시론에 국가와 교회에 대한 언급이 완전히 누락되어 있음을 지적하며 짐멜이 대도시의 정신적 삶에 대해 심한 편견을 가지고 있다고 혹평을 가했다.[19] 그럼에도 불구하고 짐멜의 도시공간 연구는 "토크빌이 민주주의를, 맑스가 자본주의를, 베버가 관료주의를 자신의 사상을 위해 적절하게 구성하였듯이, 짐멜에게 있어서 대도시는 모더니즘의 기초로 인식되었다"[20]고 말한 니스벳의 표현처럼 근대성을 이해하는 잣대였다.

짐멜의 도시 관찰은 아직은 고전적인 도시공간론에 속한다. 하지만 이것이 계속 발전해 1970년대의 현대의 도시공간연구에서는 건축학적, 사회공간적, 도시미학적인 관점에서 도시의 다양한 의미화 과정을 탐구하고, 1990년대 이후의 포스트모던 도시공간연구자들은 시간과 역사를 중시하던 기존의 도시문화론에 비판을 가하며 공간과 지리를 부각시키는 쪽으로 나아간다. 제임슨(F. Jameson)의 후기자본주의 문화론, 소자(E. Soja)의 포스트모던 지리학, 하비(D. Harvey)의 역사지리유물론, 잭슨(Jackson), 던컨(Duncan), 코스그로브 및 다니엘스(Cosgrove & Daniels)로 대표되는 신문화지리학 등은 사회이론에서 공간의 중요성을 강조하면서, 문화, 언어, 지식, 이데올로기를 둘러싼 권력과 공간의 관계, 젠더와 종족

19) 김덕영, 『게오르그 짐멜의 모더니티 풍경 11가지』, 길, 2007, 149쪽.

20) Robert Nisbet, *The Sociological Tradition*, New York, 1966, p.388(재인용, 피터 손더스, 김찬호 옮김, 『도시와 사회이론』, 한울아카데미, 1998, 97쪽).

등 다양한 도시주체들에 관심을 가짐으로써 기존의 도시문화론을 확장시켰다.[21] 르페브르는 공간이 역사적, 자연적인 요인들로 인해 형성되었을지라도 결코 이데올로기나 정치로부터 분리될 수 있는 과학적 대상이 아니라고 보고,—"공간은 언제나 정치적이고 전략적이었다.……공간은 역사적, 자연적 요소로부터 형성, 주조되어 왔지만 이것은 정치적 과정이었다. 공간은 정치적이고 이데올로기적이다. 그것은 글자 그대로 이데올로기로 가득 찬 산물이다."[22]—소자나 하비 식의 역사지리유물론의 입장에선 물리적 공간과 사회적 주체 간의 관계가 중시된다.

짐멜의 글 「대도시와 정신적 삶」을 중심으로 그의 도시문화론을 자세히 살펴보자. 근대 이전의 사람들은 대도시를 일종의 원시림이나 정글로 비유하곤 했다. 짐멜이 대도시를 지리적 경계를 지닌 공간을 넘어, 화폐경제가 지배하는 하나의 추상적 공간으로 파악한 것은 독특한 시각이었다. 짐멜은 대도시를 교통과 기술에 의해 구조화된 가시적 공간이 아닌, 개인들 간의 눈에 보이지 않는 상호작용이 일어나는 추상성이 지배하는 장소로 이해했다. "대도시의 본질은 그 물리적 경계를 넘어서 기능적 크기에 있다. 한 사람의 영향력이 그가 실제 있는 곳이나 활동하는 공간의 경계에 국한되지 않듯이, 도시 역시 그 직접성을 넘어서는 작용들의 총합으로 구성된다."(짐멜)[23] 다시 말해, 지리적인 경계가 도시공간을

---

21) 이무용, 앞의 글, 280~302쪽.

22) Henri Lefèbvre, Reflections on the Politics of Space, 31, *Antipode* 8, 1976(재인용, 에드워드 소자, 이무용 옮김, 『공간과 비판사회이론』, 시각과언어, 1997, 107쪽). 르페브르는 『La révolution urbaíne』에서 'city'와 'urban'을 구별하고 있다. 그가 본 'urban'은 공간, 일상생활, 자본주의적 사회관계의 재생산이라는 세 가지의 상호 관련된 개념으로 구성되어 있다(피터 손더스, 앞의 책, 171쪽 참조). 도시연구는 '찬란한 도시 cité radieuse', '정원도시' 같은 건축사적 개념들을 만들어냈고, 미학적 인식이 개입된 메갈로폴리스, 미래도시, 교외도시, 글로벌 마을, 또는 부정적인 의미의 공포도시 ville panique, 죽음의 도시 Nekropolis 등을 새롭게 탄생시켰다.

규정짓거나 한정시키지 못하고 개인들 간의 상호작용이 미치는 범위에 따라 도시공간의 범위가 확장될 수 있음을 뜻한다. 짐멜에 따르면, 이를 가능케 한 것은 무엇보다도 화폐의 기능 때문이다. 그의 대도시론의 핵심은 '화폐', 그리고 '추상적 공간'이라는 두 단어에 집약되어 있다. 공간사회학의 측면에서 현대 도시가 추상화되어가고 또 현대 세계의 중심이라면, 화폐는 이 세계를 원심적으로 확산시킨다고 본다.

화폐가 지배하는 도시에서는 화폐의 가치에 따라 이론적으론 모든 곳에 도달할 수 있다. 돈만 있으면 아무리 멀리 떨어진 곳에 있는 상품이라 하더라도 언제든 구매할 수 있으므로 늘 가까이 있는 것처럼 느끼듯이, 화폐는 거리를 극복하는 기능을 지닌다. 이로 인해 근대 도시에서는 공간적 거리는 문제가 되지 않고 추상적 도달 가능성이 더 중요하다. 대도시에서는 사물 및 인간들의 관계와 가치가 철저히 교환가치에 의존적이다. 이들의 개별적 특성이나 구체적 상황 등을 단지 양적인 치수로 환원하는 교환가치만을 중시하기 때문이다.[24] 화폐가 지닌 계산적 본질은 도시인들 간의 관계에서 정확성, 확실성, 약속과 협정의 명확성을 더욱 발전시켰다. 이는 화폐의 속성 때문이기도 하고, 대도시라는 조건 자체도 이런 패턴의 삶을 촉진시킬 수밖에 없었다. 서로 다른 관심사를 지닌 사람들의 군집(群集)은 다양한 형태의 조직과 활동으로 이어지지만, 이것들이 어떤 식으로든 정확성을 기하지 않으면 도시의 삶이 혼동에 빠지기 때문이다. 이 점에서 회중시계의 보급은 큰 의미가 있다.[25]

---

23) 윤미애, 앞의 논문, 391쪽 참조.

24) 게오르그 짐멜, 김덕영 · 윤미애 옮김, 『짐멜의 모더니티 읽기』, 새물결, 2006, 38쪽.

25) 근대(성)의 출발은 무엇보다 시 · 공간의 새로운 개념 규정과 함께 시작되었다. 사람들 간의 교류가 적은 농촌 지역보다는 도시공간에 표준시간이 더 필요했다. 인류사에서 처음으로 균질적인 시간의 등장에-그리니치 표준시-대해 사람들

대도시가 철저히 화폐경제와 분업의 원칙 아래 있다면, 이곳에서 인간의 소외 역시 가장 심하게 나타나야 한다. 도시에서는 주관 정신(주체의 발전)과 객관 정신(언어, 법률, 제도, 과학 등)의 괴리가 소외를 심화시킨다고 지적한다. 그렇다고 대도시에서 개성의 발전이 불가능한 것은 아니다. 이 말은 얼핏 듣기엔 모순처럼 들린다. 그는 도시의 삶이 점점 비인격적인 내용들로 채워질수록, 개인들은 자신의 고유성을 지켜내기 위해 극단적으로 자신의 개성과 특성을 짜내게 된다고 말한다. 즉 대도시에서는 삶의 내용이 비개인화 될수록, 개성적인 것을 표출하려는 의지 또한 과격해진다는 것이다. "집단이 커질수록 집단의 상호작용이 더욱 비인간적으로 되고 다른 사람의 고유한 개성들과의 관련이 더욱더 희박해진다. 개성의 위기에 직면하여 대규모 인간집단의 성원들은 타인에 대해서……뿐만 아니라 자신에 대해서도 그 자신의 주체성을 주장하게 된다."[26] 폐쇄된 집단, 작은 규모의 집단일수록 그 집단은 더욱더 치밀하게 개인의 생활양식과 사고를 감시하고, 어떠한 양적・질적 변종도 전체의 틀을 깨뜨리는 것으로 간주한다.[27]

한편, 짐멜은 도시인들이 외적, 내적 자극들이 급속도로 그리고 끊임없이 바뀌기 때문에 신경과민을 앓고 있다고 한다. 앞서 언급한 포의 '군중 속의 남자'의 불안과 공포가 바로 그것이다. 도시인들은 예민해진 신경증으로부터 자신을 보호하기 위해 '둔감증'이라는 심리적 방어기제를 만들어내는데, 이는 가속화된 교통과 군중의 움직임으로 혼란스러운 도시생활의 지나친 자극의 심리적 결과일 뿐 아니라, 화폐경제에 따른 평준화에

이 느꼈던 불안감과 의구심은 곳곳에서 포착된다(스티븐 컨, 박성관 옮김, 『시간과 공간의 문화사 1880-1918』, 휴머니스트, 2004, 특히 1장 '시간의 성질' 참조).

26) 피터 손더스, 앞의 책, 95쪽.

27) 짐멜, 앞의 책, 45쪽.

기인한다. 심리적 거리두기는 너무 가깝게 다가오는 외부세계에 대한 내적 방어인 셈이다. 짐멜이 화폐의 부정적 측면과 긍정적 기능을 모두 보았듯이, 대도시 또한 부정성과 긍정성을 동시에 내포하는 것으로 본다. 즉 도시의 이중성이다. 대도시 인간은 '무관심과 거리두기'라는 특징을 지니지만, 공간적으로 넓은 대도시라는 생활공간이 있기에 공동체나 타인들에 의해 구속당하지 않고 개인의 자유를 누릴 수 있다. 대도시에서는 인간정신이 추상화되고 지성화된 결과 '중립성의 원리'가 작용하게 되어 공간적으로 가까운 이웃에게 무관심해지고, 멀리 떨어진 곳에 있는 사람과 오히려 밀접한 관계를 유지하는 일이 가능해진다.[28] 짐멜은 감각적 인식의 문제를 하나의 역사적인 문제로 파악하고, 대도시 그리고 현대적 기술로 특징지어진 인식규범의 구조를 분석한 몇 안 되는 인물이다.

4. 유럽 모더니즘 문학에 투영된 대도시

19세기 문학작품에서의 도시공간 묘사가 산업화와 도시화가 현격하게 진행된 20세기에도 동일한 방식으로 적용될 수는 없다. 20세기의 도시는 기능과 구조는 물론이고 도시 구성원이 복잡해지며 기존의 상징코드로 도시를 파악하기가 쉽지 않게 되었다. 문학연구자들은 작품을 분석할 때 대개 작품의 주제나 형식, 서술방식, 문체의 연구에 비해 작품 속의 공간에 대해서는 상대적으로 소홀했지만, 산업화를 겪으며 생겨난 (대)도시는 모더니즘 문학작품들 속에서 소홀히 취급될 수 없는, 그 자체로서 하나의 중요한 주제가 되었다. 근대의 도시공간 연구가 아직은

28) 김덕영, 앞의 책, 141쪽 참조.

제 관계성들을 고려하는 포스트모던적인 접근 방식까지는 나아가지 않았지만, 당시로서는 충분히 문학적, 역사적, 사회학적 의의를 지녔다고 볼 수 있다.

발자크의 『외제니 그랑데(*Eugénie Grandet*)』(1833), 『고리오 영감(*Le Père Goriot*)』(1835)은 19세기 프랑스 사회의 자본주의화 과정을 리얼하게 묘사하며 돈의 절대적인 힘을 강조하고, 보들레어가 고통과 욕정으로 가득찬 대도시에서 살아남기 위해 신경쇠약증을 앓을 수밖에 없음을 묘사한 것, 독일의 폰타네(T. Fontane)가 19세기 말 빌헬름 제국의 수도 베를린을 무대로 썼던 수많은 도시소설들, 그리고 파리를 무대로 한 릴케의 『말테의 수기(*Die Aufzeichnungen des Malte Laurids Brigge*)』(1910)에서 도시(성)는 중요한 주제였다. 이들은 도시를 도덕적 관점에서 보았다. 예컨대 도시는 악덕, 탐욕, 권력, 육체 등이 얽히고설킨 매음굴이고 정글이며 도살장이었다. 하지만 이와 같은 상징이 근대에서는 더 이상 적용될 수 없었다. 이미 플로베르의 『감정교육(*L'Éducation sentimentale*)』(1869)에서 소설의 주인공이나 화자(話者)는 파리를 배경으로 어떤 상징적 질서를 창조하는 데에 전혀 관심이 없다.

근대의 대도시의 번잡함과 역동성에 쉬레얼리스트들은 도취와 환각으로 대응했고, 미래파와 독일의 표현주의자들은 제1차 세계대전 체험과 맞물려 방종하고 묵시록적인 대도시 체험을 기술하였다. 이들 모두는 기존의 내러티브 방식에 의한 도시이미지 전달에 강한 의구심을 품었다. 동시대의 자연주의 시인들이 대도시의 반(反)자연성과 도시민들의 경험세계의 분열과 해체를 애써 감추는데 비해,—가령 대도시 시선집 『돌처럼 굳은 바다(*Im steinernen Meer*)』(1910)처럼—표현주의자 리히텐슈타인(A. Lichtenstein)의 시는 확연히 다르다. 대도시와 자아 간의 분열을 잘 드러낸시 「점(*Punkt*)」(1913)의 일부이다.

> 황량한 거리가 불 꺼진 머리 사이로 / 환한 불빛을 비치며 뻗어있다. 내가 아프다./ 나는 분명히 느낀다, 내가 곧 사라지리라는 것을—/ 내 육체의 가시장미, 그렇게 아프지 않다. // (……)심장은 하나의 자루와 같으니. 피가 얼고/ 세계가 뒤집힌다. 내 눈이 무너진다.[29]

불빛이 환하게 비칠지언정 거리는 황량하고, 화자(話者)의 머리는 불이 꺼진 (혹은 빛이 퇴색된) 상태이다. 분주하고 생동감 있는 거리풍경에 비해 화자는 텅빈 공허감을 느낄 뿐이다. 번잡스러운 거리의 왕래가 화자의 머리 속을 쏜살같이 관통하고, 그로 인해 아파한다. 이 부분은 일종의 메타포이다. 거리의 교통은 빨라진 일상과 순간성, 그리고 위협을 상징하고, 이것이 나의 세계를 빠르게 스치고 지나간다. 화자는 복잡한 대도시의 일상에 적응하지 못해 위협을 느낀다. 마침내 나는 홀로 남겨지고 무감해져 내게 가해지는 아픔마저 느끼지 못하게 된다. 7행은 냉기가 감도는 상황의 묘사이다. 뜨거워야 할 심장은 이제 생명없는 하나의 자루에 불과하고, 마지막 행에서 화자는 묵시록적인 세계의 종말을 목도한다. 여기서 흥미로운 것은 작가가 주관과 대상을 전도(顚倒)시킨 점이다. 세계를 바라보는 나의 시야가 무너지고, 이는 곧 나의 세계(관)의 침몰로 이어진다. 세상은 여전히 제 갈 길을 가는데,—그것을 우리는 진보 혹은 근대화라 부른다—화자인 나는 도시의 변화와 속도를 따라잡지 못해 뒤처지고 무뎌져 결국 침몰한다는 내용이다. 대도시에 대한

---

29) "Die wüsten Straßen fließen lichterloh/ Durch den erloschnen Kopf. Und tun mir weh./ Ich fühle deutlich, daß ich bald vergeh-/ Dornrosen meines Fleisches, stecht nicht so.// (……)Das Herz ist wie ein Sack. Das Blut erfriert./ Die Welt fällt um. Die Augen stürzen ein."

시인의 인식은 짐멜이 대도시의 삶을 기술한 부분과 상당히 일치한다. 대도시의 일상은 연속적인 과부하의 상태이다. 사람의 지각능력이 감당할 적정 범위를 넘어 빽빽이 밀집해있거나 너무 빈번하게, 또 빠르게 교체되는 대도시 특유의 메커니즘 앞에서 신경체계에 과부하가 걸리는 것이다.[30] 또다른 시 「도시(*Die Stadt*)」(1913)이다.

> 거대한 하늘은 한 마리의 흰 새./ 그 아래로 도시가 웅크린 채 응시하고 있다./ 집들은 반쯤 죽은 늙은이들이다.// (……)어느 거리에서 신음하는 미치광이: 너, 아!, 너는—/ 오 내 사랑, 너를 찾을 수만 있다면…… / 그를 에워싼 사람들, 놀라며 그에게 조소(嘲笑)를 보낸다.[31]

공중에서 바라본 도시의 전경은 늙고 핏기없는 회색빛 집들이 늘어선 도시이다. 그 도시의 촘촘한 골목길을 시대 부적응자인 미치광이 한 명이 절망스럽게 연인을 찾아 헤맨다. 그러나 실제로 찾을 거라는 희망은 없다. 그를 에워싼 군중들 자신도 권태와 무력감에 빠져 그를 뻔히 쳐다보며 냉소적인 웃음을 띨 뿐, 인간적인 감정의 교류는 일어나지 않는다. 이 시는 근대의 혼란스러운 도시공간과 도시의 불결함, 부적응자들, 대중의 권태를 주제로 삼고 있다. 오늘날의 대도시 풍경과는 제법 다르다. 이들 초기 표현주의자들에게 대도시 체험은 무엇보다도 시민적 삶의 전형인 가족과 그 규범들로부터 이탈한 보헤미안적인 삶이었다. 어딘가

---

30) Silvio Vietta, *Großstadtwahrnehmung und ihre literarische Darstellung*, Jahrbuch der Gehe-Stiftung zu Dresden, 1974, p.360.

31) "Ein weißer Vogel ist der große Himmel./ Hart unter ihn geduckt stiert eine Stadt./ Die Häuser sind halbtote alte Leute.// (……)In einer Straße stöhnt ein Irrer: Du, ach, du -/ Wenn ich dich endlich, o Geliebte, fände……/ Ein Haufen um ihn staunt und grinst voll Spott."

에 얽매임 없이 자유롭게 떠돌며 익명성을 즐기는가 하면, 반면에 불안함을 떨치지 못하는 삶, 이와 같은 근대 문명의 자화상으로서의 대도시 삶은 니체 식으로 말하면 '형이상학적 세계개념의 종말'이다.

모더니즘은 특히 대도시를 주제로 한 소설들을 많이 쏟아 냈다. 더블린의 거리 그 자체가 소설이 된 조이스(J. Joyce)의 『율리시즈(*Ulysses*)』, 베를린을 무대로 한 되블린(A. Döblin)의 『베를린 알렉산더광장(*Berlin Alexanderplatz*)』, 아직은 합스부르크 제국의 수도인 빈이 거대한 철학적 담론의 현장이 된 무질(R. Musil)의 『특성 없는 남자(*Der Mann ohne Eigenschaften*)』, 프루스트의 『잃어버린 시간을 찾아서』의 배경인 파리 등이 그 경우이다. 그 이유는 아마도 도시화가 두드러졌고, 기계/기술문명의 혜택으로 인한 근대화의 가시적 성과들이 도시에 가장 먼저 나타났으며, 그 현상들이 당시 지식인들의 의식 속에 깊이 각인되었기 때문일 것이다.

되블린의 대도시 기술은 도시의 신화(神話) 재현에 관심이 없고, 대신 도시의 구조와 기능을 강조한다. 벤야민은 혁명기의 모스크바를 다룬 기행문 『모스크바 일기』에서 불규칙적인 '무질서한 집들'과 더불어 '엄청나게 분주한 거리들'에 대해 말하고, 되블린은 더 이상 감각적으로는 파악이 불가능한, 대도시의 추상적인 구조를 규정짓고자 도시를 유기체에서 비유기체로 넘어가는 중간에 있는 '산호지팡이'에 비유하기도 했다.[32] 물론 근대 이전에도 현대적인 감각으로 도시의 구조를 꿰뚫어본 글들이 있었다. '표류하는 군중'을 사회학적으로 관찰한 포, 대도시에 대한 인상을 수사적으로 읊은 하이네가[33] 그렇고, 대도시에 군집한 무리

---

32) Alfred Döblin, Der Geist des naturalistischen Zeitalters, A. Döblin, *Aufsätze zur Literatur*, Olten und Freiburg i. Br. 1963, p.72.

33) Heinz Brüggermann, "Aber schickt keinen Poeten nach London!", *Großstadt und literarische Wahrnehmung im 18. und 19. Jahrhundert*, Reinbek b. Hamburg, 1985, p.114.

들을 자본주의 구조에 근거해 예리하게 통찰한 엥겔스의 런던 묘사가 그렇다. 엥겔스는 거대한 집중화가 자본주의의 한 상징임을 보았고, 그것들이 야기하는 지각작용의 혼란을 예상했다.

> 250만 명의 인간들이 한 지점에 겹겹이 운집해 있는 이 거대한 집중화 현상은 250만이 지닌 힘을 백배나 증가시킨다. 이는(=집중화) 런던을 세계의 상업수도로 고양시켰고, 거인처럼 어마어마한 정박시설을 만들어냈으며, 수천 척에 이르는 배들을 불러들여 항시 템즈강을 뒤덮게 했다.(……)꽉 들어찬 집들, 양편의 조선소(……), 그리고 양편의 강기슭을 따라 수없이 많은 배들이 정박해 있다.(……)이 모든 게 너무나 장관이었고 너무 엄청난 규모라 도무지 정신을 차릴 수가 없었다.[34)]

도시에 대한 상징 가운데 가장 두드러진 것은 멸망이다. 이는 제1차 세계대전의 끔찍한 체험이 투영된 세계의 종말에 대한 불안감과, 조악한 무리인 도시 군중의 등장으로 시민세계가 느꼈던 위기감이 표출된 것일 수 있다. 폴 비릴리오(P. Virilio)의 『경악의 도시(*Panik Stadt*)』(1979)처럼 현재도 도시의 재앙을 다룬 영화들이 꾸준히 생겨나고 있다. 「인디펜던스 데이」(1996), 「아마겟돈」(1998), 「투모로우」(2004), 「우주전쟁」(2005) 등이 그 예이다. 화염에 싸인 트로이, 타락한 소돔과 고모라, 매춘과 유혹의 도시 바빌론, 이들 도시들은 단순히 이름만으로도 멸망을 연상시킨다. 프릿츠 랑(F. Lang)의 「메트로폴리스(*Metropolis*)」 역시 이 경우에 해당한다.

20세기 초반 이후, 도시공간에 대한 기술은 스스로를 기술하는 도시에게 밀려난다. 이를테면 도시가 언어이자 이데올로기며, 일체의 생각과 말, 움직임들이 적절하게 조절되는 공간이 된 것이다. 도시지형학의 변화

34) Friedrich Engels, Die Lage der arbeitenden Klasse in England, Marx/Engels, *Werke*, Bd. 2. 1969, p.256.

는 대도시의 상징코드도 변화시켰다. 기존의 대도시 소설에서 상징의 구심점이었던 장소들이—파리의 노트르담, 로마의 테르미니 역—빠르게 진행되는 모더니즘 속에서 소멸되고, 도시공간 자체가 전면에 등장하였다. 릴케의 『말테의 수기』와 미래파 화가 움베르토 보쵸니(U. Boccioni)의 회화 「거리가 집으로 파고든다(*La strada entra nella casa*)」(1911)에서 보듯 도시는 육체와 영혼의 내면세계 속으로 밀치고 들어오는가 하면, 『베를린 알렉산더 광장』에서는 정보화된 도시가 서술된 도시를 지배함으로써 고전적 텍스트 서술을 탈피한다. 도시에 대한 기상학적 자리매김과("등온선과 등서선이 각자의 책무를 다하고 있다") 더불어 지리학적 기술로 시작되는 무질의 『특성 없는 남자』의 그 유명한 첫 단락 중 일부이다.

> 다른 대도시와 마찬가지로 이 도시(=빈) 역시 불규칙성과 교환, 앞서 나감, 뒤쳐짐, 사물과 사건들의 충돌, 그 사이에 놓인 끝없는 침묵, 통로와 막힌 곳들, 그리고 리듬에 맞게 크게 두드리는 소리, 영원한 불협화음, 일체의 엇박자 등이 대립하고 있다. 이 도시는 크게 보면 건물과 법, 규칙 그리고 역사적 전통이라는 질긴 재료들로 이루어진 그릇에서 부글부글 끓는 기포 같다.[35]

무질의 냉정하고 세밀한 서술방식은 수학적 사고에서 비롯되었다. 대도시의 엄청난 교통량, 상품 및 정보의 홍수, 그로 인한 적체현상을 묘사함에 있어 무질은 도시는 밀림이라는 식의 상징이나 환유에 더 이상 의존하지 않는다. 칼 크라우스(K. Kraus) 역시 근대의 도시가 병들었다고 하는, 19세기적인 서투른 향토옹호자들을 비난했다. 그는 1911년 잡지 『횃불』에 다음과 같이 썼다 : "나는 내가 살아야 할 도시에 아스팔트와

35) Robert Musil, *Der Mann ohne Eigenschaften*, Reinbek b. Hamburg, 1978, p.9.

거리 청소, 대문 열쇠, 난방, 온수를 요구한다. 나는 안락해야겠다."[36] 사회적인 환경과 잠재적 상상력이 함께 작용하던 기존의 서술방식은 이제 점차 추상성을 띠어가는 근대의 도시공간 기술에 그대로 적용될 수 없다. 더욱이 문화기술의 복제(벤야민)가 두드러지고, 새로운 정보기술과 사이버공간으로 인해 시·공간이 새롭게 규정되는 현대의 도시공간을 기술하는 문학작품은 독자적인 기술양식만으로 존재하기 어려워졌고, 다른 서술기법들을 강구해야 했다.

5. 식민 조선의 수도 경성과 구보씨의 일일 산보

식민 조선에서도 근대의 도시공간을 사유한 지식인들을 엿볼 수 있다. 한국 근대문학을 주도했던 이상, 박태원, 김기림, 채만식 등을 1930년대 식민지 조선의 수도 경성의 산보객으로 보는 것이다.[37] 경성을 배회했던 산보객들은 유럽의 산보객과는 발생학적으로 유형이 다르다. 조선의 지식인들의 경성 배회는 이상의 「날개」에서도 확인되듯이, 개인적 취향에서 비롯되었다기보다는 오히려 사회부적응자나 '무능한' 자가 선택할 수밖에 없는 사회적 저항의 측면이 크다.[38] 이들이 자신들을 지식인 혹은 예술적 직관을 가진 도시관찰자로 간주했다고 해도, 이들의 도시공간 배회/산보는 어쩌면 한량들(룸펜)의 무위도식에 더 가깝다고 할 수 있다. 이들의 산보가 고의적 태만과 같은 의도된 전략이었건, 아니면 주체적이고 자율적이며 책임이 뒤따르는 사회적, 지적인 활동과 개입이

36) Karl Kraus, *Die Fackel*, Nr.415/416, 1911, p.35.

37) 이성욱, 『한국 근대문학과 도시문화』, 문화과학사, 2004.

38) 최혜실, 「1930년대 도시 소설의 소설공간」, 『현대소설연구』 5, 한국현대소설학회, 22쪽 참조.

일체 차단된 채 룸펜의 삶 외에는 달리 선택의 여지가 없는 결과로서 생겨났건 간에, 나타난 작업의 결과만을 놓고 볼 때 이들이 관찰자의 시선으로 도시의 역사적, 문화사적 흔적들을 성찰하고 재구성해가는 과정은 찾아보기 어렵다.

1930년대 조선은 일제가 조선을 대륙침략을 위한 병참기지로 삼고(중일전쟁, 1937), 조선총독부의 기능을 강화함과 동시에 경성의 도시 외관이 보다 근대적인 모습을 띠기 시작한 무렵이다. '조선시가지계획령'(1934)을 근거로 토지를 구획하는데, 이는 역설적이게도 경성의 도시화 과정이기도 하다. 경성 공간은 일본인들이 청계천을 경계로 남촌(南村)에, 한인들은 북촌(北村)에 거주하는 식으로 대립적 형태를 띠며 도시화 되어갔다. 남촌은 주택들이 정비되고 도로가 확장되는 등 자연스레 대표적인 공업지역과 상업지역이 되었다. 당시 경성에서 근대의 풍모를 엿볼 수 있는 곳은 종로를 제외하고는 모두 일본인 거주지역인 남촌에 있었다. 본정통(本町通)은 현재 명동과 충무로 일대로서, 당시 조선 일본인들의 주거주지로 경성에서 가장 번화한 거리였다. 미쯔코시 백화점, 조선저축은행을 중심으로 일본인 상권과 건물들이 이곳에 밀집해 있었다. 조선의 수도 한복판에 있는 가장 화려하고 모던한 거리이지만, 정작 조선인들은 마음 편하게 드나들 수 없는 곳, 조선의 현실과 가장 멀리 떨어져 있는 도심 속의 이질적 공간 그곳이 남촌이었다.

이러한 왜곡된 도시 경성의 도심 곳곳을, 예컨대 카페, 빠, 싸롱, 근대식 백화점 등을 배회하는 것을 '구인회' 멤버들은 일과로 삼았다. 박태원은 대학노트를 들고 다니며 도시의 풍물, 군중의 모습, 근대의 건물들에 대한 단상을 기록하였고, 때로는 상상력만으론 부족해 실물을 보기 위해 도심지를 오고갔다고 한다. 경성의 도시공간에 대한 세밀한 검증작업을 통해 나온 글이 「소설가 구보씨의 일일」(1934)이다. 박태원의 도심 배회가 단순히 절망한 식민지 지식인의 '시간 때우기'가 아닌, 문학적 사유방식으로 승화되는 것이다. 도시공간을 고증하듯 세밀하게 구현해내기 위해 박태원은 고현학(考現學)[39]이라는 방법론을 사용하였다. 그는 고현학이 자신의 '결함'을 보충하기 위한 방편이었다고 말한다. 작중 인물이 살았음직한 동리를 마음대로 머릿속에 그려보지만, 이를 표현하는데 능치가 못하여 그럴법한 골목을 찾아 헤매고, 거기서 얻은 실제 지형을 ("왼쪽으로 꼬부라지면, 우물 옆에 마침 술집이 있는데 그 집서부터 바루 넷째집－파랑대문 한 집이니까 찾기는 쉬웁다든지……") 면밀히 조사해 기록해두는 것이다.[40]

「소설가 구보씨의 일일」은 구보가 정오에 집을 나서 경성 거리를 배회하다 새벽 2시에 귀가하는 원점회귀구조이다. 여기서 시간의 흐름은 공간의 이동을 위한 수단에 지나지 않고, 도시공간을 포착한 인상들이 순간순간 속에 담겨있다. 구보씨는 산보 행위를 통해 왜곡된 근대 공간 경성을 바라보고 체험하면서(도시체험), 도시가 주는 외부적 자극들로 인해 과거를 떠올리게 된다(개인의 과거체험). 도시를 구성하는 핵심적 요소들, 즉 도시 군중, 전차 같은 교통체계, 미쯔코시 백화점 같은 근대적 건물들은 주인공에게 다양한 형태의 자극으로 다가오고, 이에 대해 과거 회상으로 반응하는 방식이 작품 전체에 반복적으로 나타난다. 이런 점에선 벤야민이 말한 산보의 기술과 유사한 면이 확실히 있다.

---

39) 모데르놀로지(Modernology). 현대(modern)와 고고학(archaeology)의 합성어. 자세한 것은 곤 와지로, 김려실 옮김, 「고현학이란 무엇인가」, 『현대문학의 연구』 15, 한국현대소설학회, 2000, 261~271쪽 참조.

40) 조이담 · 박태원, 『구보씨와 더불어 경성을 가다』, 바람구두, 2005, 187쪽 참조.

> 산책할 때에는 공간적으로나 시간적으로 아득히 먼 것이 풍경과 더불어 순간 속으로 침입해 들어온다는 것은 잘 알려져 있다. 이러한 상태가 고조되어 진정한 도취상태에 이르게 되면 산책자의 혈관 속에서 피가 고동치고 심장은 시계처럼 똑딱거리며(……).[41]

구보의 회상 행위와 벤야민의 산보객을 구분한다면, 구보는 도시의 구경꾼은 넘어서고 있지만, 자신의 시야에 들어온 도시 현실에 대해 냉정한 미적 거리를 가지고 관찰하는 산보객에까지는 이르지 못하는 점이다. 다시 말해, 그에게 도시의 자극들은 개인적인 차원의 회상과 기억을 촉발하지만, 그것이 벤야민이 훨씬 더 고차원적이라 평가했던 집단적 기억에까지는 미치지 못한다. 이는 어쩌면 두 도시의 문화사적 배경 때문이기도 하다. 파리는 경성과 달리 이미 오래 전부터 근대화의 과정을 밟아왔고, 세계의 메트로폴리스로서 다양한 문화들이 만나는 중심이었기에 다양한 연상을 불러일으키는 매개체로서 가능했다면, 이제 막 근대의 발걸음을 떼기 시작한, 그것도 식민지 수도인 경성의 도시 공간은 규모나 문화적, 역사적 축적 면에서 규모가 달랐다.

흥미롭게도 박태원은 대도시 배회/산보를 다룬 『율리시즈』를 알고 있었다. 소설에서 작가는 구보의 입을 빌어 『율리시즈』를 두 차례, 그것도 마뜩찮게 언급하고 있다.

> 구보는 그저 율리시즈를 논하고 있는 벗을 깨닫고, 불쑥 그야 '제임스 조이스'의 새로운 시험에는 경의를 표하여야 마땅할 게지. 그러나 그것이 새롭다는, 오직 그 점만 가지고 과중 평가를 할 까닭이야 없지. 그리고 벗이 그 말에 대하여 항의를 하려 하였을 때, 구보는 의자에서 몸을

---

41) 벤야민, 앞의 책, 2005, 970쪽.

일으켜 벗의 등을 치고, 자, 그만 나갑시다(「소설가 구보 씨의 일일」).

박태원이 『율리시즈』를 읽었다고는 추정하기 어렵다. 그러나 그는 최소한 이 책이 온종일 아일랜드의 수도 더블린 도심을 배회한 것을 소설로 옮겼다는 것은 들어 알고 있었을 것이고, 「소설가 구보씨의 일일」을 쓸 때 나름대로 그 작품을 의식하지 않았을까 추측해 본다. 그렇지 않고서야 중편소설에서 두 차례나 이 작품을 언급할 필요가 있었을까 싶다.

6. 근대 문명의 정점에 선 도시의 두 모습

도시의 마천루는 기계문명의 정도를 가늠케 하는 하나의 척도로 간주되어, 얼마나 높은 빌딩들이 빽빽하게 도심을 차지하고 있는 가에 따라 도시의 근대화의 한 단면을 엿보기도 한다. 「메트로폴리스」(1927)와 「킹콩(*King Kong*)」(1933, 2005)은 20세기 초 근대 문명의 극치를 달리는 대도시를 묘사하고자 고층빌딩의 이미지를 스크린 전면에 내세움으로써 깊은 인상을 남기는 데 성공하였다. 랑의 경우, 도시성을 부각시키기 위해 내러티브가 아닌 시각적 구성으로 가상 도시의 이미지를 실현시켰다. 이 영화에서 묘사된 '메트로폴리스'는 20세기의 실제 도시가 아니라, 복합적으로 구성된 인공적인 도시이다. 그렇다고 '메트로폴리스'가 미래의 환영(幻影)으로만 치부될 수는 없는데, 그것은 이 영화 속에선 미래의 가상도시 이미지와 더불어 어느 시대에나 있는 전통적이고 보편적인 도시상(像)들이 함께 등장하기 때문이다. 「킹콩」은 자연과 원시림, 야수성을 상징하는 '킹콩'이 기계문명의 한 중심부인 뉴욕으로 생포되어 와 도심 한복판에서 근대성과 충돌을 일으킨다는 모티브이다. 이 영화들에서 근대성이 어떤 방식으로 전면 배치되는가를 보기 전에 이 작품들의 내용과 영화사적 의미를 간략하게 훑어보자.

독일 표현주의 영화의 대가인 랑의 「메트로폴리스」는 대도시를 주제로 삼은 최초의 영화다. 이 영화가 보여주는 근대는 무엇보다도 대도시의 이미지에 있다. 하늘을 찌를 듯이 솟아있는 마천루들, 도시의 인간 군상(群像)의 음울한 이미지, 기계문명의 한계 노출 등이 그 예이다. 이 영화가 자본주의의 기계문명을 상징하는 도시인들의 모습을 우울한 색조로 묘사하는 까닭은, 대도시가 비록 기계문명의 우수성을 한껏 뽐내지만 그 이면에는 그 도시를 건설한 노동자들이 기계부속품처럼 객체화되고 물질화되었기 때문이다. 마치 현대 홍콩의 도심을 보는듯한 고층빌딩들, 빠르게 오가는 차량들로 붐비는 거리, 고층빌딩들을 서로 이어주는 공중다리들이 등장하는 메트로폴리스는 불안감이 짙게 드리워진 디스토피아(Distopia)이다. 게다가 풍요로운 지상세계와 비참한 지하세계가 극명하게 대조되는 점, 지하세계의 '성녀(聖女)'인 마리아를 복제한 로봇을 만든다는 설정은 인류 문명의 한계를 암시하는 것이기도 하다.

랑은 당시의 상상력을 훌쩍 뛰어넘는, 현대적이고 입체적인 구조의 건축물들이 빽빽이 들어선 지상도시를 세트로 만들었다. 도시 전체를 찬란하게 비추는 조명, 이를 반사하는 유리건물들의 모습은 화려한 미래도시의 모습을 앞서 보여준다. 이 미래도시의 도심에선 자동차들과 열차가 쏜살같이 지나가고 소형비행기들이 떠다닐 뿐, 인간의 모습은 좀처럼 찾아보기 힘들다. 랑이 대도시의 풍경을 이런 컨셉으로 묘사한 데는 아무래도 짐멜의 글 「대도시와 정신적 삶」에서 착상을 얻은 듯하다. 앞에서 언급했듯, 짐멜은 온갖 이미지들이 급격히 밀려들거나 변화하는 것을 대도시의 특징이라고 보았다.

> 대도시에 사는 개인들에게 전형적인 심리적 기반은 신경과민인데, 이는 외적·내적 자극들이 급속도로 그리고 끊임없이 바뀌는 데서 기인한다.……급속도로 이미지들이 교체되면서 밀려오거나, 하나의 이미지 안에서 포착되는 내용의 변화가 급격하거나 밀려드는 인상들이 전혀 예기치 못한 경우(……).[42]

정작 메트로폴리스를 건설한 노동자들의 모습은 지하에 감춰져 있다. 그들은 그곳에서 메트로폴리스를 유지하기 위해 하루에 10시간씩 기계 부품들을 죄었다 풀기를 반복하면서 쉬지 않고 일한다. 기계의 작동에 맞추어 움직이는 그들은 인간이 아니라 기계의 한낱 부품에 불과하다. 이들의 노동은 자신들이 주체가 되는 삶이 아니라, 단지 대도시를 위한, 대도시에 사는 부르주아들을 살찌우기 위한 것이다. 이런 극명한 대립 속에서 근대의 전망은 우울할 수밖에 없다. 「메트로폴리스」는 다른 작품 「엠」(1931)과 더불어 당시 독일 사회의 불안감을 잘 반영하고 있다.

「메트로폴리스」가 보여준 다양한 표현양식은 이후 SF영화, 특히 디스토피아적 미래를 그리는 영화들의 효시가 되었다. 도시공간을 가득 채운 현대적이고 세련된 건축물들과 마천루는 미래도시를 다룬 영화에-「블레이드 런너」(1982), 「공각기동대」(1995), 「제5원소」(1997), 「마이너리티

42) 짐멜, 앞의 책, 36쪽.

리포트」(2002) 등－이어지고, 안락한 지상세계와 노동자들의 암울한 지하세계라는 대립구조는 부조리한 사회 체제를 묘사하는 영화들의 모티브가 되었다. 영화 「아일랜드」(2005), 「브이 포 벤데타」(2006), 「이퀼리브리엄」(2003) 등이 이 경우에 속한다.

랑의 메트로폴리스는 도시의 원형(原型)인 바벨탑과 바빌론을 떠올리게 한다. 메트로폴리스에서 도시 전체를 감시하는 통제탑의 이름이 '새로운 바벨탑'이 아닌가. 그가 설정한 도시상(像)은 동시대 문학작품에서 기술된 도시상(像)들과는－조이스의 더블린 묘사, 엘리엇의 『황무지』(1922)에 나타난 도시를 비교해 보라－판이하게 다르다. 수직으로 뻗은 고층빌딩의 위계성, 사람 없는 텅 빈 도시공간, 엄격한 규율과 질서에 따라 배열되고 움직이는 인간 군상(群像)의 모습 등은 20세기 초반 근대성이 지배하는 도시를 바라 본 시각이다. 그럼에도 불구하고 랑은 보편성을 띤 도시이미지들을 사용하는 걸 잊지 않았다. 기술의 진보가 가져다 준 현실을 재구성함으로써 근대를 묘사하지만, 영화줄거리 전개에서 중요한 사건들은 보편성을 띤 전형적인 장소들에서 벌어진다. 과학자 로트가 로봇을 만드는 발명의 공간은 흙집이고, 동굴은 저항인들의 회합 장소이며, 고딕 양식의 돔은 마침내 이성적인 화해가 이루어지는 장소가 된다. 고층빌딩의 사무실이나 엘리베이터, 기계조작실 등은 사건의 방향을 결정짓는 데는 크게 관여하지 못한다. 다시 말해, 랑은 근대성의 정신을 근거로 미래도시 이미지를 투영하되, 신화적 의미를 지니는 전통의 장소들에 의미를 부여하는 걸 잊지 않음으로써 도시의 이중적 측면을 대비시키고 있다. 즉, 기술혁명이 가져 온 문명 대(對) 신화, 그리고 인간의 이성이 빚는 사회 내부의 갈등을 보여준다.

영화 「킹콩」은 가상의 장소인 스컬 섬에서 온 거대한 고릴라에 대한 이야기로, 1933년 처음 영화화된 이래 1976년, 2005년 두 차례 리메이크된 모험 판타지 겸 멜로물이다. 영화의 주연을 맡게 될 여배우, 시나리오 작가가 포함된 일행은 영화 촬영을 위해 지도상에 존재하지 않는 미지의 공간인 해골섬을 찾아 떠난다. 여기서 카메라를 든 영화인들은 곧 제국의 전령(傳令)이기도 하다. 미지의 공간을 향해 가는, 격랑으로 인해 요동치는 선상에서 한 선원이 제국주의 비판/옹호적인 조셉 콘래드(J. Conrad)의 소설 『어둠의 한 가운데(*Heart of Darkness*)』(1899) 중 말로의 독백을 읽는 부분은 흥미롭다("우리는 이미 너무 깊이 들어와 버렸다. 옛 흔적이 아무것도 남아 있지 않은 태고의 어둠 속으로 너무 깊이 들어왔다."). 이들 일행은 원시림 속에서 거대한 고릴라와 맞닥뜨린다.

돈 욕심이 난 감독은 킹콩을 뉴욕으로 생포해온다. 뉴욕에서 한낱 구경거리로 전락한 킹콩의 분노는 극에 달하고 야수의 본능을 드러내며, 도심을 파괴하고 그곳을 아수라장으로 만든다. 사람들은 병력을 동원해 킹콩에게 공격을 퍼붓고, 킹콩은 공격을 피해 문명제국의 상징이자 근대성의 상징인 '엠파이어 스테이트 빌딩'으로 올라간다. 근대 문명의 정점 위에서 울부짖는 킹콩, 그는 문명세계가 그에게 부여한 역할에 순응하지 못하고 몰락한다. 이 영화가 마치 「미녀와 야수」 패턴처럼 '금발 백인여성 대(對) 검은 괴물'이라는 설정으로 제1세계인들의 무의식 깊숙이 자리한 백인우월주의 신화를 재현시킨 점, 원주민들이 사는 섬을 제1세계인의 관점에서 '미지(unknown)의 섬'이라고 규정해버리는 방식, 또 '해골섬'에 사는 원주민들의 묘사가 매우 단선적인 점 등은 오리엔탈리즘의 관점으로 보면 비판의 대상이 된다.

한편, 문명을 바라보는 미국의 입장은 유럽과는 다르다. 이는 1933년의 영화나 2005년의 영화 모두에 해당된다. 뉴욕이란 도시의 기념물이 되어

버린 '살아있는 자연' 킹콩은 '문명의 정글'인 뉴욕에서 살아남을 수 있는 유일한 가능성을 거부한다. 즉 인간 문명이라는 체제에 순응하고, 자신에게 주어진 역할대로 '원시성/자연'의 상징이 되어 문명인들에게 스펙터클한 볼거리를 제공해주는 역할을 거부한다.[43] 「킹콩」 역시 문화와 도시 대(對) 자연, 원시림, 정글의 대립을 보인다.

> 이 영화들에 18세기에서 비롯된, 근대의 대도시에 대한 이념들, 즉 도시는 단순한 생산 및 물물교역의 장소를 넘어, 인간 이성(理性)의 총화라는 생각이 투영되고 있음은 우연이 아니다.(……) : 도시야말로 이런 대립을 지닌 특수한 전시장이다. 도시는 또한 자신의 이데올로기를 유지시키기 위해 계속적으로 새롭게 그 같은 가상의 구체성을 만든다.[44]

근대성의 정수(精髓)인 도시의 서술에서 랑의 유럽적 사고는 산업화 과정의 모순과 갈등들이 화해하는 걸로 끝나지만(지하세계의 노동자들이 폭동을 일으키고 그로 인해 대홍수의 재난에 직면케 되자, 지하세계가

---

43) 카프카의 「어느 학술원에 드리는 보고(Ein Bericht für eine Akademie)」(1918)에서는 선원들에 의해 서부 아프리카 해안에서 생포되어 끌려온 원숭이가 등장한다. 이 원숭이는 살아남기 위해 흥행쇼의 구경거리가 되는 삶을 택한다. 원숭이의 보고서를 통해 인간 사회를 바라보는 카프카의 시선은 (본인의 의도와는 관계없이) 탈식민주의적 비판을 드러낸다. 이 원숭이는 동시에 1900년 파리 만국박람회에 한켠에서 열렸던 <인간동물원>의 인디언들이나 아프리카인들에게 그대로 적용될 수 있다(이와 관련해 자세한 것을 보려면 니겔 로스펠스, 이한중 옮김, 『동물원의 탄생』, 지호, 2003을 참조).

44) G. Rapisarda, Die Stadt und ihr Doppelgänger: 'Metropolis' und 'King Kong', *archithese*, H.17, 1976.

물에 잠길 것을 막기 위해 서로 화해한다), 미국식 사고는 문명화를 거부하는 자연/원시성은 결국 기계문명에 정복당할 수밖에 없다는 것이다. 이것이 '우파(Ufa)'와 할리우드의 차이였다.

7. 읽는 도시에서 체험하는 도시로

언젠가부터 각 도시들이 도시를 체험 가능한 하나의 문화공간으로 조성하려고 경쟁적으로 나서고 있다. 도시경쟁력 강화라는 구호 속에는 일정 부분 경제 논리가 작용하고 있다 해도 어쨌건 표면상으로는 도시유적지 탐방이나 향토역사관 건립, 작가와 함께 떠나는 문학기행, 다양한 지역 축제 등 도시를 주제로 혹은 대상으로 삼은 '도시 다시 읽기'가 트렌드임은 분명해 보인다. 각 지역마다 문화해설사가 늘어나는 것도 도시의 역사와 공간을 (새롭게) 체험하려는 수요가 꾸준히 증가하고 있음을 보여주는 예이다. 한국 사회에서 1990년대 이후 두드러진, 도시공간에 대한 관심사의 증가는 어디서 연유할까? 향토의 역사와 문화가 내가 살아가는데 갑작스레 중요한 요소가 되었을까? 반복적으로 무심코 지나던 도심 속의 골목과 건축물들, 그리고 도시의 역사가 우리에게 가깝게 다가온 것은 도시가 문화적 가치를 지닌 귀중한 유형, 무형의 자산으로 비로소 인식되기 시작했기 때문이 아닐까? 도시의 발견은 해당 지역의 특성, 이를테면 지역성을 발굴 부각시킴으로써 도시지역민들에게 지역 정체성(locality) 형성의 근거를 마련하고 나아가 '나의 도시'에 대한 자부심을 갖게 하려는데 그 동기가 있다.

포스트모던 시대에 도시공간이 추상화 될수록 그 안에 사는 인간의 삶은 오히려 구체성에 대한 갈망으로 이어진다. 컴퓨터와 인터넷으로 대변되는 정보혁명은 개인들로 하여금 실제의 공간이 아닌, 사이버 공간에서 삶의 많은 시간을 보내게 함으로써 현대의 도시민들을 더욱 고립시키고 삶을 탈물질화시킨다. 사이버 공간을 비롯해 관계적이거나 지속적, 역사적이지 못한 공간들은 기존의 문학이나 사회학, 인류학적 시각에선 부초(浮草)처럼 '뿌리를 내리지 못한' 자들이 떠도는 공간에 가까웠다. 지리적, 공간적인 구체성을 갖추지 못한 탈영토화된 공간은―마크 오제(M. Augé)의 표현을 빌면 '비장소(les non-lieux)'들은―문화적 정체성을 심어주지 못한다는 견해가 아직은 지배적이다.[45] 도시공간이 구체적 체험의 장(場)도, 사회 현실에 대한 인식의 장도 되지 못하는 한계를 보완하기 위해 도시를 구체적으로 체험토록 하는 이벤트나 정책들이 생겨나는데, 이에 해당하는 게 지역의 축제나 전통문화체험행사, 문학/문화제, 특히 부산의 경우 광안대교에서 펼쳐지는 불꽃축제, 부산국제영화제 등이다. 도시의 축제가 집단적 정체성을 연출하고, '국민'과 '도시', '국가'의 일체감이 연출되는 장(場)으로 기능함으로써, 결국 도시에 대해서는 도시경쟁력과 도시이미지 강화를, 그리고 국가로서는 체제 안정화를 꾀하는 효과가 있다.

도시공간을 인문학적으로 사유한다는 것은 도시의 역사적, 문화적 맥락을 충분히 고려한 채, 도시의 기억과 흔적들을 캐내고 이를 바탕으로 도시의 정체성과 이미지를 구축해가는 것을 말한다. 이를 통해 도시에 의미를 부여하고 새로운 가치를 창출하며, 도시공간의 장소성을 부각시키거나 타 도시와 차별화시킴으로 지역도시(로컬)의 특성을―예컨대 부

45) 사이버 공간을 비롯해 공항의 라운지, 슈퍼마켓 계산대, 거리 모퉁이의 현금인출기 앞 등 관계적이거나 역사적이지 못한 '비장소'들 역시 현대인의 삶에서는 그저 소외의 공간이 아니라 '지역 정체성'이라 부를 수 있는 독특한 문화적 특성을 생성한다는 견해도 있다(존 톰린슨, 김승현・정영희 옮김, 『세계화와 문화』, 나남, 2004, 157~163쪽 참조).

산성, 인천성, 대전성 등과 같은 지역성을—만들어가는 것이다.[46] 도시의 인문학적 관찰은 또한 도시공간을 사람이 그 중심에 놓이는 장소로 만들어가는 데 적극 관여하겠다는 의지를 담고 있다. 근대의 시기에 이루어진 획일적이고도 효용성을 우선시한 도시공간들의 배치가 인간 친화적이지 못했거나, 아니면 환경 친화적이지 못했으므로, 지금까지 소홀했던 도시환경에 대해 반성적 성찰을 하겠다는 의지도 내비치고 있다.

참고문헌

게오르그 짐멜, 김덕영 · 윤미애 옮김, 『짐멜의 모더니티 읽기』, 새물결, 2006.
곤 와지로, 김려실 옮김, 「고현학이란 무엇인가」, 『현대문학의 연구』 15, 한국현대소설학회, 2000.
그램 질로크, 노명우 옮김, 『발터 벤야민과 메트로폴리스』, 효형출판, 2005.
김덕영, 『게오르그 짐멜의 모더니티 풍경 11가지』, 길, 2007.
김동윤, 「도시인문학 시론 2—도시, 좋은 삶과 거주로서의 공간」, 한국영상문화학회 2008년 춘계학술대회 자료집.
니겔 로스펠스, 이한중 옮김, 『동물원의 탄생』, 지호, 2003.
박명진 외, 『문화, 일상, 대중』, 한나래, 2005.
발터 벤야민, 반성완 옮김, 『발터 벤야민의 문예이론』, 민음사, 1990.
__________, 조형준 옮김, 『아케이드 프로젝트 I, II』, 새물결, 2005.
__________, 김영옥 · 윤미애 · 최성만 옮김, 『일방통행로. 사유이미지』, 길, 2007.
백승국, 「문화환경 속 도시공간의 인문학적 재구성」, 『AURI 인문학포럼』, 건축도시공간연구소, 2008.
스티븐 컨, 박성관 옮김, 『시간과 공간의 문화사 1880-1918』, 휴머니스트, 2004.
에드워드 소자, 이무용 옮김, 『공간과 비판사회이론』, 시각과언어, 1997.
윤미애, 「대도시와 거리 산보자」, 『독일문학』 44권 1호, 한국독어독문학회, 2003.
이무용, 「도시와 문화」, 김인 · 박수진 편, 『도시해석』, 푸른길, 2006.

---

46) 백승국, 「문화환경 속 도시공간의 인문학적 재구성」, 『AURI 인문학포럼』, 건축도시공간연구소, 2008, 75쪽 참조.

이성욱, 『한국 근대문학과 도시문화』, 문화과학사, 2004.

이영민, 「한국 도시문화경관 연구의 쟁점과 과제」, 『녹우연구논집』 39, 이화여자대학교록우회, 2001.

조이담 · 박태원, 『구보씨와 더불어 경성을 가다』, 바람구두, 2005.

존 레니에 쇼트, 이현욱 · 이부귀 옮김, 『문화와 권력으로 본 도시 탐구』, 한울아카데미, 2001.

존 톰린슨, 김승현 · 정영희 옮김, 『세계화와 문화』, 나남, 2004.

최용찬, 「도시의 사회사에서 도시의 문화사로?」, 『공간 속의 시간』, 도시사연구회, 심산, 2007.

최혜실, 「1930년대 도시 소설의 소설공간」, 『현대소설연구』 22, 한국현대소설학회, 1996.

피터 손더스, 『도시와 사회이론』, 한울아카데미, 1998.

홍인옥 · 최병두, 「포스트모던 도시의 사회 · 문화와 새로운 도시화」, 『도시연구』 9, 한국도시연구소, 2004.

Aleida, Assmann, *Geschichte im Gedächtnis: Von der individuellen Erfahrung zur öffentlichen Inszenierung*, München, 2007.

Heinz, Brüggermann, "Aber schickt keinen Poeten nach London!", *Großstadt und literarische Wahrnehmung im 18. und 19. Jahrhundert*, Reinbek b. Hamburg, 1985.

Alfred, Döblin, *Aufsätze zur Literatur*, Olten und Freiburg i. Br., 1963.

Michael, Minden, "The city in early cinema: Metropolis, Berlin and October", eds., E. Timm · D. Kelly, *Unreal City, Urban Experience in modern European literature and art*, Manchster University Press, 1985.

Robert, Musil, *Der Mann ohne Eigenschaften*, Reinbek b. Hamburg, 1978.

Walter, Prigge · Frank, Herterich, Skyline-Zeichen der Stadt, Klaus R. Scherpe (Hg.), *Die Unwirklichkeit der Städte*, Reinbek b. Hamburg, 1988.

Rapisarda, G., Die Stadt und ihr Doppelgänger: <Metropolis> und <King Kong>, *archithese*, H.17, 1976.

Simmel, Georg, Die Großstädte und das Geistesleben, *Jahrbuch der Gehe-Stiftung zu Dresden*, 1903.

Uwe, Steiner, *Walter Benjamin*, Stuttgart, 2004.

Silvio, Vietta, Großstadtwahrnehmung und ihre literarische Darstellung, *Deutsche Vierteljahreszeitschrift für Literaturwissenschaft und Geistesgeschichte* 48, 1974.

Ⅲ. 오스만과 근대 도시 파리의 경관[1)]

-발터 벤야민의 『파사주 작품』을 중심으로-

이 창 남

오 파리, 파리여! 네가 진정한 바빌론이다.
－로제 카이유아, 『파리－현대의 신화』, 1937

1. 『파사주 작품』과 근대성 비판

발터 벤야민의 파사주 단편들은 "19세기의 근원사(Urgeschichte des neunzehnten Jahrhunderts)"(N 3a, 2)를 재구성하고자 하는 작업이었다. 특히 파리를 중심으로 한 도시의 변화를 다룬 방대한 자료들에 대한 인용과 주석은 완결된 원고가 되지는 못했으나, 근대성에 대한 벤야민의 비판적 시각을 잘 엿볼 수 있다. 1927년 착수한 이 작업은 이후 라시스와의

1) 소위 오스만화라고 불리는 오스만 남작의 파리재건설에 대한 국내 연구는 미미하다. 민유기(2006)는 「19세기 파리의 도시화와 매춘」에서 매춘과 관련하여 이 사업에 관해 일부 다루었고, 양우현(1995)은 에세이 「파괴예술가－오스만」에서 오스만식 도시재구조화의 의미에 대해 개론적인 소개와 평가를 했다. 손정목(1989)은 동경과 경성의 도시계획에 오스만의 도시재구조화가 모델로 도입된 과정을 밝혀주고 있으나, 사업의 시점을 잘못 파악하고 있다. 반면 프랑스를 비롯하여 유럽과 영미권에서 오스만에 대한 연구는 벤야민의 연구를 필두로 근대도시의 전형에 대한 연구로 상당히 축적되고 있다. 본고에서는 그 가운데 특히 벤야민의 『파사주 작품』과 90년대 이후 하비(2006), 파파야니스(2004), 카르모나(2002) 등의 연구를 주로 참조한다.

대화 및 아도르노와 호르크하이머의 사회연구소 측과 협의를 하는 과정에서 1935년, 1939년에 걸쳐 계획수정을 거친다.[2] 지금 현재 우리에게 알려진 원고는 벤야민이 바타유에게 맡겼던 것으로 파리국립문서보관소를 거쳐서 이후 공개된 것이다. 파사주, 오스만, 실내건축, 보들레르 등 여러 장들로 구성된 이 원고는 벤야민이 30년대에 쓴 일련의 대도시 관련 논문들과 주제적으로 일치하면서 동시에 상당히 방대한 자료들을 포함하고 있나는 섬에서 벤야민의 저작들 가운데 그 중요성은 새삼 강조할 필요가 없을 정도이다. 그러나 『파사주 작품』 자체가 일종의 일련의 인용들과 단편적 주석으로 구성된 점을 감안하면 행간에 놓인 벤야민의 의도를 간취하는 작업 못지않게, 특정 주제와 관련하여 재구성하는 독서가 필요하다.

본고에서는 『파사주 작품』 가운데 특히 근대적인 도시 경관의 변화와 관련하여 많은 시사점을 던지고 있는 오스만의 도시계획을 중점적으로 고찰하고자 한다.[3] 『파사주 작품』을 지구로 보면 각 장들은 일종의 "경위도 망(Gradnetz)"(Missac, 1991, 187쪽)을 형성하고 있다. 그 가운데 오스만에 관한 장은 특히 국가 중심의 근대적 경관형성의 사례를 보여줄 뿐만

---

2) 벤야민은 1935년과 1939년 사회연구소의 요청에 따라 자신이 준비하고 있던 원고를 집대성하는 연구개요를 쓰게 된다. 파사주 작품의 생성과 관련한 자세한 논의는 Missac, *Benjamins Passage*, Frankfurt am Main: Suhrkamp, 1991, pp.180~191를 참조할 것.

3) 파사주 작품을 중심으로 벤야민의 역사에 대한 성찰을 검토하는 독보적 연구로는 벅 모스의 『바라봄의 변증법 : 발터 벤야민과 아케이드 프로젝트(Dialectic of seeing: Walter Benjamin and The Arcades Projects)』을 들 수 있다. 그러나 벅 모스에게 상대적으로 도시가 주변적 중요성만을 지니고 있는 점은 보완의 여지가 있다. 질로크에 따르면 "그녀의 해석에서 도시적 특성은 주변적인 역할만을 담당하고 있다. 벅 모스는 보들레르에게 상품뿐 아니라 도시 그 자체도 시적 대상이었음을 간과하는 경향이 있다"(질로크, 노명우 옮김, 『발터 벤야민과 메트로폴리스』, 효형출판, 2005, 274쪽).

아니라, 다른 장들과 밀접한 주제적 연관성을 지닌다. 이 장은 특히 일종의 '상징'이자, 사회적 '메시지', '이데올로기'로 작동하는 근대 도시경관(Murir, 1999, 212~243쪽)의 정치경제사회적인 중심화의 논리를 비판적으로 검토하면서 근대성 논리 일반에 대한 비판으로 나아가고 있다. 물론 파사주 작품의 다른 장들과 마찬가지로 오스만에 관한 장도 인용과 단편적 논평으로 구성되어, 오스만의 사업 자체에 대한 사실적 재구성뿐만 아니라, 벤야민의 단편들 사이의 행간에 놓인 문맥의 보충도 필요하다. 더 나아가서 오늘날 그에 대한 논의가 어떻게 이루어지는지 검토하는 작업도 이루어져야 한다. 따라서 본고는 벤야민의 『파사주 작품』 자체에 대한 해석학적 접근을 시도하기 보다는, 근대도시의 외관을 형성한 오스만의 도시재구조화 사업에 대한 사실 자료를 근거로 파사주 작품의 문맥을 보충하고, 그 사업과 관련된 현대적 쟁점들을 검토하면서, 『파사주 작품』에 나타나는 근대성에 대한 벤야민의 비판적 관점을 그의 다른 저술들과 연계 속에서 수용하는 방식으로 논의를 전개할 것이다.

국가와 자본을 통해서 이루어지는 소위 근대적인 중심화의 논리는 곧바로 경관을 통해서 구체화되고, 발현된다. 우리는 이와 같은 근대적 중심화의 논리를 발현하는 19세기 파리의 공간의 재구조화를 고찰하면서, 동시에 진보의 판타스마고리[4]에 사로잡힌 근대성 일반에 대한 벤야

4) "판타스마고리(Phantasmagorie)"는 벤야민(Benjamin, Gesammelte Schrift'en Bd. V1, V2, hrsg. v. Rolf Tiedemann, Frankfurt am Main: Suhrkamp, 1982, p.27)의 정의에 따르면 "상품을 생산하는 사회가……자체를 둘러싸는 광휘이다(der Glanz, der mit dem die warenproduzierende Gesellschaft sich……umgibt)". 광채, 광휘, 환(등)상 등으로 번역되는 이 말은 이론적으로 보자면 우선 마르크스에게서 유래하는데, 마르크스는 물질로서의 상품이 아닌 사회적 성격을 띠는 상품의 성격을 규정하기 위해 도입한다. 요컨대 "상품 형태나 이 형태가 나타내는 바의 노동생산물들의 가치관계는 노동 생산물의 물리적인 성질이나 그로부터 생겨나는 물적 관계와는 절대적으로 아무런 상관이 없다. 그것은 인간 자신들의 일정한 사회적

민의 비판적 시각과 '각성'으로서의 탈중심화에 대한 그의 요청을 살펴보게 될 것이다.

2. 제국도시의 꿈

1) 나폴레옹 3세와 오스만 남작

『파사주 작품』의 E항목 하에 소개되는 「오스만식 도시개조, 바리케이트전」을 파악하기 위해서는 우선 이 도시개조 사업을 주도했던 나폴레옹 3세와 오스만 남작에게 주목할 필요가 있겠다. 파리 재정비 사업은 1853

관계일 뿐이며 여기에서 그 관계가 사람들의 눈에는 물체와 물체의 관계라는 판타스마고리적 형태를 취하게 된다"(마르크스, 김영민 옮김, 『자본 I-1』, 이론과 실천, 1986, 91쪽). 상품은 이와 더불어 소위 "물신적 성격(Fetischcharakter)"을 띠게 된다. 고지현의 지적처럼 "이 상품 물신성 개념이 프로젝트에서 차지하는 위상은 개념의 단순한 원용만으로는 설명할 수 없는 성질의 것이다"(고지현, 『꿈과 깨어나기』, 유로서적, 2007, 65쪽). 말하자면 벤야민은 이 개념을 다소 변형하면서 확대하고 있는데, 파사주 작품 편집자의 말처럼 판타스마고리는 "상품의 물신적 성격" 뿐만 아니라 이상주의 미학의 "미적가상", "19세기의 매혹적 이미지들"에도 확대 적용된다(위의 책, 27쪽). 벤야민이 파사주 작품 프로젝트의 과제를 서술하는 대목에서도 나타나듯 그 개념은 문화 일반으로 확대된 외연을 지닌다. "문화의 사물화된 표상에 대한 연계와 마찬가지로 무엇보다도 이전 세기에 빚지고 있는 새로운 상품 생산을 통해 조건지워지는 창조물들과 삶의 형식들이 어떻게 판타스마고리의 총체에 연관되는지 서술하는 것이 이 연구의 과제이다"(Benjamin, 앞의 책, pp.1256~1257). 그에 따라 벤야민은 파사주 작품의 각 장에서 상품 교환가치의 판타스마고리, 군중의 판타스마고리, 실내의 판타스마고리, 공간과 시간의 판타스마고리 등등 다양한 양상의 판타스마고리들을 언급하고 있다. 오스만에 관한 장은 그 가운데 특히 시간과 공간의 판타스마고리와 연관된다. 변증법적 사유를 전개하는 벤야민에게 판타스마고리 개념은 환(등)상을 환(등)상으로 인식하는 것으로, 폐허의 이미지를 동시에 내장하고 있다. 말하자면 "19세기 부르주아들의 기념비들이 붕괴하기도 전에 이미 그것을 폐허로 간파하"고 "꿈을 꾸면서 꿈으로부터의 각성을 재촉"(벤야민, 조형준 옮김, 『아케이트 프로젝트 I』, 새물결, 2005, 112쪽)하는 것이다.

년 나폴레옹 3세(1808~1873)가 오스만을 책임자로 임명하면서 본격적으로 이루어진다. 아직 대통령에 재임 중이던 루이 나폴레옹 보나파르트는 1850년 파리시청에서 아래와 같은 연설을 하는데, 이 연설은 오스만에 의해 수행될 파리 재정비 사업의 기본 구상을 보여준다.

> 파리는 프랑스의 심장입니다. 이 위대한 도시를 꾸미고, 거기 사는 많은 사람들을 개선하는데 모든 노력을 기울입시다. 새 길을 열고, 공기와 빛이 들지 않는 밀집 지역들을 정화합시다. 유익한 햇빛이 모든 곳에서 우리의 벽들을 관통하게 합시다.[5]

이후 쿠데타를 거쳐 황제의 자리에 오르는 그의 언급 속에서 우리는 생시몽의 사회이념을 쉽게 간취할 수 있다. 청년시절 생시몽주의자이기도 했던 나폴레옹 3세는 소위 순환(circulation)의 이념[6]에 따라 흐름과 소통을 막는 벽들을 허물고, 소통을 통해서 이상적인 공동체에 이른다는 생시몽의 사상에 경도되어 있었고, 이는 곧바로 파리 재정비에 대한 속에 구체적으로 나타나고 있다. 1853년 그는 오스만 남작(Georges Eugène Haussmann, 1809~1891)을 사업 책임자로 임명하여 사업을 본격화하고, 파리는 과거와는 완전히 다른 모습으로 변모하기 시작한다. "제국의 수도 개조 작업"을 위임받은 오스만은 나폴레옹 3세 사망 이후 1890년

5) "Paris is the heart of France. Let us put all our efforts into embellishing this great city, into improving the lot of those who live in it. Let us open new streets, let us clean up the populous districts that lack air and daylight. Let the beneficial light of the sun everywhere penetrate our wall"(Carmona, *Haussmann - His life and times, and the making of modern Paris*, translated from the french by Patrick Camiller, Chicago: Ivan R. Dee, 2002, p.10).

6) 생시몽의 순환(circulation)의 이념에 대해서는 Papayanis, *Planning Paris before Haussmann,* Baltimore & London: Johns Hopkins University Press, 2004, pp.103~105와 Harvey, *Paris, Capital of Modernity,* New York: Routledge, 2006, pp.74~77를 참조.

쓴 회고록에서 당시를 이렇게 돌이키고 있다.

> 제국의 수도의 개조작업을 지휘하기 위해 며칠 전 갑자기 부름을 받고 되돌아왔을 때 실제로 이처럼 복잡한 임무를 감당하기 위한 마음의 준비를 사람들의 추측보다는 훨씬 더 잘되어 있었으며, 어쨌든 해결해야할 문제의 핵심으로 대담하게 뛰어들 준비가 되어 있다고 느꼈다(오스만 남작의 회고록, E3, 1; 조, 376쪽).[7)]

파리 재정비 사업의 필요성은 이전에도 꾸준히 제기되었으며, 부분적으로 수행되었지만, 제2제정기 만큼 대대적인 도시정비가 이루어진 적은 없었던 것으로 알려져 있다. 이 사업의 주요 방향은 1. 새 도로가 낙후된 지역을 관통하도록 할 것, 2. 행정기관들 사이의 소통을 원활하게 할 것, 3. 철도를 중심으로 그에 이어지는 간선도로를 정비할 것, 4. 녹지를 조성할 것,[8)] 5. 역사적 기념비적 건물 주위에 보다 많은 공간을 마련할 것 등이었다(Carmona, 2002, 147쪽). 이러한 기본 지침하에 무엇보다도 "황제와 지사는 파리를 프랑스뿐만 아니라 세계의 수도로 만들려고 했다."[9)] 그러나 이는 특정한 두 인물만의 생각만은 아니었다. 이 사업의

---

7) 『파사주 작품』 가운데 「오스만과 바리케이트」 장은 각 단편의 번호로 인용하고, 조형준의 번역 『아케이드 프로젝트』(새물결)을 따르는 경우 한국어 쪽수는 '조, 페이지수' 형태로 단편번호와 병기한다.

8) 도시외곽에 방대한 녹지를 조성하여 파리의 동-서 양단에 대규모 공원(Bois de Boulogne, Bois de Vincennes)을 배치하였는데, 이는 도시의 확장을 대비한 개발제한 구역으로서의 역할을 했다(양우현, 「파괴예술가－오스만」, 『국토정보』 163, 국토연구원, 1995, 64쪽). 또 부르주아 역사를 기념비화하는 건축물들을 도로 끝에 배치하고, 군대를 신속하고 효율적으로 이동시킬 수 있는 도로 정비가 이루어졌다.

9) "L'Empereur et son préfet veulent faire de Paris la capitale non seulement de la France, mais du monde"(E5a, 2; 조, 388쪽).

배후에는 한편 부르주아 계층의 계급적 이익과 국가주의적 이념 및 제국에 대한 향수가 작동하고 있었다.

특히 당시 파리의 경우 직접적으로 근대 국가의 이념이 도시 정비에 반영되고 있다고 할 수 있다. 하비(2006, 64쪽)에 따르면 1848년 "이상적 공화국의 이미지는 이상적 도시의 이미지와 불가분 연계되어 있었다." 그리고 당시 "국가는" "부르주아 계급의 지배도구였다." 벤야민(1982, 46쪽)은 "나폴레옹이 국가가 부르주아 계급의 지배도구라는 기능적 본질을 전혀 이해하지 못했듯이 이 시대 건축가들 또한 철의 기능적 본질을, 즉 철의 등장과 함께 구성원리가 건축을 지배하기 시작하리라는 것을 이해하지 못했다"[10]고 적고 있다. 당시 파사주, 박람회장, 철도역 등의 건설에 사용되기 시작했던 철과 유리의 자체 기능적 의미를 이해하지 못했던 건축가들처럼, 왕들은 그 대상인 국가를 조정하는 독점적 주체는 아니었던 것이다.

다시 말해서 비록 실질적인 수도개조 작업이 나폴레옹 3세와 오스만의 지도에 따라 이루어졌다고는 하지만, 그 이면에는 국가주의적인 부르주아 계층의 이데올로기적인 뒷받침이 있었고, 근대화의 과정에 따라 노동과 자본의 잉여적 축적이 이루어지면서 사회적으로 새로운 공간관계를 창출해야할 객관적인 필요성도 있었다. 거꾸로 그러한 필요에 따른 기반 시설을 만드는 과정에서 드러나듯, '도로관리자', '운동관리자'로서의 국가-기계(State-Machine)인 근대국가는,[11] 공간에 홈을 파서[12] 통제하는 관

10) "So wenig Napoleon die funktionelle Natur des Staates als Herrschaftsinstrument der Bürgerklasse erkannte, so wenig erkannten die Baumeister seiner Zeit die funktionelle Natur des Eisens, mit dem das konstruktive Prinzip seine Herrschaft in der Architektur antritt."

11) "국가의 정치 권력은 폴리스, 즉 도로관리"이다(비릴리오, 이재원 옮김, 『속도와 정치』, 그린비, 2007, 68쪽; 들뢰즈 · 가타리, 김재인 옮김, 『천개의 고원』, 새물결,

리자의 면모를 드러낸다. "국가의 기본적인 임무 중의 하나는 지배가 미치고 있는 공간에 홈을 파는 것, 즉 매끈한 공간을 홈이 패인 공간을 위한 교통 수단으로 이용하는 데 있다.……외부 전체, 세계 공간을 가로지르는 흐름의 총체에 대해 법이 지배하는 지대가 군림하도록 하는 것은 모든 국가의 사활적 관심이다"(들뢰즈 · 가타리, 2003, 741쪽).

이러한 국가적 도시개조사업에 대한 일반적 평가는 오늘날 상당히 엇갈린다. 그 사업을 "매혹적인 옛 도시 파리의 분별없는 학살(mindless butchery of the charming old Paris)"(Carmona, 2002, 8쪽)로 평가하는 다른 한편으로, 오늘날 하나의 도시 재건축 "모범"(Carmona, 2002, 8쪽)으로 연구대상이 되기도 한다. 이는 오늘날 학계에서 나타나는 근대성에 대한 양가적 입장과도 무관하지 않다. 오스만의 사업이 '창조적 파괴'라고 불렸듯이, 근대성도 파괴와 창조라는 양면성을 수반하는 것이었다. 『파사주 작품』의 단편들을 통해서 이 근대적 도시경관의 전형에 나타나는 중심화의 논리와 그 이면적 양상에 세부적으로 접근해 보자.

2) 원근법과 바리케이트

오늘날 일반적으로 소개되는 오스만의 도시 재건축에 대한 평가는 당대와는 상당한 차이를 드러낸다. 특히 벤야민이 파리 국립문서보관소와 베를린 국립문서보관소를 뒤지며 작업했던 『파사주 작품』에 인용되고 있는 책들에 등장하는 오스만의 도시재건축에 대한 반응은 상당히 신랄한 비판들이 주류를 이루고 있다. 그러한 비판적인 지적들 속에는

2003, 742쪽).

12) 들뢰즈 · 가타리(김재인 옮김, 『천개의 고원』)는 홈이 패인 공간(도로 등)과 매끈한 공간 (바다, 사막, 초원)의 유형적 대별을 통해 공간의 양태를 구분하고 있다. 여기서 국가는 홈이 패인 공간을 생성시키고 관리하는 주체이다.

<그림 1> 점선부분은 1848년 혁명 당시 바리케이트가 설치된 장소. 동-서로 뚜렷이 양분된다. 자료 : Harvy(2006, 280쪽)

장대하고 멋진 경관의 이면에 도사리고 있는 근대 국가의 중심화의 논리와 탈중심화를 통제하려는 전략적 이유들이 폭로되고 있다.

파리의 주요도로를 모두 단 하나의 중심-튈르리 궁이라는 중심-에 기하학적이며 평행하게 연결하는 독특하고 단순한 도로망 체계를 제시했는데, 이것은 방어와 질서 유지를 위한 탁월한 방법이기도 했다(라티에, E8, 1; 조, 397쪽).

오스만의 도시개조가 있을 무렵 파리는 혁명과 폭동의 중심이기도 했다. 소위 폭동에 나타나는 게릴라전과 시가전을 효율적으로 통제하기 위하여 대로들이 만들어지고, 좁은 골목들은 정비되기도 했던 것이다. 비릴리오(2007, 29쪽)가 지적하듯 "혁명의 그룹은 그 이상적 형태를 생산의 장소가 아니라 거리에서 얻는다." 따라서 "대중의 순환을 지배할 수 있는 국가의 능력"은 전체주의의 맹아가 되지만 당시 "국가라는 거대한 행정적 신체"(Virilio, 2007, 41쪽)의 요체였다. 괴벨스가 1931년 "누구든 거리를 정복하는 사람은 역시 국가도 정복한다"(Virilio, 2007, 30쪽)고 했던 것은 우연이 아니다. 거리 통제와 관리는 통치자들의 오랜 전통적 관심이었다.

19세기 파리에서 "도시를 원근법적으로 조망하기 위한 전략적 이유"(E1, 4)가 여기에 있다. 도로는 "혁명에 사용될 구조물을 제공하지 않기 위해 포장할 것"(E1, 4)이 요청된다. 도로 포장은 필립왕 시절에 도입되었는데, 이유는 혁명군은 "화강암을 건물 맨 위층까지 끌어올린

다음 병사들의 머리를 겨냥해서 던졌"(E8, 3)고, 그러한 "다른 무기에 쓰러진 자들이 총탄에 쓰러진 자들 보다……더 많았"(E8, 3)기 때문이다.

혁명의 과정에서 왕들은 바리케이트를 통해서 탄생했다. 1830년 7월 알제리 원정을 가면서 의회파를 억압한 샤를 10세를 퇴위시키고, 추대된 필립왕은 혁명군의 바리케이트에 의해 탄생되었다고 하여 '바리케이트 왕'이라고 불렸다. 마찬가지로 48년 혁명의 바리케이트에 힘입어 대통령이 되고, 이후 쿠데타를 성공시켜 황제의 자리에 오른 나폴레옹 3세가 바리케이트를 무력화시키기 위한 전략으로 대로를 만들었던 것은 역설적이다. 제2제정기 이전 바리케이트의 주역들은 그러나 권력을 고스란히 부르주아들에게 넘김으로써 사회적 소외계층으로 전락한다.

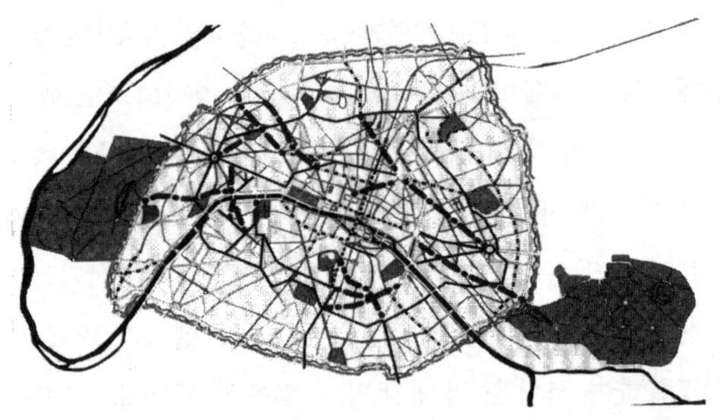

<그림 2> Haussmann's Three Routes, 검은 선은 1853년 이전에 만든 도로. 점선은 오스만에 의해 단계별로 정비된 도로. 자료 : Harvy(2006, 112쪽)

1848년 혁명 당시 바리케이트 설치 장소는 이미 계급의 분화와 벤야민(1982, 57쪽)이 소위 "적색지대(Die rote ceinture)"라고 부른 도시 공간의 계층적 분화를 선명하게 드러낸다. 1840년대 부유한 상인들과 은행가들은 당시 도시의 서북쪽 경계지역에……쇼세당탱(Chaussé d'Antin)이라는

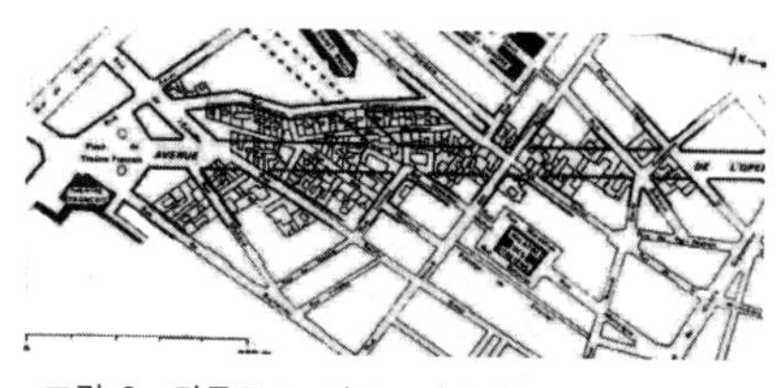
<그림 3> 관통도로. 자료 : 양우현(1995, 62쪽)

새로운 주거지역을 구축했다. 이 지역은 "도시 내부에서 계급에 따른 주거분리가 가시적으로 나타난 최초의 구역이었다"(민유기, 2006, 147쪽). 파리의 동북쪽은 노동자 밀집 주거지역이 되고, 서쪽은 부르주아들의 주거지역으로 자리잡았다(민유기, 2006, 156쪽). 오스만의 재개발은 빈민들의 주거지역을 관통하는 대로를 설치하여 혁명을 위한 바리케이트, 질병의 근원이 되는 불결함 등을 일소하려 했다. 동시에 이는 프롤레타리아를 도시외곽으로 내몰면서 계급에 따른 공간의 사회적 분화를 더욱 가속화시켰다.

물론 도로를 정비하는 작업은 프롤레타리아 계층을 통제하기 위한 것만은 아니었다. 1850년 무렵 파리에 매일 통행하는 마차수가 기하급수적으로 늘어나고, 그에 따른 도로 정비가 사실상 불가피한 부분도 없지 않았다. 카르모나(2002, 144쪽)는 프랑스 "정예부대를 가로막는데 마차 두 대를 뒤집어 놓으면 충분할 정도로 길들은 좁았다"고 당시 파리의 열악한 도로사정을 요약하고 있다. 파리의 인구도 60만을 넘어서서 당시 유럽에서 100만을 넘기던 런던에 이어 두 번째로 많은 인구수를 보유하고 있었다. 파리시의 공간을 재구조화해야할 필요성은 바로 여기서 대두된다.

그러나 많은 인구는 동시에 경우에 따라 통제불가능하기도 한 측면을 지닌다. 군중은 일종의 위험요인을 지니는 것으로 간주되었고, 이는 곧바로 오스만의 도시 재정비 사업에 표출되고 있다. "도로의 폭은 바리케이드 설치가 불가능한 정도여야 만하고, 병영과 노동자 구역 사이에 최단거리의 길을 내야 만했던 것이다"(Benjamin, 1982, 57쪽). 이는 적색지대에 대한 통제를 효율적으로 수행할 수 있다는 생각에 근거하고 있다. "당시 사람들은 그러한 기획에 '전략적 미화(L'embellissement stratégique)'라는 이름을 붙였다"(Benjamin, 1982, 57쪽).

"길게 일직선으로 뻗은 도로들을 통해 원근법적 전망을 확보하는"(Benjamin, 1982, 56쪽) 오스만식 "거대한 관통도로(die großen Durchbruchstraßen)"(E14a)는 낙후되고 오래된 주거지를 관통하였고, 넓은 도로를 중심으로 양쪽으로 건물들을 짓는 형태였다. 오스만 자신의 회고처럼 '자르기(cutting)'와 '꿰뚫기(piercing)'는 도시의 이런 외과적 수술을 묘사하는 가장 적합한 말이었다(Harvy, 2006, 260쪽). 당대인들은 그러나 이러한 설계의 무미건조함과 무개성적 특질을 비난했다.

> 오스만의 도로들은……대부분 이 놀랄만한 관통방식을 보여주는데, 이렇다 할 수 없는 곳에서 시작해서 어디라고 할 수 없는 곳에 다다르며 도중에 있는 모든 것을 파괴시켜보려는 것이다. 도로를 조금만 구부려도 소중한 추억을 보존할 수 있는데도 말이다(E5a, 1; 조, 387쪽).

3) 기억과 망각의 정치

"어둡고, 좁고, 굽은 길들"(Carmona, 2002, 150쪽)을 지우는 거대한 관통도로를 만듦으로써 옛 도로들에 새겨진 기억들은 파괴된다. 흥미롭게도 이 무렵 사라져가는 과거를 그림이나 사진으로 보존하려는 노력이 전 유럽에 걸쳐 이루어지고 있었다(Krase, 2008, 129쪽). 이는 기억파괴와 더불어 이루어지는 기억의 보존 작업에 속할 것이다. 앗제의 초기 사진들 그리고 벤야민(1982, 73쪽)이 "늙은 파리의 데드마스크(le masque mortuaire du vieux Paris)"라고 불렀던 샤를 메리옹의 동판화 등이 대표적인 예들이다. 특히 벤야민이 근대적 현상의 일부로 상당히 중요하게 고찰했던

<그림 4 · 상좌> 모르그가(1854)
<그림 5 · 상우> 노트르담 성당 후면(1854)
<그림 6 · 하> 다리의 아치(1853)
이상의 그림 자료 출처
http://www.artnet.fr/Artists/ ArtistHomePage.aspx?artist_id=11699&page_tab=Artworks_for_sale: (2010. 3. 28)

보들레르의 멜랑콜리한 작품들도 이러한 망각을 강요당해 뿌리를 상실한 근대인의 비애적 측면을 반영하고 있다.

> 파리는 변한다! 그러나 내 우울 속에선
> 무엇하나 끄떡하지 않는다! 새로 생긴 궁전도, 발판도, 돌덩이도,
> 성문 밖 오래된 거리도, 모두 다 내게는 알레고리 되고,
> 내 소중한 추억은 바위보다 무겁다.
>
> (보들레르, 2003, 218쪽)

이러한 망각에 대한 강요의 다른 한편에서 부르주아 역사의 기념비화 작업은 국가적 기억의 전승을 위해 오히려 주변에 보다 넓은 공간과

녹지를 조성하였다. "넓은 대로 끝에 오스만은 원근법을 위해 여러 기념 건조물을 세웠다"(E5, 5; 조, 386쪽). 이런 경관의 형식은 발터 벤야민에게 이 부르주아의 기념건축물이 망각과 동시에 기억을 강요하는 '일방통행적' 근대 역사의 한 상징에 다름 아니었다고 할 수 있다. 잊혀지는 것은 과거 삶의 흔적들이고, 기억되는 것은 소위 "문화유산"이라고 하는 승리자의 개선행렬을 동반하는 전리품이다(Benjamin, 1980, 696~697쪽). 그런 점에서 "현대 대도시는 잘못된 역사가 창조되는 장소이다. 도시의 기념물과 박물관에서 과거는 판타스마고리아가 된다"(질로크, 2005, 347쪽). 여기서 역사는 다시금 영원성의 신화적 베일을 쓰게 되는데, 부르주아 기념 건축물들은 이러한 역사의 재신화화를 위한 전시적 효과와 함께 홍보적 효과를 동시에 지니는 것이었다.

> 얼핏 정부가 특히 기존의 기념 건축물을 보존하는 일에 심혈을 기울인 것이 기묘하게 보일지도 모르겠다.……그러나 이 정부는 변덕스러운 날씨처럼 민중을 덮치는 것이 아니라 지속적으로 국민들의 삶 속으로 파고들어가려 하고 있다.……오래된 집은 무너져도 상관없지만 오래된 기념 건축물은 남겨두어야 한다(E2, 4; 조, 374쪽).

관통대로 끝에 기념비적 건축물을 배치하는 오스만식 경관은 부르주아의 승리의 역사를 더욱 잘 상기하게 하면서, 진보하는 역사와 제정의 영원성이라는 판타스마고리를 통행인들에게 '지속적으로' 주입하는 이데올로기적 기능에 복무한다. 이러한 기념비적 건축물 주위에는 늘 텅 빈 거대 광장들이 국가적 페스티벌과 대중 집회를 위해 마련되었다. 그리고 거기에 상징적인 국가 영웅들의 조상이 설치되었다. 이는 국가의 신화와 상징을 무정형의 대중들에게 주입시키기 위한 시도라고 할 수 있을 것이다(Milun, 2007, 80쪽). 동시에 그 부정적 획일화의 양상은 당대 인들에게 감출 수 없는 것이었다.

> 석조건물 안에서 압도하는 듯한 영구성을 과시하고 있는 오스만의 건축물들은 제정의 전제적인 통치원리의 완벽한 재현이다. 요컨대 개성적인 것으로의 분절화나 유기적인 자기 발전의 억압, 모든 개성에 대한 철저한 증오가 그 원리인 것이다(E1a, 1).

4) 철도와 진보 이데올로기

"창조적 파괴"라고 불리는 이 도시의 재구조화 속에서 오스만의 비판자들은 "중앙 집권화 과대망상벽"을 읽었고, "이 도시 안에서 더 이상 편안한 느낌을 갖지 못하게 되었다"(E3a, 6; 조, 380쪽)고 적고 있다. 이에 대해서 오스만 자신은 다른 생각을 나름대로 항변할만한 이유가 있었다.

> 파리는 주민들에게는 커다란 소비시장, 거대한 노동현장, 온갖 야심의 투기장이거나 아니면 그저 만나서 즐기는 장소일 뿐입니다. 고향이 아닌 것입니다(E3a, 1; 조, 378쪽).

오스만의 변명 속에서 소위 근대적 도시의 전형적 특질들이 나타나고 있음을 확인하게 된다. 더 이상 안온함을 갖추지 못하는 파리는 오늘날 대도시들의 공통된 특징들을 갖추기 시작한다. 즉 도시는 고향이나, 주거를 위한 공간이 아니라, 노동과 소비의 시장이다. 그리고 여기서 자본과 노동의 집중 현상이 나타나고, 잉여가 발생한다. 이 잉여를 해결해야하는 것은 자본주의 산업사회의 불가결한 과제이다. 생시몽의 이념대로 순환은 사회의 진보를 위해 불가피한 요인이다. 그러한 흐름에 물꼬를 터주는 것은 철도였다. 물론 이러한 흐름의 운동, 속도를 가능하게 하면서, 통제하고 조절하는 것은 "도로관리자", "방향전환기" 또는 "인터체인지"(들뢰즈 · 가타리, 2003, 742쪽)로서 근대 국가의 관심 가운데 하나였다. "왜냐하면 국가는 온갖 종류의 흐름을 즉 인구, 상품 또는 상업, 자금 또는 자본 등의 흐름을 어디서라도 포획하는 과정과 분리될 수 없기 때문이다"(들뢰즈 · 가타리, 2003, 741쪽).

이러한 국가적 관심을 내포하고 있는 파리의 주요철도는 이미 필립왕 시절에 기본적인 골격을 갖춘 것으로 알려져 있다(Carmona, 2002, 145쪽). 따라서 철도와 관련된 오스만의 사업은 주로 철도역과 간선도로를 연결하는 일에 집중된다.

> 철도역은 오늘날 파리의 주요한 현관이 되었다. 이것들과 도심을 대규모 간선도로로 연결시키는 것이 시급히 필요하다(오스만의 각서, E2a, 5; 조, 374쪽).

1825년 영국을 필두로 1835년 독일, 1838년 러시아, 1839년 이탈리아 등이 잇달아 철도운행을 시작했다. 프랑스에서는 앙드레지외(Andrézieux)와 생 테티엔(Saint-Etienne)간 노선이 1827년 최초로 완공된 것으로 알려져 있는데, 원래 광물 수송만을 위한 것이었으나 1832년부터 여객용으로도 활용되었다. 같은 해 리용과 생 테티엔 노선도 개통되었다(Papayanis, 2004, 134쪽). 1820~30년대 처음 철도가 개통된 이후 철도는 '공간과 시간의 소멸'을 주도하며, 근대적 문명의 상징이 된다. 철도는 당시 시속 30~40㎞에 불과했지만, 이는 우편마차의 세배에 가까운 속도였다(이군호, 2007, 185쪽). "속도와 공간의 새로운 정신적 지각(the new mental perception of speed and space)"(Papayanis, 2004, 135쪽)을 배태하는 철도는 인식에 상당한 변화를 수반한다. 경관이 "유럽인들은 자신들을 둘러싼 세계와 그 세계와 맺는 그들의 관계를 표현하는" "일종의 보는 방식(a way of seeing)"(Muir, 1999, 218쪽)을 드러낸다고 한다면, "운송장치의 이동 속도와 시선이 도구적으로 결합되는 중간 정착지"(Virillo, 2007, 31쪽)라고 정의되는 '도시'의 경관 변화는 정치, 경제 사회적인 측면에서 심대한 것이었다고 할 수 있다. 여행, 무역을 비롯해서 정치적으로 국가와 제국의 경영도 이러한 달라진 인식을 반영한다.

이러한 철도는 도로와 마찬가지로 당시 우선적으로 '빈곤'과 중앙집권적 정치체계에 반대하는 '혁명'들과의 싸움의 첨병으로 이해되고 있다.

> 새로운 간선도로가 생기면……파리 중심부를 몇 개의 역과 연결시켜, 역의 혼잡을 줄일 수 있을 것이다. 다른 간선도로들이 빈곤과 혁명에 맞선 싸움에 참가하게 될 것이다. 전염병의 진원지나 폭동의 중심지로 파고들어가고, 상쾌한 공기의 유입과 더불어 군대의 도착을 가능하게 하고……(E3a, 3; 조, 379쪽).

'도로와 철도가 공모하여 빈곤과 사회적 불만세력들의 혁명에 맞선다'는 생각은 도시기획자들의 기본적인 이데올로기적 입지를 분명하게 드러낸다. 루이 필립 시절부터 지배계급은 "보유 주식에 유리한 상황을 조성하기 위해 철도건설을 촉진"(Benjamin, 1982, 52쪽)하기도 했다. 더 나아가 철도를 통해서 표방되던 국가들 상호간의 순환과 소통의 이념 배후에는 제국주의적 팽창의식이 도사리고 있었다.

1820~30년대 이미 유럽통합을 주창했던 생시몽주의자들은 기관지 『르 글로브(*Le Globe*)』를 통하여 "세계 민족들을 생산적 교역과 사회의 조화 속에 결합"(Papayanis, 2004, 136쪽)한다는 이념을 퍼뜨렸다. 순수한

의미에서 생시몽주의자들에게 도시들은 "어떤 국가적인 그리고 사실상 글로벌한 체계의 일부"(Papayanis, 2004, 129쪽)였고, 철도를 통해서 서로 매개될 수 있었다. 철도를 이념적으로 뒷받침하던 "생시몽주의자들은" 그러나 "세계적인 산업의 발전은 예측하였으나 계급투쟁은 예상하지 못했다"(Benjamin, 1982, 65쪽). 이러한 낭만적 이념의 주창자들은 "프랑스의 중심화(French centralization)"[13]를 기본적으로 배후에 전제하고 있었고, 이는 곧 파리의 중심화로 귀결되는 것이었다. 푸리에의 우주적 몽상을[14] 모방하며 철도를 통해서 파리는 국가의 중심이 되고, 유럽의 중심이 되며, 그리고 세계의 중심 더 나아가서 우주의 중심이 된다는 꿈 속의 파리 이야기는 10년 후 야유로 바뀌지만, "국가-기계(state-machine)"에서 "행성-기계(planet-machine)"(Virilio, 2007, 40쪽)로 나아가려는 제국주의적 팽창의지의 허황된 단면을 잘 드러낸다.

> 스페인, 덴마크, 러시아는 법령에 의해 파리시에 합병될 것이다. 3일 후에는 노바야젬랴와 파우아 섬까지 시의 경계가 확대될 것이다. 파리는 세계가 되고, 우주는 파리가 될 것이다.……파리는 머지 않아 하늘로 솟아올라 하늘 중의 하늘 위로 올라가서는 행성과 별을 교외로 삼을 것이다(E 7a, 4; 조, 397쪽).

철도를 매개로 이루어지던 이러한 중심화는 주변을 소외시키는 결과를 빚었다. 파리는 생필품을 공급하던 주변의 로컬에 상대적으로 덜 의존하게 되고, "주된 시장이자 주된 생산의 중심"(Harvy, 2006, 110쪽)으로서 원거리 로컬의 노동력들까지 파리로 유입시키면서 중앙집중화와

13) 파파야니스(Papayanis, *op.cit.*, p.136)는 대표적으로 슈발리에(Chevalier)의 예를 든다.

14) "푸리에의 논점들 (가령 우주의 연결)은 기괴하고 다른 것들은 너무 상궤를 벗어나서 그를 미쳤다고 비난하기 쉬울 정도였다"(Harvey, *op.cit.*, p.70).

로컬의 공동화 현상을 낳았다. 물론 오늘날에 비해 극히 적은 도시 인구나, 소도시와 농촌이 인구 대부분의 생활터전이었던 당시 유럽의 상황(홉스봄, 1998, 81쪽)을 고려하면 이러한 집중화의 양상은 다소 예외적인 면이 없지 않다. 그럼에도 불구하고 철도는 "교외를 시내로 통합하"(Harvy, 2006, 115쪽)는데 결정적인 역할을 했다. 1860년 파리는 소읍들을 파리시로 병합하면서[15] 12개 구에서 20개 구로 재편되었다. 파리의 확대는 동시에 지방 소도시들을 기능적으로 약화시켰다. 그럴 것이 당시 파리는 사회의 경제적 계급에 따른 거주지역의 경계가 명백히 나타나고 있기 때문이다.

로컬의 자율성은 "접근의 어려움(inaccessiblity)"(Harvy, 2006, 278쪽)으로 인해 부분적으로 보장되는 형편이었고, 로컬 엘리트들은 지방의 운송과 통신시설을 개량함으로써 역설적으로 중앙집중화에 일조했다. 1860년대부터 탈중심화의 담론들이 등장하여 로컬의 자유라는 명분을 찬양하고, 지방자치 공동체를 지지하지만, 로컬 자체를 위한 것인지 의문의 여지가 없지 않다. 가령 중앙행정의 효율적인 전파를 위해서(보나파르트주의자(Bonapartists)), 로컬 귀족이나 성직자들에게 힘을 실어주기 위해서(왕당파(royalists)), 지방 부르주아가 주체가 되는 지방 민주주의를 위해서(공화주의자(repubricans)), 정치적 연대를 위해서(공산주의자(communists)) 등의 이유에 따른 것이었다(Harvy, 2006, 278쪽). 특히 파리 vs. 프랑스 전체가 도시 vs. 농촌의 대립관계(urban-rural contradiction)로 분리될 정도로 파리의 중심화는 극명했고, 철도는 그 중심화의 혈관이었다(Harvy, 2006,

15) 교외를 파리로 병합하는 일은 1860년 경부터 이루어지는데, 이는 오스만의 사업에 추가적인 경제적 부담이 되기도 했다(Pinkney, "Money and Politics in the Rebuilding of Paris, 1860-1870", *The Journal of Economic History 17. no. 1 (March)*, 1957, p.46).

316쪽).

벤야민은 여기서 기술과 결합하면서 더욱 현실화되는 전체주의, 제국주의 그리고 더 나아가 근대성 일반이 가진 이데올로기적 문제에 주목한다. 벤야민에게 "진보라는 개념은 자연세계에 대한 기술적 지배와 그에 수반된 다른 인간 존재에 대한 착취의 이데올로기적 기초이다"(질로크, 2005, 347쪽). 근대적 기술과 결합하는 진보이데올로기는 제국주의적 의식을 치장하고, 문명을 가장한 야만의 기록으로 전락한다. 이는 "문명의 전도사"(Papayanis, 2004, 136쪽)로, 또 '한 쌍의 은빛 날개를 가진 천사'에 비유되기도 하던 '철도'가 지닌 역설에 속한다(이창남, 2005, 235쪽). "진보의 표상"은 벤야민이 블랑키를 빌어 표현하듯 "역사 그 자체의 판타스마고리(Phantasmagorie der Geschichte selber)"(Benjamin, 1982, 1257쪽)이다. 이는 신화로부터 벗어나는 근대 합리적 역사관이 신화로 다시금 퇴행하는 역설을 지적하고 있다. 기실 문명의 진보라는 가상 이면에 도시 공간 내부에서는 가장 야만적인 계층화와 타자화가 심대하게 이루어지고 있었던 현실은 이러한 역설을 현실로 입증해주고 있다.

5) 콜레라와 위생 이데올로기

"도시의 재건은……노동자들로 하여금 변두리 지구에 살도록 강요함으로써 그 때까지 부르주아들과 맺고 있던 이웃관계의 끈들을 끊어버렸다"(E2, 1; 조, 369쪽). 사람과 사람 사이의 이웃관계가 망실된 이유는 콜레라도 한몫했다. 당시 콜레라는 파리의 더러운 공기와 가난에서 비롯된다고 생각되었다. "1832년 콜레라가 유행하자 그들은(생시몽주의자 : 필자) 환기가 잘 안되는 구역들을 해체시킬 것을 요구했다"(E5, 2; 조, 385쪽). 뿐만 아니라 파파야니스(2004, 142쪽)에 따르면 "질병과 혁명은

<그림 7> 스트라스부르그 대로.
자료 출처 : http://www.1st-art-gallery.com(2010. 3. 28)

1830년에서 1880년 사이 유럽을 통틀어 도시 중산층의 가장 큰 쌍둥이 걱정거리였다."

이들은 콜레라의 근원으로 빈곤계층의 불결함을 지목했고, 병, 지역, 계급은 일정하게 연대된 것으로 사고되었다.[16] 1852년 스트라스부르그 대로(Boulevard de Strasbourg)가 뚫리면서 시장지역이 파괴된 것은 그러한 생각이 도시정비로 표현된 대표적인 예다(Papayanis, 2004, 146쪽). 위생 이데올로기는 도시재건축의 토대가 되었고, 노동자와 극빈자를 외곽으로 몰아내는 근거가 되었다. 이로써 사회적 계급간의 위화감과 불신이 커지고, 소위 중산층의 콜레라 공포는 가난과 불결에 대한 적대감으로 표출되었다.

"장대한 하수구를 판"[17] 것으로 알려지는 오스만의 하수구 정비 사업도 이전부터 문제가 되었던 공공의 위생개선 문제를 해결하기 위한 측면도 있었다. "온갖 종류의 유령이……드나들"고, "도처에 썩는 냄새와 독기가 가득차 있었"(L3a, 2)던 것으로 알려진 파리의 하수구는 개조가 불가피했던 것이다. 그러나 이러한 위생을 위한 공익사업이 1830년대 극에 달했던 콜레라에 대한 부르주아 중산층의 알레르기적 거부반응을 계승하고 있다는 점 또한 간과할 수 없다. 오스만이 로마 제국의 하수도

16) 나병과 나병환자 격리라는 것이 유럽에서 18세기 사라졌지만, 그러한 사고유형은 계속 견지된다. 이는 도시빈민에게도 적용된다(Papayanis, *op.cit.*, p.145).

17) 친오스만계 인사가 쓴 것으로 추정되는 문구에 따르면 "그는 우리에게 완벽한 강을 제공해주었다. 그리고 장대한 하수구를 팠다"(E3, 2; 조, 376쪽).

와 빈번히 비교했던 하수도 개조는 부유층을 위한 라인과 도시의 하층민을 위한 라인으로 이원화 되었고, 도시 환경에 대한 감각적 경험도 계층별로 상이한 것으로 이해되기 시작했다. 부르주아들이 냄새에 민감한 반면, 가난한 계층은 그에 무관심하다는 것이다. 이와 같이 빈민계층을 적대화하는 타자화의 과정은 경제적인 측면에서 미감적 감각의 측면까지 확대되고 있다(Gandy, 1999, 35쪽).

하수도는 일종의 '후각의 혁명'을 시도하는 것이었다. 동시에 하수도의 이미지는 지상세계와 대별되는 지하세계로서 매춘, 혁명, 질병 등과 밀접히 연계되었고, 당대 부르주아들의 계급적, 도덕적 의식이 반영되고 있다. "사람이 많이 모인 곳에는 매춘이 불가피하듯, 하수도가 불가피하다."[18] '분수'나 '연못'이 순결한 여성의 표상을 대변하는 공간이 되었던 반면, 하수구는 "여성의 섹슈얼리티의 위험한 이면(the dangerous obverse of female sexuality)"(Gandy, 1999, 34쪽)을 대표하는 것으로 코드화되고 있었다. 지하에 자리잡은 하수도 공간은 젠더화되어 어두운 매춘의 표상이 되고 있었다.

하수도는 오스만 시절 사회, 도덕, 감각의 측면에서 부르주아가 수행한 빈민계층과 여성의 왜곡된 타자화를 반영하는 거울이다. 여성의 섹슈얼리티와 프롤레타리아의 혁명성은 동시에 부르주아들의 도덕적 계급적 의식을 위협하는 것이었고, 이는 문명에 대립되는 일종의 야만성으로 코드화되었다. 이성적/ 비이성적, 자연/ 문화, 남성/여성, 가시적인 것/ 비가시적인 것이라는 19세기 이원적 메타포 속에 하수도는 길들여지지 않은 지하 세계의 비합리적 자연, 야만, 위험을 대변하는 것이었다(Gandy,

18) Parent-Duchâtelet, Gandy, "The Paris Sewers and the Rationalization of Urban Space", *Transactions of the Institute of British Geographers 24*, no.1, 1999, p.34에서 재인용.

1999, 34쪽). 실제 보불전쟁이 발발했을 때, 독일군이 하수도로 침투해올 것이라는 부르주아 대중의 공포심을 잠재우기 위해서 파리의 하수구들로 이어지는 하수구 본관(The Collecteur Général d'Asnières)을 봉쇄하는 조치를 취하는 해프닝이 벌어지기도 했다(Gandy, 1999, 36쪽).

6) 시간과 공간의 판타스마고리

부르주아를 대변하는 오스만은 이와 같이 빈민과 노동자들에게 적대적이었다. 그리하여 슬럼이었던 "시테섬의 빈민 주거지를 없애 버리는데 성공한다"(Papayanis, 2004, 151쪽). 1870년 무렵에 그 섬의 거주자는 100명을 넘지 않았다. 빈민주거지 정비를 인구적, 경제적 관점에서 정당화하는 시도도 없지 않다. 오스만 자신은 이미 회고록에서 많은 주거지들을 파괴했지만, 파리 전체 거주자가 증가했다고 주장했고, 카르모나(2002, 427쪽)는 센 강 지역의 세액이 정비 이전인 '1853년 1,500만 프랑에서 1869년 2,500만 프랑으로 증가했다'고 지적한다. 그러나 이는 빈민계층을 주변으로 몰아내고, 중심을 부르주아들로 채운 결과일 뿐이다. 집과 땅을 가진 부르주아들은 오스만의 사업으로 상당한 이득을 챙긴다. 이는 곧 땅과 집을 삶의 공간이라기 보다는 상품으로 보는 사물화된 관점을 일반화한다. 시테섬의 주택보상과 관련하여 벤야민은 오늘날 소위 장소 마케팅의 원조라고 할 만한 흥미로운 일화를 소개하고 있다.

> 어느날 시테 섬의 한 석탄상이 관인 직인이 찍힌 임대차 계약서를 제시했는데, 날짜는 실제보다 몇 년 전으로 되어 있었다. 이 단순한 남자는 벌써 낡은 집으로 한몫 단단히 잡았다고 믿고 있었다. 그러나 이 남자는 이 서류종이의 투명무늬 위에는 제조 연월일이 새겨져 있다는 것은 알지 못했다. 소송 대리인이 종이를 밝은 곳에 놓자 계약연도 보다

3년 뒤에 만들어진 것이라는 사실이 들통났다(E9, 2; 조, 402쪽).

그리하여 "오스만 시절 파리 시의 토지 수용 심사위원회를 기만하는 것은 하나의 산업이 되었다"(E10, 1). 나폴레옹 황제와 오스만은 1858년 무렵 파리 재정비를 위한 재원을 마련하기 위하여 채권을 발행하여 "공공사업을 위한 기금(Fund for Public Works)"을 조성한 것으로 알려져 있다(Pinkney, 1957, 50쪽). 이는 재개발 지역의 토지를 수용하여 보상하고, 건설하기 위한 기금이었다. 은퇴한 파리의 상인들은 이를 믿을 만한 투자처로 간주하였고, 상당수의 부르주아들은 부자가 되었다. 1860년대부터 오스만의 사업은 점점 더 그 규모를 확장하고, 비용부담을 기금뿐만 아니라 의회의 승인이 필요 없었던 상당한 액수의 대부까지 동원하면서 재정부담을 가속화시켰다.[19] 이는 결국 차후에 오스만과 황제에 대한 비판자들에게 강한 비판의 빌미를 제공함으로써 이후 상당한 정치적인 부담으로 작용하게 된다(Pinkney, 1957, 52~61쪽). 도시내 땅값 인플레이션이 커지면서 빈민들은 외부로 더욱 밀려나게 되고, 도시내의 계층격차는 커졌고, 지역별로 "서부의 부유한 부르주아 구역과 북부, 남부의 노동계급 구역간의 지리적 격리"(Harvy, 2006, 317쪽)도 점점 심해졌다.

이러한 계층화와 타자화의 과정을 거쳐 조성된 "거리들은 완성되기 전에는 천막으로 덮어두었다가 기념비처럼 제막식을 거행했다"(Benjamin, 1982, 56쪽). 막대한 비용이 소요된 도시 재정비는 이처럼 제국도시의 위용을 드러내고자 하는 기득권 부르주아적 계층의 제의의 일부였다. 이는 소위 "신성의 세속화(The secularization of the sacred)"(Milun, 2007, 70쪽)

19) 1869년까지 전체비용이 2,500,000,000프랑이었다. 이는 황제와 오스만 모두 예견하지 못한 정도의 액수였으며, 19세기의 화폐가치로 볼 때 상당한 액수였다(Pinkney, *op.cit.*, p.45).

의 일종이라고 할 수 있다. 18세기 이래로 사상, 문학, 사회 등 전방위적으로 가속화되는 이러한 세속화의 양상은 제국도시의 경관을 구축하는 주체들을 통해서 그리고 그들이 만든 근대적 도시 경관 속에서 그 구체적인 모습을 드러내는 것이다. 이는 부르주아들의 제의의 장소로서 도시의 중심을 구성하던 텅 빈[20] 거대 광장과 거대 관통도로로 육화되고 있었고, 실제로 거기서 제막식과 같은 제의가 이루어졌다. 생시몽이 도시엔지니어들을 "문명의 사제(Priest of civilization)"(Virilio, 2007, 41쪽)라고 불렀던 것은 우연이 아니었던 듯하다. 문명과 야만의 경계를 가르면서 구축되는 이들 사제들의 도시기획은 벤야민(1982, 57쪽)의 표현대로 "공간의 판타스마고리(Phantasmagorie des Raumes)"를 창출한다. 이는 관통도로, 기념비적 건축물 그리고 거대 광장이 만들어내는 광휘였다.

아울러 금융자본과 결탁한 투기가 도시재개발에서 표면화되는데, 이는 일종의 "시간의 판타스마고리(Phantasmagorie der Zeit)"(Benjamin, 1982, 57쪽)를 형성한다. 토지와 주택은 도시정비를 위해 환금될 수 있는 담보로서 부르주아들의 투기심리를 끊임없이 자극했다. 또 산업자본이 조장하는 투자는 도박과 유사한 양상을 띠고 나타났다. 벤야민(1982, 56쪽)에 따르면 당시 "파리는 투기의 전성기를 맞이하고 있었다. 주식투기가 봉건사회에서 전해온 도박의 형식을 대치했다."

> 잊지말라, 시간은 탐욕스런 노름꾼임을,
> 속임수 안 써도 매번 이긴다는 것을! 그건 철칙이니
>
> (보들레르, 2003, 176쪽)

---

20) 텅 빈 공간의 병리학에 대해서는 Milun, *Pathologies of modern space*, New York: Routledge, 2007을 참조

"산책자는 공간의 판타스마고리에 몸을 맡기는데, 이것은 도박꾼이 몰두하는 시간의 판타스마고리에 상응하는 것이었다"(Benjamin, 1982, 57쪽). 근대 자본주의의 시간과 공간의 판타스마고리에 도취한 기득권 부르주아들에게서 오늘날 도시경관과 도시인들의 의식을 형성하고 있는 자본주의의 통제적 원리가 고스란히 드러난다. 이 무렵 동시에 진행되고 있었던 백화점과 소비문화의 형성, 국제적 만국박람회 개최 등은 이러한 도취적 분위기를 더욱 확산시켰다. 거리는 끊임없이 무슨 제의를 벌이기라도 할 듯한 넘치는 에너지로 치장되고, 부르주아들은 시간을 돈으로 환전하고자 한다.

오스만의 도시재개발 사업은 1870년에서 1871년에 이어지는 프랑스-프로이센 전쟁, 파리코뮌, 파리 대화재 등 일련의 정치 사회적 격동과 불안으로 인해 막을 내린다. 그러나 이는 19세기 근대적 공간과 시간이 제국주의적 국가와 부르주아 산업자본에 의해 어떻게 구축되고, 확산되는지, 그리고 어떠한 내부적 모순을 드러내는지 보여주는 주요한 모델이라고 하겠다.

3. 근대 경관의 유산과 탈중심화

본고에서는 근대 국가와 산업자본에 의해 관철되는 중심화의 논리를 19세기 중엽 제국도시 파리의 경관을 통해 조명하고자 했다. 오스만의 도시재구조화를 통해 형성된 파리의 신고전적 양식의 광장과 거대한 관통도로는 프랑스 내에서 아비뇽, 리용, 마르세이유 등의 지역에서 모방되었을 뿐만 아니라, 유럽 전반의 근대 대도시들의 전형이 되었다(Milun, 2007, 55쪽). 이후 이는 미국의 워싱턴과 시카고에 이식되었고, 파리의

<그림 8> 콩코드 광장(1885)
자료출처 : http://en.wikipedia.org/wiki(2010. 3. 28)

콩코드 광장(Place de la Concorde)의 1903년판 모방이 여전히 오하이오에 존재할 정도로 대표적인 근대적 도시경관을 구성하고 있다(Milun, 2007, 52쪽). 오늘날에는 물론 관광객을 모으는 장소로 변질되고 있지만, 19세기 파리에서 그러한 경관들은 제국도시의 권위를 과시하고, 도시의 합리적 통제를 용이하게 하고자 했던 일종의 근대적 중심화의 상징적 사례라 할 것이다.

벤야민의 『파사주 작품』의 한 장을 이루고 있는 오스만의 파리 재구조화는 벤야민의 근대성에 대한 사상과 관련하여 연구사에서 상대적으로 덜 강조된 느낌이지만, 벅모스에 따르면 1930년대의 현대적 정치사와도 무관하지 않다. 말하자면 벤야민이 나폴레옹 3세에 초점을 맞춘 것은 히틀러의 부상에 대한 응답이었으며, 오스만은 히틀러 시대의 도시계획가 알베르트 스피어(Albert Speer)의 국가를 찬양하는 도시기획을 상기시킨다(Buck-Morss, 1986, 100쪽). 19세기와 20세기 초의 이러한 역사적 상관성 속에서 근대성의 한 전형적 양상을 벤야민은 지적하고 있다. 그에 따르면 "자체의 판타스마고리에 의해 지배되는 세계, 바로 그것이……근대성이다"(Benjamin, 1982, 1258쪽). 중심은 가득차 보이지만, 텅 비어 있고, 견고해 보이지만 파국을 향하는 잔해들로 이루어져 있다.

19세기 제국 도시의 광대한 광장과 관통도로의 빈공간도 상징적으로 이러한 텅 빈 중심의 모습일 것이다. 오스만의 도시개조는 판타스마고리를 돌로 만들어 영원성을 부여하는 작업이었지만, 그 영원성은 한시적인 근대성의 불안한 환등상의 일부일 뿐이다. 벤야민은 파사주 단편들을 통해서 이러한 근대성의 중심의 허상에 대한 "각성"을 요청하고 있다. 이 각성은 금융-산업 자본과 결탁한 부르주아 국민국가 역사의 연속성을 파괴하는 탈중심화의 작업이면서, 동시에 불연속적 도약으로서 역사의 새로운 국면을 지향하는 '구성적'[21] 비전이기도 하다.

참고문헌

고지현, 『꿈과 깨어나기』, 유로서적, 2007.

손정목, 『일제 강점기 도시계획 연구』, 일지사, 1989.

민유기, 「19세기 파리의 도시화와 매춘」, 『사총』 62, 역사학연구회, 2006.

양우현, 「파괴예술가—오스만」, 『국토정보』 163, 국토연구원, 1995.

이균호, 「공간은 살해되었다!—독일 근대 작가들을 통해 본 철도의 시공간」, 『독일언어문학』 38, 2007.

이창남, 「역사의 천사—벤야민의 역사와 탈역사 개념에 대하여」, 『문학과 사회』 69, 문학과지성사, 2005.

Atget, Eugène, *Paris*, Paris: Gingko Press, 1992.

__________, *Paris, edited by Hans Christian Adam*, Köln: Taschen, 2008.

Baudelaire, Charles, 윤영애 옮김, 『악의 꽃』, 문학과지성사, 2003.

Benjamin, Walter, Gesammelte Schriften Bd. V1, V2, hrsg. v. Rolf Tiedemann, Frankfurt am Main: Suhrkamp, 1982.

__________, Gesammelte Schriften Bd. I.2, hrsg. v. Rolf Tiedemann und Hermann Schweppenhäuser, Frankfurt am Main: Suhrkamp, 1980.

__________, 반성완 편역, 『발터 벤야민의 문예이론』, 민음사, 1992.

---

21) 벤야민은 역사의 승리자에게 감정이입하는 식의 역사서술이나 보편사를 서술하기 위해 사실들을 첨가적으로 끌어 모으는 방식에 대해서 비판하면서 특정한 관점에 따른 구성적인 역사서술을 역사유물론자의 과제로 제시하고 있다 (Benjamin, Gesammelte Schriften Bd. I.2, hrsg. v. Rolf Tiedemann und Hermann Schweppenhäuser, Frankfurt am Main: Suhrkamp, 1980, pp.697~702).

______________, 조형준 옮김, 『아케이트 프로젝트 I』, 새물결, 2005.

Buck-Morss, Susan, "The Flaneur, the Sandwichman and the Whore: The Politics of Loitering", *New German Critique 39*, 1986.

Carmona, Michel, *Haussmann—His life and times, and the making of modern Paris*, translated from the french by Patrick Camiller, Chicago: Ivan R. Dee, 2002.

Deleuze, Gilles · Gattari, Felix, 김재인 옮김, 『천개의 고원』, 새물결, 2003.

Gandy, Matthew, "The Paris Sewers and the Rationalization of Urban Space", *Transactions of the Institute of British Geographers 24*, no.1, 1999.

Gilloch, Graeme, *Myth & Metropolis—Walter Benjamin and The City,* Cambridge: Polity, 1996.

_____________, 노명우 옮김, 『발터 벤야민과 메트로폴리스』, 효형출판, 2005.

Harvy, David, *Paris, Capital of Modernity,* New York: Routledge, 2006.

Hobsbom, Eric John, 김동택 옮김, 『제국의 시대』, 한길사, 1998.

Jordan, David P, "Haussmann and Haussmanisation: The Legacy for Paris", *French Historical Studies 27*, no.1 (Winter), 2004.

Krase, Andreas, "Archiv der Blicke—Inventar der Dinge Eugène Atges Paris", *Paris*, Taschen, 2008.

Marx, Karl, 김영민 옮김, 『자본 I-1』, 이론과 실천, 1987.

Milun, Kathryn, *Pathologies of modern space,* New York: Routledge, 2007.

Missac, Pierre, *Benjamins Passage*, Frankfurt am Main: Suhrkamp, 1991.

Muir, Richard, *Approches to landscape*, London: Macimillan Press, 1999.

Papayanis, Nicholas, *Planning Paris before Haussmann*, Baltimore & London: Johns Hopkins University Press, 2004.

Pickney, David H, "Money and Politics in the Rebuilding of Paris, 1860-1870", *The Journal of Economic History 17*, no.1 (March), 1957.

Virilio, Paul, 이재원 옮김, 『속도와 정치』, 그린비, 2004.

___________, *Speed and Politics, An essay on Dromology*, translated by Mark Polizzotti, Los Angeles: Semiotexte, 2007.

Ⅳ. 사회주의 시기 베이징의 기억 · 공간 · 일상

박 정 희

1. '문혁' 시기 베이징의 기억, 공간, 일상

베이징은 한 나라의 수도로서 강력한 국가권력을 구현하는 장이다. 중국 공산당 정권은 자신들의 사회주의 권력의 상징으로서 베이징의 성곽 파괴, 따위엔(大院)과 톈안먼(天安門) 광장 건설 등 베이징을 새롭게 개조하고 건설했다. 신중국에서 베이징이 갖는 정치적 의의와 문화적 가치를 톈안먼 광장만큼 잘 말해주는 곳은 없다.

톈안먼은 사회주의 정권 수립 이후 새롭게 재편된 공간이다. 톈안먼 광장은 1949년 10월 1일 건국기념행사를 거행하기 위해 대대적인 정비를 하게 된다. 그리고 톈안먼에서 마오쩌둥은 사회주의 중국의 건립을 선포하였다. 이어서 1958년, 신중국 성립 10주년을 기념하기 위해 광장은 다시 대규모로 개축되어 오늘날의 모습이 되었다. 광장 북쪽에는 톈안먼 앞을 동서로 가로지르는 동 · 서 창안다제(長安大街)가 만들어졌다. 아울러 중국혁명박물관, 중국역사박물관과 인민대회당을 광장의 동서 양측에 건립하고, 인민영웅 기념비를 중앙에 세웠다.[1] 권력의 작동방식과

---

1) 양둥핑, 장영권 옮김, 『중국의 두얼굴 : 영원한 라이벌 베이징 VS 상하이 두 도시 이야기』, 서울 : 펜타그램, 2008, 121~123쪽.

방향은 공간적 실천을 통해 극명하게 표상된다.

고도의 면모를 지니고 있던 베이징 지역문화는 신중국 건립 후에 강한 충격을 받게 된다. 1949년 이후 공산당 혁명간부들은 베이징에 입성하면서 주택문제를 해결하기 위해 베이징 곳곳에 군부대 숙사인 따위엔(大院)을 건설한다. 따위엔의 건립으로 베이징문화는 현저한 변화를 맞게 되는데, 신베이징의 호방한 기개, 열정은 신속하게 베이징의 중요한 위치를 점유하게 되고 라오베이징은 뒤로 물러나게 된다. 베이징 문화는 지난날의 전통을 유지하고자 노력하였지만 그 쇠퇴를 막을 수는 없었다. 신중국 건립 이후, 중국의 사회, 정치적 지위는 따위엔에 거주하는 간부와 지식인 등의 신베이징인이 점유하였고 그들은 베이징의 가장 중요하고 활동적인 계층으로서 베이징 도시문화의 주인공이 되었다. 건국 이후부터 오늘에 이르기까지 베이징의 주류문화는 신베이징의 문화인 따위엔 문화이다.

『베이징오락신보(北京娛樂信報)』는 『베이징민속대전(北京民俗大全)』 주편인 짜오수(趙書)의 기자 인터뷰를 보도했다.

> 민속문화 속의 베이징 거주편을 보면, 일반인들은 후통문화가 가장 우세할 것이라고 생각했으나 조사에 의하면 따위엔 문화가 가장 우세하였다. 예를 들어 외교부 따위엔, 본부, 해군 따위엔, 베이징 대학, 칭화대학 따위엔 등이 지금의 주류문화이다. 두 번째는 따자위엔 문화로 베이징 시민이 그 주체이다.[2)]

2) 胡勁華, 「北京民俗大全已收集四十万字, “大院文化”成主流」, 『北京娛樂信報』, 2004. 2. 21. “民俗文化里的北京民居篇, 在一般人心中以爲胡同文化應排第一. 而根据調査, 排在第一應該是大院文化, 比如外交部大院, 總政, 海軍大院, 北大, 淸華等大院, 這些是現在的主流;第二是雜院文化, 以北京市民爲主体…….”

1950년대 처음으로 따위엔이 건설되기 시작하면서부터 따위엔 문화는 지금까지 베이징 문화의 주류를 형성하고 있다. 따위엔 문화는 라오베이징 전통문화와는 완전히 다른 혁명문화이다. 따위엔에 거주하는 간부와 지식인은 신중국 정치・경제・문화의 실제 권력자로 신정권과의 관계가 긴밀했고 신제도하의 새로운 생활방식을 체현하였다. 따위엔 문화는 이데올로기의 영향을 깊게 받은 문화이다.

이로써 라오(老)베이징인들이 거주하는 후통(胡同) 문화와는 다른 따위엔 문화가 형성되기 시작했다. 이것은 후통 문화가 만든 '경미(京味)' 소설과는 다른 '신경미(新京味)' 소설이 형성되는 배경이 되었다. 따위엔에서 성장한 '신경미' 소설 작가 왕쑤오는 『백수(玩主)』, 『노는 것보다 신나는 것은 없다(玩的就是心跳)』, 『반은 화염 반은 바닷물(一半是火焰一半是海水)』, 「사나운 짐승들(動物凶猛)」, 『나를 사람으로 보지마라(千万别把我当人)』 등으로 문단의 주목을 받았는데, 이 소설들은 베이징의 주변인 집단, 즉 '백수(頑主)'의 생활과 심리를 묘사하였다.

후통 문화에 집중한 라오서와는 달리 왕쑤오는 베이징 따위엔 청년들의 생존방식을 묘사함으로써 지식인과 정치중심담론을 조소하고 풍자했다. 왕쑤오의 '신경미' 작품은 내용과 형식면에서 베이징 청년들의 반전통적인 생활방식과 관념을 그려냈지만 '노경미(老京味)' 소설의 문화비판정신과는 다를지라도 베이징어로 베이징인과 베이징의 세상사를 쓰는 '경미(京味)'적인 요소가 있다.

베이징 언어에는 혁명적 색채가 가득차 있다고 생각한 왕쑤오는 주류 이데올로기적 색채가 강한 혁명담론을 해체하고자 하였다. 그러나 왕쑤오 자신의 언어 역시 혁명적 색채가 강하였다. 그는 영웅주의를 해체하고 세속적인 문화 유랑자의 형상을 만들어냄으로써 혁명담론에 맞서 저항하고자 하였다.

왕쑤오의 소설에서 베이징은 중요한 인식대상으로 부각되지 않는다. 그러나 정치적 금기를 해체하는 글쓰기 방식은 정치와 긴밀한 관계를 가진 베이징 따위엔에 오랫동안 생활했기에 가능한 것이었다. 「사나운 짐승들(動物凶猛)」(1991)[3]에서는 '문혁' 시기의 베이징과 그 시기 특정한 도시집단, 즉 어른의 외지 근무로 관리가 소홀해진 군부대 따위엔 청소년들의 집단생활을 그리고 있다. 그들은 수업을 빼먹고, 패싸움을 벌이고, 여자친구를 사귀는 등, 특정한 시기가 만들어낸 틈새에서 기존에 없던 자유를 누린다. 「사나운 짐승들」은 문혁 시기의 베이징을 시대적 배경으로 삼음으로써, 정치적인 요소를 더 이상 조소와 패러디의 대상이 아닌 회고식의 기억과 도시와의 관계성이라는 범주에서 다룰 수 있게 되었다. 소설의 시작부분에서 볼 수 있듯이, 개인의 기억과 도시형상은 긴밀히 연결되어 있다.

「사나운 짐승들」은 기억의 서술방식을 채택하고 있다. 왕쑤오는 소설에서 그의 거짓말을 끊임없이 언급하고 허구의 이야기를 변조하고 있음을 말하면서 이런 내용이 진실인지 거짓인지를 알 수 없다고 토로한다. 그렇지만 왕쑤오의 「사나운 짐승들」은 보기드문 방식으로 1970년대 베이징의 실제 장소들에 대해 서술하였다. 도시와 장소를 진실하게 재현한 이 허구는 그 시대 특유의 정신을 잘 표현하고 있다.

「햇빛 쏟아지던 날들」에서도 개인의 기억과 도시의 형태는 겹쳐져 있다. 만약에 베이징에 대한 회고식의 글쓰기가 없다면, 개인의 기억도 구체적 근거를 잃어버리게 될 것이다. 당시 베이징에 대한 생동감 넘친 묘사가 없었다면 이미 고정된 문혁에 대한 새로운 쓰기를 할 수 없었을

3) 王朔, 「動物凶猛」, 『收獲』 1991年 第5期.

것이다. 회고적 시각을 통해 묘사되는 것은, 문혁 시기 사람들에게 익숙한 장소들이며, 더욱 중요하게는 사회주의 중심도시 베이징의 도시공간과 일상생활의 세부모습이다.

「사나운 짐승들(動物兇猛)」(1991)과 그것을 영화화한 「햇빛 쏟아지던 날들(陽光燦爛的日子)」(1995)[4]은 많은 연구자들이 다룬 작품이다.[5] 그러나 기존의 연구들은, 왕쑤오 작품에서 따위엔이 차지하는 의미에 대해서는 언급하고 있지만 당시 사회주의 시기 수도 베이징의 공간배치가 가지는 의미에 대해서는 충분히 주목하고 있지 않다. 왕쑤오가 소설에서 언급한 베이징의 중심공간인 창안졔의 톈안먼 광장 일대는 중국에서 중요한 의미를 지니는 공간이다. 이곳은 베이징 올림픽 개최를 앞두고 국가대극원(國家大劇院)을 건축한 곳이기도 하다. 사회주의 시기 중국이 톈안먼 광장을 건립함으로써 사회주의 중국을 선포하였다면, 국가대극원의 건립은 중국의 세계화를 선언한 것이라 할 수 있다. 즉 수도 베이징을 세계화 시대의 명실상부한 국제도시로 재정립하겠다는 의지를 표명한 것이다. 그런 만큼 중국에서 수도 베이징의 공간배치는 중요한 의미를 가진다.

본고에서는 사회주의 시기 베이징의 정치적 공간배치와 이를 통한 일상의 통제방식을 살펴볼 것이다. 그리고 위 두 텍스트에서, 혁명담론에 대한 전복과 해체의 서술방식을 읽어내면서, 기억을 통한 개인 역사서술로서의 문혁 쓰기에 대해서 고찰하고자 한다.

---

4) 姜文, 「陽光燦爛的日子」, 1994年, 夏雨 주연.

5) 최재용, 「王朔소설연구」, 서울대학교 석사논문, 2005; 최문영, 「王朔의 「動物兇猛」 일고찰」, 『중국학논총』, 2007.

2. 공간 배치로 본 베이징의 정치화와 세속화

경관(landscape)이란 눈을 통해 감각적으로 들어오는 풍경이나 경치와는 다른 개념의 용어다. 경관 생산자가 누구였는가에 대한 고려가 우선이고 다음으로 그가 사용했던 코드들, 즉 도로망, 건축물, 광장 등 다양한 도시 경관 요소들의 의미를 파악해야 할 것이다. 르페브르 역시 "공간은 사회적 생산물이다"는 언명을 통해 같은 맥락에서 공간을 분석하고 있다.[6]

이런 관점에서 볼 때, 1970년대 중화인민공화국은 베이징 도시공간 배치와 도시 건설에서 정치화를 추구하였다. 이러한 공간의 정치를 통해 사회주의 국가 수도의 기본적인 도시 구조, 공간형식과 문화적 이미지를 완성하고자 하였다. 「사나운 짐승들」은 이를 성실하게 묘사하고 있다.

1970년대 중반 베이징 어느 여름날 15세의 소년 마샤오쥔은 당시 유행하던 군복을 입고 동성(東城)구역의 군인 따위엔 단지 입구에서 자전거를 타고 미란이라는 여자를 뒤좇는다. 그는 먼저 베이징 기차역 입구에 가서 여자가 탄 1번 버스를 따라서 창안졔(長安街) 서쪽을 향해 달린다. 베이징 호텔을 지나고, 톈안먼 광장에서 휘날리는 국기와 그 앞에서 기념사진을 찍는 사람들을 본다. 그리고 마샤오쥔은 자전거를 타고 디엔바오(電報) 빌딩, 시단(西單)을 거쳐서 여자가 공회(工會)빌딩 정류장에서 버스에서 내린 뒤 서쪽의 무스디(木樨地) 대교 방향으로 걸어가다 싼리허로(三里河路)에서 북쪽으로 방향을 바꾼 뒤 위엔탄(玉淵潭) 공원 입구, 중국과학원 건물 아래의 이기부(二机部), 재정부와 중국인민은행 본점을 차례로 지나는 것을 뒤따라가다 마샤오쥔이 여자와 거의 동시에 그녀가

6) 이진경, 『근대적 주거공간의 탄생』, 서울 : 그린비, 2007, 42~43쪽.

거주하는 건물 앞에 도착하는 것을 소설에서 묘사하고 있다.[7)]

「사나운 짐승들」의 자전거 주행 장면은 1970년대 중반 베이징의 실제 공간을 충실히 재현해내고 있다. 30여 년이 지난 지금의 베이징 도시 경관은 당시의 모습 대부분을 지워버렸다. 그러나 이 장면에서 언급된 베이징 도시 공간의 구조와 권위는 오늘날에도 여전히 그 위세를 유지하고 있다. 이곳은 중국 정치권력의 중심지역이자 중국의 상상적 모태이기도 하다.

중국정치의 중심지역을 주행하는 중학생인 마샤오쥔을 통해 소설은 특정 시기 중국 수도 베이징의 핵심지역을 전시한다. 도시 구조로 보자면, 마샤오쥔이 미란을 뒤따르는 경로는 1970년대 베이징의 가장 중요한 정치구역에 해당한다. 이 구역은 명 · 청시대 이후 줄곧 중국 전통사회의 권력중심 공간이었을 뿐만 아니라, 중화인민공화국 성립 이래 수도 도시계획을 통해서 정치구조물을 중점적으로 배치한 공간이기도 하다. "국가는 정통성과 통치의 위엄을 나타내기 위해 다양한 표현체를 생산한다. 실록이나 법령집, 역사서 등은 물론이고 도시의 공간적 표현체들을 통해 국가는 그 통치권력을 상징하고자 한다. 건축물과 거리, 광장이나 망루 등의 공간적 배열을 총괄하는 도시계획은 기능적 요인 외에 통치권위를 상징하기 위해 실행되었다."[8)]

국가의식의 실행공간인 톈안먼 광장, 그 주변의 정치적 상징물로서의 건축물, 그리고 국가 권력중심의 실체인 중남해(中南海)에서 동서로 이어지는 창안제 주변의 건축물들은 국가 상층부가 권력의 등급과 특성을 고려하여 배치한 것이다. 이 구역은 1950년대에 확정된 베이징 도시계획

7) 王朔, 「動物凶猛」, 『王朔文集』, 北京 : 華藝出版社, 1996, 329~330쪽.

8) 김왕배, 『도시, 공간, 생활세계－계급과 국가 권력의 텍스트 해석』, 서울 : 한울, 2000, 145쪽.

과 건축의 기본원칙이 재현된 공간이다. 중국인민공화국은 정치중심지인 수도 베이징의 공간배치를 통해서 권력을 전시하는 전략을 취한다. 베이징의 성스러운 도시 이데올로기는 특수한 권력공간을 통해 표상된다. 이로써 베이징은 국가 수도라는 정치적 기능을 담당하면서 상상의 이데올로기 속에서 신성한 의미가 부여되고 자연히 국가의 신성함은 더욱 강화된다.

신중국 건립 후 국가의 각종 주요 권력기관들, 즉 국가 핵심 권력기관, 군부대, 기념성 건축, 문화기관, 학교 및 중점 국영기업 등은 베이징에 모두 자신들의 '따위엔'을 소유하고 있었다. 베이징 서부 푸싱먼 주변 및 싼리허(三里河), 허핑리(和平里) 구역은 톈안먼 광장을 중심으로 건립된 수도의 주요 정치공간이었는데 국가 상층부 내의 권력 등급에 따라 구역의 위치와 그 면적을 차지하였다. 그 중 군부대 따위엔은 일, 생활, 교육(학교), 오락시설(극장이나 운동장)이 모두 갖추어진 종합적인 장소였다. 따위엔은 높은 담장으로 둘러싸이고 경비가 엄중한 마을 성격을 가진 자급자족 공간이었다. 이 시기의 군부대 따위엔은 국가 상층구조의 핵심부분으로서 국가 권력공간의 축소형이었다.

왕쑤오는 전형적인 따위엔 자제이다. 그는 『무지한 자는 용감하다(无知者无畏)』에서 다음과 같이 언급하고 있다.

> 나는 어릴 때부터 푸싱먼 주변에 살았다. 그 지역을 '신베이징'이라고 불렀다.……그러한 고도의 분위기가 충만한 풍습과 문화전통은 나에게서 완전히 사라져 버렸다. 나의 생각, 행동, 사유방식은 물론 언어습관까지 신문화의 영향을 더 많이 받았다. 이 문화를 '혁명문화'라 하기로 한다.[9]

9) 王朔, 『无知者无畏』, 沈陽：春風文藝出版社, 2000, 111쪽. "我小時候住在夏興門外,

따위엔 자제라는 신분이 왕쑤오 작품의 근본적인 특징을 결정하였다. 그는 한편으로는 따위엔에 대한 추억을 묘사하면서 한편으로는 따위엔의 정치문화를 조소하고 풍자한다. 왕쑤오는 「사나운 짐승들」에서 조소와 풍자를 통해 당시의 주류문화를 해체하고자 시도하였다. 또 다른 군부대 따위엔 출신인 지앙원 감독은 이 소설을 각색하여 영화 「햇빛 쏟아지던 날들」을 만든다.

소설 속의 마샤오쥔은 권력을 이용하기도 하지만 기본적으로는 권력을 풍자하고 조소하는 태도를 취한다. 그는 그 시대 도시 생활의 비밀을 가장 잘 이해할 뿐 아니라 도시공간을 재구성한다. 산책(유랑)의 방식으로 베이징을 재구성하고 베이징의 지역특징을 묘사하였다. 수도의 신성한 형상을 해체하여 정치성의 베이징을 도시 세속생활 속에서 재편성하였다.

당시는 '비림비공(批林批孔)' 등 전국적인 규모의 정치운동은 이미 텅 빈 이름으로만 남아있던 시기이다. 「사나운 짐승들」에서 마샤오쥔과 그의 무리들은 창안제 주변에서 담배를 피며, 톈안먼 광장에서 시위를 하고 돌아오는 동학들을 무시하듯 바라볼 뿐이다.

자기가 좋아하는 여성을 미행하고 강간하기 위해 마샤오쥔이 가로지르는 공간은 국가의 신성한 공간이며 그가 돌아오기 위해 다시 거슬러 관통하는 공간 또한 국가의 신성한 공간이다. 그가 강제로 범하는 것은 여성만이 아니다. 마샤오쥔의 이러한 행동은 1970년대 베이징의 신성화된 정치중심적 도시경관의 정신과 충돌을 일으킨다. 왕쑤오는 이 소설에서 베이징의 신화화 과정을 서술하진 않았지만, 여성을 뒤쫓는 행위를

那一大片地方干脆就叫'新北京'……那种帶有滿足色彩的古都習俗, 文化傳統到我這儿齊根斬了. 我的心態, 作派, 思維方式包括語言習慣毋宁說更受一种新文化的影響. 暫且權称這文化叫'革命文化'罷."

통해서 베이징의 도시 경관을 재현하였다. 그리고 중화인민공화국의 수도에서 성장한 베이징 청소년의 파렴치한 행동은 사실 우리들에게 아래와 같은 사실을 알려준다. 즉 청소년의 파렴치한 범죄행위는 신화가 된 베이징 이데올로기를 해체하는 행위로 당시 고도로 조직화된 권력에 대한 저항을 보여준다. 문혁 시기 정치적 의도에 의해 신성화된 베이징은 여전히 사람들이 생활하는 세속적인 공간이었고, 신화를 해체하려는 시도는 여전히 계속되고 있었다.

3. 1970년대 베이징의 일상사 : 배치된 일상과 이를 위반하는 일상

> 나는 시골출신의 사람들이 부럽다. 그들의 기억 속에는 언제나 잊을래야 잊을 수 없는 고향이 있다. 설령 이 고향이 가난과 배고픔에 찌든 척박한 산간벽지일지라도 그들은 원할 때면 언제라도 마음의 공허를 메울 수 있는 자신의 고향을 떠올리며 삶의 위로를 얻을 수 있을 것이다. 나는 아주 어릴 적에 고향을 떠나와 이 대도시로 이주해왔다. 그리고 단 한 번도 이곳을 떠나 본 적이 없기 때문에 이 도시를 고향으로 여긴다. 이 도시의 모든 것은 순식간에 변해 버렸다. 집이며 거리 그리고 사람들의 복장과 화제는 오늘날에 이르러 이미 완전히 변해서 우리들의 기준으로 볼 때 매우 새롭고 세련된 도시가 되었다. 흔적도 없이 모든 것이 깨끗하게 사라졌다.[10)]

---

10) 王朔, 「動物凶猛」, 『王朔文集』, 北京 : 華藝出版社, 1996年, 248쪽. "我羡慕那些來自鄉村的人, 在他們的記憶里總有一个回味无窮的故鄉, 盡管這故鄉其實可能是个貧窮凋敝毫无詩意的僻壤, 但只要他們樂意, 便可以盡情地遐想自己丟失殆盡的某些東西仍可靠地寄存在那个一无所知的故鄉, 從而自我原宥和自我慰藉. 我很小便离開出生地, 來到這个大城市, 從此再也沒有离開過, 我把這个城市認做故鄉. 這个城市一切都是在迅速變化着一房屋, 街道以及人們的穿着和話題, 時至今日, 它已完

고향과 도시의 중첩은 개인과 도시 간의 명확한 귀속관계를 표현한다. 도시가 중요한 서술대상인 이유는 그것이 개인의 활동장소이자 기억의 증명이기 때문이다. 회고적 시각을 통해 서술되는 것은 사회주의 중심도시 베이징 일상생활의 세부모습이다. 사회주의 시기 베이징의 도시공간은 특수한 정치기억의 역사장면을 뚜렷하게 그려낸다. 예를 들면 군부대 따위엔은 외부경관은 말할 것도 없고 내부의 가구배치까지도 엇비슷한 모습이다. 그리고 당시 베이징에서 유명한 장소였던 모스크 식당은 「햇빛 쏟아지던 날들」에서 아주 뚜렷하게 묘사된다. 상산하향으로 텅빈 베이징 거리, 패싸움, 인터내셔널가, 모든 사람들이 대사까지 다 외우며 노천극장에서 관람하던 「1918년의 레닌(列宁在1918)」과 혁명 발레극 「홍색낭자군(紅色郎子軍)」, 그리고 친구들과 밤새워 부르던 「모스크바 교외의 저녁(莫斯科郊外的晚上)」 등을 이 영화는 충실히 재현하고 있다. 당시 내부검열이라는 명목으로 군간부들이 시청했던 틴토 브라스의 「칼리큘라」, 그리고 당시 많이 읽고 영향받은 「등에」, 「강철은 어떻게 단련되는가」와 「청춘지가」 등의 문학작품이 영화에서 언급되고 있다. 소설 「사나운 짐승들」과 영화 「햇빛 쏟아지던 날들」은 빠른 변화로 인해 이젠 그 흔적을 찾을 수 없는 사회주의 시기 베이징의 도시공간과 일상을 재현하고 있다.

르페브르에 따르면, "공간은 주어진 것이 아니라 사회적으로 생산되는 것"이다.[11] 공간은 중립적인 범주이거나 객관적이고 순진한 영역이 아니라 사회적인 구성물로서 사회적이고 물질적인 실천을 통해 구성된다는

全改觀, 成爲一个嶄新, 按我們的標准挺時髦的城市. 沒有遺迹, 一切都被剝奪得干干淨淨."

11) 최효찬, 『일상의 억압기제 연구－자본주의 도시 공간에 대한 문화정치학적 접근』, 연세대학교 박사학위논문, 2006, 54쪽 재인용. Henri Lefebvre, *The Production of Space*, trans. Donald Nicholson-Smith, Oxford: Blackwell, 1991, p.33.

것이다. 르페브르의 도시는 공간, 일상생활, 자본주의적 사회관계의 재생산이라는 세 가지의 상호 관련된 개념으로 구성되어 있다. 즉 도시는 생산관계가 사람들의 일상적 경험 내에서 재생산되는 전반적인 공간맥락이다. 자본주의적 사회관계는 일상적 공간 이용을 통해 재생산된다. 왜냐하면, 공간 자체가 자본에 의해 장악되어 있고 자본의 논리에 종속되어 있기 때문이다. 도시공간에 대한 르페브르의 논리를 사회주의 시기 베이징을 분석하는 데 적용해보면, 사회주의적 권력관계 역시 일상적 공간 이용을 통해서 재생산됨을 알 수 있다. 왜냐하면 공간은 권력에 장악되어 있고, 권력의 논리에 종속되어 있기 때문이다. 이때 지배계급은 공간을 통제하기 위해 국가권력을 활용한다. 사회주의 국가의 주요 과업 가운데 하나는 국가권력을 통해서 공간을 통제하고 일상을 지배하는 것이다. 이렇게 보면 사회주의 계급투쟁은 공간 지배력을 획득하기 위한 '장소의 정치'라고 할 수 있을 것이다.

이와 같이 공간과 공간조직은 다양한 이해관계와 계급투쟁을 반영하여 만들어지기 때문에 공간의 생산과정은 곧 권력구조를 재배치하는 과정이다.[12] 공간이 정치적인 것은 바로 이러한 권력의 이해관계 때문이다. 공간의 정치화는 비정치적인 공간이론을 비판하는 데서 출발하며, 공간형태가 정치적으로 창출되고 정치적 기능을 수행한다는 인식에 근거한다. "공간은 정치적이다. 공간은 이데올로기나 정치와 무관한 과학적 대상이 아니다. 그것은 항상 정치적이며 전략적이었다.……우리가 보기에 공간은 동질하게 보이고, 순수한 형태로 완전히 객관적인 것처럼 보이지만, 그것은 사회적 산물이다. 공간의 생산은 특정 상품의 생산과 유사하다."[13]

---

12) 이무용, 『공간의 문화정치학』, 서울 : 논형, 2005, 41쪽.

「사나운 짐승들」은 사회주의 시기 베이징 따위엔을 묘사함으로써 공간의 정치화를 통한 일상의 통제를 가늠할 수 있게 해준다. 그리고 이 소설에서 당시 타인의 가정, 즉 당시 베이징 따위엔 공간배치와 일상을 자유롭게 엿볼 수 있는 이유는 마샤오쥔의 별난 취미 덕분이다.

> 그러나 나는 자물쇠를 열 뿐 도둑은 아니었음을 맹세한다.……그 때 사람들은 모두 가난했고 지금은 없어서는 안 되는 가전용품은 들어보지도 못한 때였다.……내가 자주 가는 곳은 학교 앞 국가기관의 일반간부들이 사는 단지였다. 그들의 집에는 국가가 분배해 준 나무가구 외에는 그 흔한 소파조차 없었다. 그 중 기관장 정도의 직책으로 추측되는 가정이 가장 부유해 보였다. 유일하게 그 집에만 나무 케이스로 된 소련제 흑백 텔레비전이 있었다. 나는 정말 그 텔레비전을 가지고 나갈까 하고 생각했지만 곧 "이건 범죄다"는 생각이 들어 그만 두었다. 나는 분명히 말할 수 있다. 당시에는 정치사상이 의심스러운 몇몇 간부를 제외하고 탐관오리가 드물었다. 건물은 5층의 회색벽돌로 외관이 모두 동일하였다. 내부 역시 나무침대, 책상, 옷장, 책장 등의 배열에 별다른 차이가 없었다.……모두가 일을 나간 시간, 건물은 언제나 텅 비어 있었다.…… 나는 그들에게 잡히지 않을 자신이 있었다. 당시 사람들은 근무시간에 잘 이탈하지도 않았을 뿐더러 잃어버린 물건도 없기에 사람들의 주의를 끌지 않았기 때문이다.[14)]

---

13) 최효찬, 앞의 논문, 54쪽 재인용. Henri Lefebvre, "Reflections on the politics of space", ed. R. Peer, *Radical Geography*, Chicago: Maaroufa Press, 1977, p.341.

14) 王朔, 「動物凶猛」, 『王朔文集』, 北京：華藝出版社, 1996年, 252~253쪽. "我發誓我僅僅是開鎖弁不是做賊……那時候人們都沒有錢, 那些現在被認爲是必不可少的家用電器当時聞所未聞. 我常去光顧的學校前的那片樓區大都居住着國家机關的一般干部, 家里多是公家發的木器家具, 連沙發都難得一見. 我印象里最闊气的一家, 大槪是个司長, 家里有一台老式的蘇聯産的黑白電視机, 那种木殼子的. 我的确想了一下將其搬走, 隨卽便産生了一个念頭：這是犯罪啊! 我可以作証, 当時除了有一些政治品質可疑的干部, 貪官汚吏鳳毛麟角. 那些樓房從外表看都是一模一樣

공간을 통한 지배는 일상생활과 그 너머의 근원적이고 편재적인 사회적 권력의 원천이다. 베이징 군부대 따위엔의 일상생활은 군사화 내지 반(半)군사화된 집단화의 경향이 뚜렷하였다. 따위엔이라는 일터와 사적인 공간이 일체화된 이공간은 인간관계를 친밀하게도 했지만 일상생활을 감시하는 체제였다고 할 수 있다. 사회주의 중국은 따위엔이라는 집단주의 생활공간의 배치를 통해서 일상생활을 관리하고 지배하였다. "국가는 보다 광범위하게 체제의 존속을 위해 일상생활 영역을 관리하고 조직한다. 국가가 생활세계를 조직화하는 방법은 일상생활 영역에 대한 관리적 지배를 통해 그 도구적 합리성을 증대시키고, 생활영역을 '정치화'하는 것이다."[15] 사회주의 시기는 이러한 생활영역의 정치화를 통해서 의식의 정치화, 즉 정신혁명을 이루고자 하였다.

> 어려서부터 베이징 군부대 따위엔에서 성장한 왕쑤오는 군인 간부의 자제로 당시의 '홍오류(紅五類)'에 속한다. 특별히 계급출신을 중요시하던 당시에 말할 필요도 없이 그들에게는 찬란한 미래가 보장되어 있었다. 연령이 몇 살 적어서 열렬한 '홍위병' 대열에 참여할 수는 없었지만 어쨌든 마오쩌둥의 '문혁' 노선 아래 배양된 '홍소병(紅小兵)'이었다. 그렇기에 그들에게는 그 시대의 영웅주의로 충만하였고 장래에 혁명사업에서 큰 역할을 할 것을 갈망하였다.[16]

的, 五層, 灰磚砌就; 內部陳設也大同小异, 木床, 三屜桌和大衣柜, 書架……上班時間, 那些樓房常常整幢空无一人……我有把握不會被人擒住, 那時人們在上班時間從不溜号, 而且因爲几乎不丢失什么東西, 也沒引起人們的警惕."

15) 김왕배, 『도시, 공간, 생활세계』, 서울 : 한울, 2000, 100~101쪽.

16) 여기에서, 문혁 시기의 홍위병과 홍소병 두개의 용어에 대해서 설명을 하고자 한다. 홍위병은 대학생과 중학생으로 구성되고 직접 문혁운동에 참가한 조반조직 및 그 성원을 말한다. 반면 홍소병은 초등학생으로 구성되고 직접 문혁운동에 참가하지는 않지만 같은 혁명이념에 영향을 받은 조반조직과 그 성원을 말하고, 홍위병을 모방하여 편성된 모방조직에 속한다. 양자의 구별은 문혁에 직접

왕쑤오는 마오쩌둥 시대 무산계급 혁명전통 교육을 전수받았고 마오쩌둥 혁명사업의 계승자가 되는 것을 이상으로 삼았다. 수년 후에도 왕쑤오는 그 시절의 혁명전통 교육과 당시 자신의 심리에 대해 뚜렷이 기억하고 있었다.

> 어려서부터 나를 흥분시킨 것은 모두 세계적인 위대한 일이었지 나 자신의 일과는 상관이 없었다. 우연히 짝사랑에 잠시 빠지거나 어느 여자아이를 좋아하거나 했지만 성사가 되지 않았다. 상대방이 나에게 별 흥미가 없으니 그냥 그렇게 끝냈다. 우리들은 더욱 위대한 일을 해야만 했다.[17]

왕쑤오는 자기 세대는 '더욱 위대한 일을 해야만 한다'는 것을 뚜렷하게 의식하고 있었다고 한다. 오늘날의 청년들에게는 도저히 이해할 수 없는 혁명적 각성과 이상은 바로 그 시대의 혁명전통 교육 및 전반적인 사회분위기가 조성한 것이다. 계속해서 왕쑤오는, "그 시대의 환경이 자신의 운명에 관심을 가지지 못하도록 하였고," "마오쩌둥식의 교육은 사람에게 정신적 승화를 강조하고, 개인의 고난에 대해서 홀시"하도록

참가하는가 아니면 상상의 방식으로 참가하는가에 그 중점이 있다. 간단히 이야기하자면, 홍위병은 직접적으로 주자파를 타도하고, 패싸움, 상산하향 등 운동의 주요한 인력이었다면, 홍소병은 연령의 제한으로 당시 운동의 대열에 참가할 수 없었다. 王一川 主編, 「想象的革命：王朔与"王朔主義"」, 『京味文學第三代』, 北京：北京大學出版社, 2006, 37쪽. "從小生長在北京城部隊大院的王朔, 是部隊干部子弟, 屬于当時的'紅五類'. 在那个特別看重階級身份的歲月里, 不用說, 這樣的子弟本是有着燦爛的前程的. 由于年齡小几歲而沒能赶上轟轟烈烈的'紅衛兵'時代, 但畢竟也算是在毛主席'文革'路線熏陶下成長的'紅小兵', 充滿着那个時代的'英雄夢', 渴望將來在革命中大有作爲."

17) 王朔, 「我是王朔」, 『王朔最新作品集』, 桂林：漓江出版社, 2000, 127쪽. "從小讓我激動的事都是世界上的大事, 沒有什么自己的事. 偶爾一會儿單相思, 喜歡上哪个女孩, 老沒戲, 人家老不看你, 也就算了. 我們還有更偉大的事要做."

하였다고 언급하였다.[18)]

> 당시 나는 체면을 구기지 않을 정도로만 학교에 나갔다……내 미래는 이미 결정되어 있기 때문이었다. 중학교를 졸업하자마자 군에 입대해 앞가슴에 주머니가 네 개 달린 제복을 입은 군간부가 되는 것이 나의 유일한 꿈이었다……나는 침대에서 누워 이제는 하도 많이 뒤적여 너덜너덜해진 『청춘의 노래(青春之歌)』라는 책을 펼쳤다. 이 책은 당시 우리들 사이에서 은밀히 필독도서로 정해진 책으로 한 자산계급 집안의 소녀가 혁명전사로 성장하는 이야기이다. 사람들은 이러한 소설에 아주 열광하여 진실되고 필연적이라고 여겼다. 비슷한 책으로 『강철은 어떻게 단련되는가?(鋼鐵是怎樣練成的)』와 『등에(牛虻)』 등이 있었다. 소설 속 혁명전사의 두려움 없는 용기는 나를 매우 감동시켰다……내가 처음으로 갖게 된 혁명에 대한 낭만주의와 위험, 고난의 생애에 관한 동경은 이러한 소설에서 나온 것이 확실했다.[19)]

「사나운 짐승들」에서 왕쑤오는 몇 차례나 청소년 마샤오쥔의 내적 상상을 묘사한다.

---

18) 王朔, 「我是王朔」, 『王朔最新作品集』, 桂林 : 漓江出版社, 2000, 126쪽. “那个時代环境迫使你不能關注自己的命運.毛澤東式的教育使人産生一种精神升華, 很少關注个人的困境.”

19) 王朔, 「動物凶猛」, 『王朔文集』, 北京 : 華藝出版社, 1996年, 251, 261쪽. “那時我只是爲了不過分丢臉才上上課. 我一点不担心自己的前程, 這前程己經決定 : 中學畢業后我將入伍, 在軍隊中当一名四个兜的排級軍官, 這就是我的全部夢想……我躺在床上看一本已經人翻得很破的『青春之歌』. 這本書在当時被私下認爲适合年輕人閱讀, 書中講述的一个資産階級少女成爲革命者的故事, 在人們的瘋狂尚未達到歇斯底里的程度之前, 曾被認爲是一种眞實和必然. 類似的書還有『鋼鐵是怎樣練成的』, 『牛虻』……但我最初的革命浪漫主義和對危險, 動蕩生涯的向往, 确是因他們而激發.”

> 유일한 환상은 바로 중소전쟁이 발발하는 것이었다. 나는 세계대전에 참가하게 되기를 간절히 희망하였다. 나는 인민해방군의 무쇠주먹이 미소양국의 전쟁기계를 박살낼 것을 믿어 의심치 않았다. 이렇게 나는 전 세계가 주목하는 전쟁영웅이 되기를 꿈꾸었다. 나는 세계인민의 해방을 위해 피할 수 없는 책임감을 가지기 시작했다.[20]

중학생인 마샤오쥔은 이미 자신을 전쟁의 주인공, 전쟁에서 큰 공을 세우는 영웅으로 상상한다. 왕이추안(王一川)은 왕쑤오를 두고 문혁의 정치운동에 직접적으로 참가하지는 않음으로써 홍위병 출신의 작가들이 가지는 문혁에 대한 조소나 회의가 혼종된 복잡한 감정과는 다르게 혁명의 방관자로서 문혁을 상상하거나 모방하는 상상의 혁명자였다고 설명한다. 나아가 그는, 왕쑤오는 홍위병과 조반파와 달리 '무두(武斗)'의 투쟁에 휩쓸리지 않았고 그 후 상산하향 지식청년의 힘든 생활도 겪지 않았기에 일종의 상대적인 안정감을 가지고 혁명 그 자체에 대한 낭만적 공상, 상상, 더욱 장구한 혁명적 투지를 가졌다고 지적하였다.[21] 하지만 이러한 베이징의 혁명 영웅주의도 일상의 세속적 감정에 굴복한다.

> 위대한 마오쩌둥 주석과 그의 친밀한 전우들의 사진을 제외하고, 그것은 내 생전 처음으로 보는 실제와 같은 칼러 사진이었다.……그날 저녁, 나는 이미 외부세계와의 정상적인 반응을 상실한 채 시선이 닿는 곳마다 그녀의 모습을 떠올렸고, 모든 상상력은 그녀의 모습이 주는 여러 가지 암시에 총동원되었다.[22]

---

20) 王朔, 「動物凶猛」, 『王朔文集』, 北京 : 華藝出版社, 1996, 251쪽. "唯一可称得上是幻想的, 便是中蘇開戰. 我熱切地盼望卷入一場世界大戰, 我毫不怀疑人民解放軍的鐵拳會把蘇美兩國的戰爭机器砸得粉碎, 而我將會出落爲一名擧世矚目的戰爭英雄."

21) 王一川, 「想象的革命」, 『京味文學第三代』, 北京 : 北京大學出版社, 2006, 36~41쪽.

왕쑤오는 사회주의 혁명 교육이 형성한 자기 세대의 정신사를 보여주는 한편 이를 위반하는 일상의 모습도 보여줌으로써 혁명담론에 저항하고 그를 해체한다.

영화 「햇빛 쏟아지던 날들」에서도 이러한 양면성을 발견할 수 있다. 따위엔의 노천극장에서 「1919년의 레닌」과 발레극 「홍색낭자군」이라는 혁명영화가 상영될 때 내부의 극장에서는 공산당 간부들이 틴토 브라스 감독의 「칼리귤라」를 감상하고 있다. 관람 도중 미성년자인 청소년들이 보고 있다는 것을 알고서 관리자는 이 영화는 내부 비판용 영화[23]이며 독성이 강하기에 아이들은 봐서는 안 된다는 것을 재삼 강조한다. 당시 권력층이 인민에게는 공산주의 이념을 재교육하기 위해 혁명영화를 관람하게 한 반면, 자신들은 '독성이 강한' 영화를 감상하고 있다는 것을 영화에서 보여주면서 당시의 공산당 간부를 풍자하는 것이다. 따위엔이라는 정치적 공간을 통해서 생활영역을 정치화하고자 하였지만 사실상 따위엔은 분열성을 묘사하면서 공간과 일상의 정치담론의 해체를 증명한다.

소설 「사나운 짐승들」은 혼란스럽지만 자유롭고, 폭력적이지만 낭만적인 과거를 형성해내면서 '문혁'에 대한 또 다른 글쓰기를 감행한다. 그러나 전반부에서 훌륭히 형상화되어 있는 과거의 아름다움을 왕쑤오

---

22) 王朔, 「動物凶猛」, 『王朔文集』, 北京 : 華藝出版社, 1996, 255쪽. "除了偉大領袖毛主席和他最親密的戰友們, 那是我有生以來第一次見到的具有逼眞效果的彩色照片.…… 那个黃昏, 我已然喪失了對外部世界的正常反應, 視野有多大, 她的形象便有多大; 想象力有多丰富, 她的神情就有多少种暗示."

23) 문혁 시기에는 공산당 간부들이 서구의 문예사조를 비판하기 위해, 서구 모더니즘 문예이론과 작품을 내부 비판용으로 번역 출판하였다. 인민에게는 서구문화의 자본주의의 위험성을 비판하면서 금지시켰지만 간부들은 접근이 가능하였다. 따위엔에서 성장한 공산당 간부 자제 역시 당시에 번역된 서구문화를 접할 수 있었다.

는 후반부에서 파괴시킨다. 작품의 후반부에는 폭력과 저질스러움만 남아 있다. 과거의 진실을 회복해내려고 시도하지만 그 시도는 허망하게 좌절되고 만다. 이 좌절은, 문학을 부정하고, 지식인을 부정하고, 자기 자신을 부정·조롱하면서 혁명전통과 혁명담론에 저항과 해체를 시도하는 왕쑤오의 문학세계를 보여준다.

4. '문혁'에 대한 개인의 기억과 서술

1990년대 이후 베이징에 대건설붐이 일어나게 되면서 베이징 문화의 상징이었던 후통, 사합원(四合園), 따자위엔(大雜院) 등은 사라지고 그 건축공간이 지녔던 문화적 기억 또한 사라져갔다. 현실의 이러한 변화로 인해 베이징에 대한 노스탤지어 글쓰기가 성행하게 된다. 1990년대 이후 도시 베이징의 문화적 기억을 찾는 글쓰기 행위는 여러 가지 형태로 출현하게 된다. '황성(皇城)'으로서의 베이징을 그린 작품으로, 몰락한 청 황족에 대한 이야기인 예광친(叶广芩)의 『차이상즈(采桑子)』, 그리고 라오베이징 문화의 후통정신을 그린 대표작으로 티에닝(鐵凝)의 『영원은 얼마나 먼가(永遠有多遠)』를 들 수 있다. 이들 작품은 일인칭 서술형식을 취함으로써 주인공의 도시의 기억과 개인의 기억을 융합하는데, 이로 인해 베이징은 고향의 의미를 지니게 된다.

본 논문의 텍스트인 「사나운 짐승들」과 「햇빛 쏟아지던 날들」 역시 개인의 기억과 도시의 공간정치적 의미의 중첩현상을 보여준다. 만약 도시 베이징에 대한 이러한 회고식의 글쓰기가 없다면, 개인의 기억도 구체적 근거를 잃어버리게 될 것이다. 당시 베이징에 대한 그러한 생동적인 묘사가 없었다면 이미 고정된 문혁에 대한 새로운 쓰기 또한 불가능했을 것이다. 그리고 개인/도시라는 이중의 회고적 시각에서 베이징은 1980년대의 '경미(京味)' 소설에서 구성한 것과 유사한 전원화된 고향이라는 성격을 표출하였다. 그러나 이 작품의 소박하고 안정된 자연스러운 느낌은 '경미(京味)' 소설과 달리 전통문화에서 나온 것이 아니라 공유된 정치기억과 역사경험에서 기인한다.

소설과 영화에서 이 특권집단의 청춘의 기억에 대한 표현은 먼저 문혁에 대한 고정된 상상을 깨뜨리는 것으로 시작했다. 기존의 눈물과 상처의 기억으로 가득찬 정치적인 역사장면이 아닌 문혁의 또 다른 기억을 표현해냈다. 그리고 1990년대 베이징의 모습도 보여주었다. 그 베이징은 당시 영화에서 상투적으로 형상화 되곤 했던 정지된 시간의 낙후된 농촌이 더 이상 아니었다. 영화는 감독 지앙원(姜文)의 독백으로 시작된다.

> 베이징의 변화는 정말 빠르다. 20여 년의 시간으로 이미 현대도시로 변해버렸다. 나는 그 속에서 어떠한 기억도 찾아낼 수가 없다.

「햇빛 쏟아지던 날들」에서는 빠르게 변화하여 이전의 흔적을 찾을 수 없는 사회주의 시기 베이징의 도시공간을 재현하고 있다. 영화 「햇빛 쏟아지던 날들」은 '문혁'에 대한 주류담론과 모든 사람이 상식처럼 가지고 있던 의식, 즉 '문혁은 역사의 재난이다'는 생각을 전복한다. 그러나 이 영화에 동감하는 마샤오쥔과 왕쑤오와 같은 세대들은 언제나 권위적 담론에 의해 은폐되어 있던 그들 청춘시절의 기억을 되찾을 수 있었다. 「햇빛 쏟아지던 날들」은 그들로 하여금 표류하던 기억들을 드러내고 표현하게 하였다.

영화 「햇빛 쏟아지던 날들」의 중요한 의의는 정부중심의 역사서술에서 개인적 역사서술로의 변화에 있다. 개인 '기억'의 중요성은 기억 그 자체에 어떤 내재적 가치가 있느냐에 있는 것이 아니라, 이러한 기억이 국가사회에서 상대적으로 독립성을 유지한다는 것이다. 참혹한 역사의 공간인 '문혁'은 베이징 거리의 소년들에 의해 '햇빛 찬란한 날들'로 재평가 되었다. 감독 지앙원(姜文)은 어느 인터뷰에서 말했다.

> 그때의 하늘은 지금보다도 푸르렀고, 지금보다도 더 하얀 구름, 지금보다도 더 뜨거웠던 햇빛, 그 시절은 비가 내리지 않았고 우기는 없었다. 그때의 모든 것은 그렇게 그립게 느껴지고, 아름다웠다. 나는 이런 마음의 느낌에 따라 이 영화를 찍었다.

그래서 이 영화는 화면이 아주 밝고 투명하다. 소설과 달리 영화에서는 소년의 시선과 어른의 시선이 서로 교차되면서 전개된다. 이야기의 기본적인 줄거리는 소년의 시선으로 마샤오쥔의 성장을 그리고 있다. 그리고 영화 속 또 하나의 시각은 어른이 된 마샤오쥔의 시각이다. 영화는 어른이 된 마샤오쥔의 기억으로 이야기가 전개된다. 이 두 개의 시선은 영화 속에서 일치하기도 하고 충돌하기도 한다. 두 시각이 합치되는 때는, 어른의 시선이 소년의 시선에 동의할 때이거나 또는 어른의 시선에 대한 소년 시선의 대항이 효과가 있을 때이다. 시선의 이러한 부단한 변화를 통해서 문혁에 대한 복잡한 서술을 진행한다.

정치권력은 문혁을 민족의 재난이라 평가했는데, 이것은 문혁에 대한 반성과 비판을 그 내용으로 한다. 영화에서는 어른의 시선이 이런 관점을 담당한다. 한편 영화는 소년 마샤오쥔의 시선을 통해서 감성적이고 낭만적인 자유로운 문혁을 보여준다. 작가는 소년의 시선과 어른의 시선을 교차하면서 문혁에 대한 작가의 양가적 평가와 감성적 이해를 전달한다. 감성적 미화와 이성적 비판은 모순되지만 서로 융합되어 있다.

영화주제적 측면에서 볼 때 문혁 시기는 '햇빛 쏟아지던 날들'이다. 그러나 어른의 시선이 소년의 시선에 개입함으로써 영화에는 어른의 우울한 세계가 주로 반영된다. 마샤오쥔의 자유로운 상황과는 반대로 어른의 문혁 시기는 침울하였다. 마샤오쥔 외할아버지의 신분 때문에 마샤오쥔 부모의 결혼은 조직으로부터 인정도 받지 못한다. 이 때문에 군인인 아버지는 승진의 기회도 박탈당하게 되고 엄마는 교사직을 그만두게 된다. 그리고 외할아버지는 정치적인 압력을 견디지 못하고 결국 자살하고 만다. 영화는 생활에 대한 마샤오쥔 엄마의 저주와 욕설로 어른의 문혁에 대한 태도를 표현하였는데, 문혁은 많은 가정에 재난과 불행을 초래했고 그들 운명에 전환과 비극을 조성했다는 점을 암시한 것이다.

이 영화의 후반부에서 어른이 된 마샤오쥔은 자신의 이야기가 사실이 아니라고 말한다. 어떤 부분은 자신이 희망하는 환상인데, 사실 이것은 어른의 시선에 대한 소년의 시선의 저항이라고 할 수 있다. 반면 어른 시선으로 소년의 영웅주의를 폭로하고 해체하기도 하는데 이러한 해체는 '문혁'에 대한 작가의 다양하고 복잡한 의미를 표현한다.

「햇빛 쏟아지던 날들」은 당시 주류담론에서의 역사서술과 차이를 보인다. 주류담론에서는 '재난'으로 평가된 문혁을 '햇빛 찬란한 날들'로 서술하였는데, 이것은 문혁을 청산하려는 주류담론과는 맞지 않는 것이었다. 그래서 영화를 만드는 과정에서 정부의 탄압을 겪기도 하였다. 주류담론에서는 문혁을 '머나먼 과거'로 철저하게 집단기억의 깊은 곳에 은폐하려 하였으나 「사나운 짐승들」과 「햇빛 쏟아지던 날들」의 문혁 기억의 개인화의 서술은 주류이데올로기와 거리를 두는 비판의 태도를 가짐으로써 새로운 문혁쓰기가 가능하게 하였다.

참고문헌

김왕배, 『도시, 공간, 생활세계－계급과 국가 권력의 텍스트 해석』, 서울 : 한울, 2000.

데이비드 하비, 구동회 · 박영민 옮김, 『포스트모더니티의 조건』, 서울 : 한울, 2009.

손소라, 「햇빛 찬란한 날들」, 고려대학교 석사학위논문, 2002.

이무용, 『공간의 문화정치학』, 서울 : 논형, 2005.

이진경, 『노마디즘』, 서울 : 휴머니스트, 2002.

조관희, 『세계의 수도 베이징』, 서울 : 창비, 2008.

주융, 김양수 옮김, 『베이징을 걷다』, 서울 : 미래인, 2008.

최문영, 「王朔의 「動物凶猛」 일고찰」, 『중국학논총』 22, 2007.

최재용, 「王朔소설연구」, 서울대학교 석사학위논문, 2005.

최효찬, 『일상의 억압기제 연구－자본주의 도시 공간에 대한 문화정치학적 접근』, 연세대학교 박사학위논문, 2006.

郭勉愈, 「大院与北京文化」, 北京師范大學學報(社會科學版), 2005年 第4期.

王朔, 「動物凶猛」, 『王朔文集』, 北京 : 華藝出版社, 1996.

____, 『王朔最新作品集』, 桂林 : 漓江出版社, 2000.

王一川, 『京味文學第三代』, 北京 : 北京大學出版社, 2006.

王軍, 『城記』, 北京 : 生活 · 讀書 · 新知 三聯書店, 2003.

李建周, 「身份焦慮与文本誤讀 : 兼及王朔小說与"先鋒小說"的差异性」, 『当代文壇』 2009年 1期.

程永新 · 桂琳, 「談王朔」, 『文藝爭鳴』, 2007年 12期.

劉心武, 「"軍隊大院"的孩子們」, 『讀書』, 1995年 第8期.

趙園, 『北京 : 城与人』, 北京 : 北京大學出版社, 2002.

趙慧娟, 『文革記憶与成長書寫』, 山東大學碩士學位論文, 2007.

陳平原 · 王德威 編, 『北京 : 都市想象与文化記憶』, 北京 : 北京大學出版社, 2005.

陳曉明, 「王朔現象与当代民間社會」, 『文藝爭鳴』, 1993年 1期.

제3부
장소의 소실과 재생

Ⅰ. 사라져가는 도시의 시간과 공간의 재구성 _권혁희

Ⅱ. 아미동 산동네의 형성과 문화 변화 _차철욱 · 공윤경 · 차윤정

Ⅲ. 사진과 구술을 통해 본 민중의 삶과 터전 _박규택

Ⅰ. 사라져가는 도시의 시간과 공간의 재구성
-서울 용강동 재개발 지역을 중심으로-

권 혁 희

1. 사라져가는 20세기 도시의 기억

최근 서울은 지난 20세기를 허무는 작업으로 분주하다. 뉴타운으로 대표되는 각종 재개발 사업이 서울 전 지역을 뒤덮고 있다. 서울이라는 도시의 형성 과정을 켜켜이 담고 있는 물리적 실증물들이 점차 사라져가고 있다고 할 수 있다. 따라서 2010년 현재 재개발 지역에 주목해야 하는 이유는 재개발 지역의 역사적 지층이 근・현대 식민지시기를 거쳐 산업화를 통해 형성된 20세기 도시의 역사를 저장하고 있다는 점과 곧 그것이 소멸의 위기에 처해 있다는 점이다.[1)]

조사대상지인 마포구 용강동 역시 재개발로 인해 변화의 기로에 처해 있다. 조선시대까지 용강동은 마포에 인접한 포구로 미곡의 집산지였으며, 1900년 직전 후 까지만 해도 많은 객주와 여각이 입지해 미곡을 중심으로 활발한 경제활동이 있었던 경강(京江) 상인들의 본거지였다.

1) 권혁희, 「재개발 지역에 대한 조사방향과 방법 : 도시공간의 역사적 변화와 도시민의 생활사 재구성을 위하여」, 『안산자락, 고갯마을 '북아현'』, 서울역사박물관, 2009, 12~14쪽.

그러나 이후 철도의 건설로 인해 수운의 역할이 축소되면서 많은 변화를 거듭해 왔다. 마포나루는 식민지시기를 거쳐 산업화시기에 이르러서는 거의 흔적조차 없이 사라져 버렸으며, 그 대신 새로운 도시계획에 의해 도로, 다리, 콘크리트 제방이 과거 포구의 경관을 뒤덮어 버렸다.

특히, 1960년대 후반 시작된 한강개발은 용강동과 마포 일대의 경관에 새로운 국면을 가져왔다. 여의도 개발과 마포대교의 건설, 마포 일대의 업무지구 개발은 이 지역을 고층 건물이 즐비한 도심으로 바꿔놓았다.

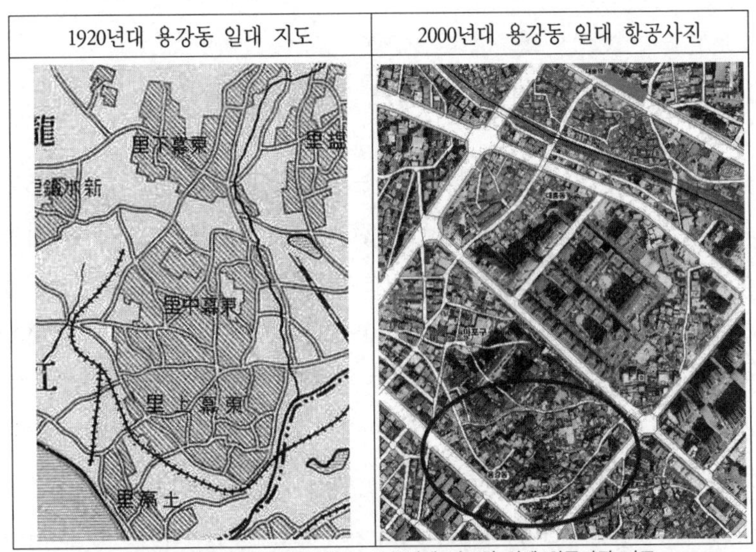

1920년대 용강동 일대 지도
2000년대 용강동 일대 항공사진

<사진 1> 과거 도시조직의 잔존 : 1920년대 지도와 현재 항공사진 비교
1920년대 지도와 비교하면 당시 길의 형태가 일부 남아 있어, 과거 옛 도시조직이 이 지역에 잔존해 있음을 확인할 수 있다. ○표는 현재 재개발지역인 용강동 일대의 위치임.

용강동 일대는 이들 업무지구를 배후로 하는 외식산업이 발전하여, 돼지고기와 쇠고기를 중심으로 하는 음식점이 점점 늘어나게 되었다. 특히 1988년 서울 올림픽 이후 외식산업의 성장에 힘입어, 용강동에는 현재 130여 개 이상의 음식점[2)]이 자리 잡고 있다.

또한 1990년대 이후 진행된 도심지역의 재개발 역시 이 지역의 경관을 크게 바꿔놓았다. 마포로 일대의 대로변에 등장한 초고층 오피스텔 뿐 아니라 한옥과 단독, 다가구 주택이 즐비한 이 일대의 주거지가 대단지 아파트 단지로 변모되었다. 1990년대 이후 재개발로 들어선 아파트는 마포의 도화동 일대와 공덕동, 대흥동 일대 전체 주거지의 대부분을 차지하고 있으며, 현재 용강동 주변 역시 이미 아파트군으로 둘러싸여 있다. 다행스럽게도 재개발 예정지인 용강동 일대는 과거 흔적이 어느 정도 잔존되어 있다. 인근 지역이 모두 아파트로 재개발되었던 반면 이 지역은 오래된 한옥과 옛길이 남아 있어 조선 말기부터 식민지 시기 전후까지의 사회를 재구성해 볼 수 있는 단서가 되고 있다.

따라서 이 글은 20세기 용강동을 중심으로 한 이 일대 지역의 역사적 시간과 공간을 재구성함으로써 소멸의 순간에 처한 이 지역에 대한 기억을 재생시키고자 한다. 용강동을 중심으로 한강변 서울의 도시화 과정을 살펴보고, 현재 이 지역을 구성하고 있는 공간의 형성과 도시의 기능이 어떻게 만들어졌는지에 대한 과정을 제시할 것이다. 이를 통해 급격하게 진행되고 있는 현재 재개발 지역이 20세기 도시역사의 현장으로서 어떠한 의미가 있는지 검토하고, 동시에 도시사적 맥락을 파악하기 위해서는 어떠한 방법론이 유용한지 살펴볼 것이다.

2) 용강동일대 음식점정보는 마포번영회가 운영하는 '마포음식문화의거리' 홈페이지 참고(http://www.mapocity.co.kr).

2. 20세기 이전 용강동의 시간과 공간의 재구성

1) 조선후기 옹막(甕幕)의 역사지리

조선시대 한강 주변에는 기와, 옹기, 철제품 등 수공업을 주요 생업으로 하는 마을이 분포되어 있었다. 예를 들어, 현재 신수동은 과거 수철리로 철제 솥 등을 생산한 지역이었으며, 노량진은 옹기를 생산한 지역이었다. 1603년(선조 36) 기록에 노량(露梁) 아래 와막(甕幕)[3]이 있었다는 기록이나 현재 동작구청이 자리잡은 이곳이 과거 '독막' 혹은 '동이점'으로 불렸음이 이를 확인해 준다.[4] 마포구 용강동 역시 조선시대 옹막(甕幕) 혹은 옹리(甕里)로 불린 옹기 생산지로 알려져 있다. 한강을 사이에 두고 마주보고 있는 두 마을의 지명이 유사하게 나타나고 있는 것은 바로 두 마을의 주요 생산품인 옹기를 매개로 만들어진 것이라고 할 수 있다.

용강동의 조선시대 지명인 옹막은, 옹기막이란 뜻으로 옹기를 굽는 곳을 뜻하는 단어이며, 옹리 역시 옹기를 굽는 마을이라는 의미를 지닌다고 할 수 있다. 성현(成俔)의 『용재총화(慵齋叢話)』에서도 "今麻浦露梁等處. 皆以陶埴爲業. 此皆瓦器缸瓮之類"라고 서술하고 있어, 노량진과 마포 바로 인근인 이곳 용강동이 서울의 대표적인 옹기 생산지였음을 알 수 있다. 조선시대 문서나 지도상에서도 옹리(甕里)와 옹막은 혼용되어 쓰이고 있다.

그러나 1833년 순조대 실록과 1891년 고종대 『승정원일기』에는 동막(東幕)으로 표기되기도 한다. 곧 19세기에 이르러서는 옹막과 옹리, 동막이 모두 쓰이게 된 것이다. 이러한 여러 가지 명칭들은 대한제국 시기에 이르러서는 동막으로 고정된다. 대한제국 시기에 비로소 용강동은 서서

3) 『조선왕조실록』, 1603(선조 36년). 2. 12.

4) 서울대 비교문화연구소, 『노량진의 과거와 현재』, 동작구청, 2009, 77쪽.

용산방 동막(西署 龍山坊 東幕)으로 행정구역이 변하게 되면서 일제시기 상당기간 동안 동막으로 표기된다. 여기서 동막(東幕)은 독을 굽는 '독마을'로 불린 것에 연원을 두고 있다고 추측할 수 있다.[5)] 곧, 독[甕]이 한자화되어 동(東)으로 변모하게 된 것으로 추측하고 있으며, 현재 가로명도 '독막'으로 사용하고 있다.

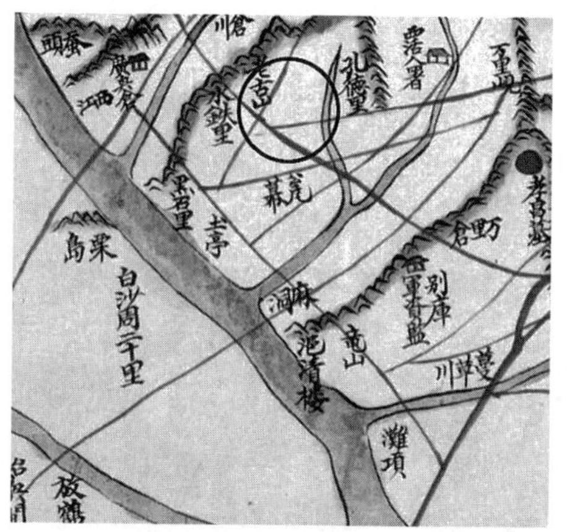

<사진 2> 19세기 말 여지도에 표기된 '옹막'(瓮幕)

이러한 동막의 표기는 『황성신문』이나 『대한매일신보』와 같은 인쇄매체를 통해서도 확인된다. 또한, 1908년경 탁지부에서 한성부 일대의 지적도를 작성했을 당시 일본거류지 일대는 거의 일본지명으로 바꾸었음을 상기하면, 동막(東幕)이란 지명은 19세기 초 만들어져 20세기 초 정착했다고 할 수 있을 것이다. 동막이라는 지명은 이후 1914년 경기도 고양군 용강면 동막리로 편입되면서 고착화되었다가 1936년 다시 경성부로 편입되기까지 지속된다. 이러한 명칭은 현재 1904년 세워진 동막교회, 동막길과 같은 도로명에 남아 있다. 이후 동막리는 1936년 경성부에 편입되면서 고양군 용강면의 '용강'을 따서 경성부 용산구의 용강정(龍江町)으로 바뀌고 이후 1946년에 마포구 용강동이 되어 현재에 이르게 되었다.

용강동은 조선시대에는 동막 상계, 하계로 나뉘거나 중간지대를 중계

---

5) 서울특별시사편찬위원회, 『동명연혁고Ⅳ』, 서울특별시, 1979, 53쪽.

로 세분해 크게 3마을로 구분한 것으로 문헌에 나타난다. 후에 고양군으로 편입되면서는 동막 상리, 중리, 하리로 나뉜 것과 거의 일치하고 있어 마을은 크게 세 마을로 나뉘었으나, 1920년대 지도에는 동막 상리와 중리가 상리로 합쳐져 있어 두 개로 나누기도 했음을 볼 수 있다. 이러한 구분은 이 지역의 지형과 도로, 교통의 변화를 살펴보면 쉽게 이해할 수 있다.

먼저, 상리는 한강변에 가까운 토정리 바로 위에 위치해 있으며, 중리는 상리에서 지대가 높아지다가 다시 낮아지는 지점의 도로를 경계로 나눠진다. 그리고 다시 차츰 경사지를 지나 언덕을 이루는데 이 언덕 아래 길까지가 중리이고 길 너머가 하리가 된다. 특히 1904년 용산선이 만들어지면서 중리와 하리의 경계가 명확하게 만들어진다. 현재 재개발 예정 지역인 상리와 하리를 구분짓는 중요한 도로는 현재까지 남아있다.

<사진 3> 1920년대 지형도에는 동막이 상리, 중리, 하리의 세 마을로 구분되어 있다.

동막은 노고산 구릉산지의 한 갈래를 중심으로 한강쪽이 상리, 구릉의 고지대가 중리, 다시 낮은 평지가 하리가 된다. 용산선 개통 이후 동막은 상리, 하리로 분리되었으며, 1936년 경성부

<사진 4> 일제시기까지 용강동은 옹기생산이 지속되었을 것으로 보인다. 이 사진은 동막리(용강동이나 대흥동)에서의 옹기 생산 가마의 모습으로 추정되는 사진이다. 출처 : 서울시사편찬위원회, 『사진으로 보는 서울 2』, 2002, 121쪽.

편입시 완전 분리되어 상리 쪽은 용강정(龍江町)이 되었고, 동막 하리 쪽은 대흥정(大興町)이 되었다. 현재 용강동과 대흥동으로 분리된 것은 바로 이때부터이다.

이와 같이 동막 마을은 크게 세 개의 마을로 구분되어 있었음을 알 수 있다. 이 중 상리는 마포와 가장 인접한 지역으로 경강상인의 주요한 활동무대였다고 추측된다. 동막은 마포나루를 통해 집산했던 미곡을 거래하는 여각과 객주의 건물들이 즐비했던 곳이었음을 생각한다면 상리가 바로 이러한 상업 활동의 본거지였을 것이다. 현재 재개발 지역은 동막 상리(上里) 지역으로 규모있는 한옥건물들이 다수 남아 있어 당시 어떠한 용도로 사용되었는지 파악해 볼 필요가 있다.

그리고 중리는 언덕 아래 하리 쪽으로는 경사지를 활용해 옹기 가마가 형성되어 있었을 것으로 추측된다. 일제시기 지도에는 동막리 주변에

논과 밭이 어느 정도 넓게 자리 잡고 있어, 이 지역 주민들은 주로 농업이나 옹기의 생산과 판매, 포구에서의 노동 등을 생업으로 삼았을 것이다. 하리 역시 중리의 구릉지와 더불어 옹기 생산의 중심지였을 것으로 파악된다. 지금도 동막역 부근[6]에는 옹기요 터를 볼 수 있다는 기술이 있는 것으로 보아[7] 하리가 동막 일대 옹기 생산의 중심지였음을 알 수 있다.

한편, 조선시대 옹막과 관련된 역사기록이 일부 남아 있다. 주로 화재사고에 대한 조선 정부의 진휼책이나 홍수 피해 상황을 기록한 내용이 주를 이루고 있다. 시기는 대체로 정조대에서 고종대인 18세기 말에서 19세기 말에 집중되어 있으며, 실록과 『일성록』, 『승정원일기』에 남아있다. 당시 기록을 살펴보면 다음 <표 1>과 같다.

<표 1> 조선시대 옹막관련 기록

연번	연 대	내 용	출처
1	1661.04.07 (현종 개수실록 2년)	내사(內司)의 전토를 궁가에 떼어준 뒤 면세를 하고 있는데, 옹막(瓮幕) 앞강의 흙 운반하는 배가 정박되는 곳도 역시 궁가의 수세지(收稅地)로 면세가 되고 있어 금단하도록 함.	조선왕조실록
2	1786.04.01 (정조 10년)	옹막리(甕幕里)에 화재가 발생하여 가옥 3백여 호가 연소된 것에 대하여 왕이 휼전의 전례를 따라 즉시 곱절의 수량으로 거행하고, 방(坊)의 부역은 3년에 한해 면제해 주고, 군교(軍校)는 외영(外營)에서 별도로 휼전을 베풀어 주도록 하교함.	일성록
3	1786.04.03 (정조 10년)	진휼청에서 옹막리의 중계(中契)와 하계(下契)의 원호(元戶)가 360호, 협호(挾戶)가 22호인데, 중호(中戶)에는 쌀 각 7두(斗)와 돈 1냥(兩) 4전(錢), 소호(小戶)에는 쌀 각 5두와 돈 1냥, 잔호(殘戶)와 독호(獨戶)에는 쌀 각 3두와 돈 6전씩, 합해서 쌀 98석 10두와 돈 296냥을 나누어 주도록 함.	일성록

6) 동막역은 용산선으로 서강역과 용산역 사이의 간이역으로 대흥동 굴다리 시장근처에 있었다.

7) 이경재, 『한양 이야기』, 가람기획, 2003, 129쪽.

4	1786.04.04 (정조 10년)	떠내려 온 목재를 화재를 당한 주민들을 위해 옹막 근처로 운반해 쌓아 두게 하여 백성들이 편의대로 매매하도록 함으로써 살 집들을 마련할 수 있게 하려고 함	일성록
5	1786.04.08 (정조 10년)	-옹막리의 화재를 당한 백성 가운데 봉상시(奉常寺)의 대전(垈田 텃밭)에 거주하는 자가 100여 호인데, 3년간의 방역(防役)은 비록 면제를 허락받았지만, 대전의 세납(稅納)도 마련하기 어려우므로 해시(該寺)에 분부하여 1년에 한해 탕감하도록 건의함 -옹막의 화재 사고 때 자원해서 도와준 사람으로서 옹막에 사는 전 만호(萬戶) 염천배(廉天培)는 백미 120석, 전 낭청(郎廳) 조명직(趙命稷)은 전(錢) 400냥과 공석(空石 빈 섬) 4000닢, 중부(中部)에 사는 역관(譯官) 김응철(金應哲)은 전 500냥, 동부(東部)에 사는 역관 홍득일(洪得一)은 전 500냥, 남부에 사는 역관 현식(玄烒)은 전 500냥을 냈음	일성록
6	1804.03.04 (순조 4년)	한성부(漢城府)에서 '마포(麻浦) 옹리(甕里) 등의 곳의 민가(民家) 3백 26호가 불탔다.'고 아뢰니, 특별히 따로 휼전(恤典)을 거행해 주라 명하고, 선전관(宣傳官)을 보내 적간(摘奸)하게 함	조선왕조실록
7	1833.04.10 (순조 33년)	동막(東幕) 여객 주인(旅客主人)인 김재순(金在純)이 쌀을 매점하도록 함. 김재순·정종근은 바로 이 난동을 일으키게 한 장본이어서 법조(法曹)에서 신문하게 함.	조선왕조실록
8	1877.06.12 (고종 14년)	-옹리하계(瓮里下契)의 유학 신권(申權)의 초가집 8칸 가운데 4칸 반이 내려앉는 등 18호에 비피해가 있었음. -옹리상중계(瓮里上中契)의 최정윤(崔定允)의 초가집 4칸이 모두 내려앉는 등 15호에 비피해가 있었음	승정원일기
9	1885.06.29 (고종 22년)	옹리 하계(甕里下契) 양인 김영배(金永倍)의 초가 5칸이 전부 무너지는 등 23호에 비피해가 있었음	승정원일기
10	1891.07.21 (고종 28년)	옹리하계(瓮里下契) 양인 오순철(吳順哲)의 초가 4칸 등 3호와 옹리상계(瓮里上契) 양인 이치실(李致實)의 초가 5칸이 완전히 무너짐,	승정원일기
11	1893.07.10 (고종 30년)	옹리하계(瓮里下契) 양인 김계성(金啓成) 등 11호 가옥에 비피해가 발생함	승정원일기

위 기록을 살펴보면 조선시대 용강동의 지명이 옹막, 동막, 옹리 3가지로 나타나고 있음을 알 수 있다. 또한, 고종대 비피해 적간기록에 옹리 상계, 중계, 하계로 구분되어 있어 지역이 전체 3개의 마을로 구분되어

있음을 확인할 수 있다. 18세기 말 마을 주민들의 주거 상황을 보여주는 기록으로는 1786년 화재기록에 약 300여 호의 화재에 '봉상시(奉常寺)의 대전(垈田 : 텃밭)에 거주하는 자가 100여 호'라고 적고 있어 약 1/3이 국유지에 거주하고 세금을 내고 있었음을 확인할 수 있다. 또한 1833년(순조 33) 도성을 떠들썩하게 했던 경강상인들의 미곡 매점사건의 주인공 '여객주인(旅客主人) 김재순(金在純)'이 바로 동막(東幕) 사람으로 기록되어 있어, 이 일대에 미곡을 중심으로 하는 상인들이 거주했음을 알 수 있다.

또한 마을의 규모도 파악할 수 있는데, 1786년(정조 10) 화재 시 '옹막리(甕幕里)에 화재가 발생하여 가옥 3백여 호가 연소'되었다고 기록되어 있으며, 동년 기록에 '옹막리의 중계(中契)와 하계(下契)의 원호(元戶)가 360호, 협호(挾戶)가 22호'로 기록되어 있어 옹막의 상계를 제외한 중계와 하계의 호수가 총 382호에 달하는 매우 큰 마을이었음을 확인할 수 있다. 이후, 1804년(순조 4) 기록에도 '마포(麻浦) 옹리(甕里) 등 곳의 민가 326호가 불탔다.'고 기록되어 있어 이 지역이 한강 연안의 인구밀집이 높은 지역임을 알 수 있다.

3. 20세기 전반 용강동의 초기 도시화 과정

1) 개항기 동막의 상황(1910년 이전)

앞서 살펴본 대로 조선후기 용강동 일대는 경강상인들의 본거지였으며, 포구경제에 기생하는 거주민이 밀집된 대규모 마을군이 형성되어 있었음을 기록을 통해 확인할 수 있다. 이러한 마을형성은 20세기 초 일제에 의한 행정구역체제의 변화에도 불구하고 지속된 것으로 파악된

<사진 5> 1900년 전후 시기 마포 일대 전경

다. 용산이 일본인 거주지로 인해 도시화로 변모한 것과 반대로 마포는 여전히 조선인 중심의 거주지가 지속된 것과 비교할 수 있다. 그러나 전통사회의 미곡중심 세제가 개편되고, 미곡의 수출, 철도교통의 발전 등은 포구경제의 해체를 가속화시킴으로써 한강의 수운경제 전체에 변화가 불가피하게 되었다.

개항기 용강동은 그러한 사회 변화의 중심지였다고 할 수 있다. 전통적인 시장의 체계가 급격하게 변동하는 새로운 세계무역의 체계와 자본주의화의 물결은 조선의 전통적인 상업과 경제근간에 큰 변화를 가져왔다. 그러나 전통적인 상업관행이나 물류와 유통체계 등이 한꺼번에 변한 것은 아니었다. 당시 용강동의 기존 여각과 객주는 새로운 시대에 적응하기 위해 전통적인 조직의 연합을 도모하거나 새로운 활로를 개척하는 등 역동적인 시대적 변화가 감지되었던 곳이었다.

다음은 1890년대 후반에서 1910년 이전 짧은 기간 안에 나타나는 동막과 관련되는 신문기사를 발췌한 것이다.

<표 2> 1890~1910년 동막관련 기사

연번	연 대	내 용	출 처	비 고
1	1896.06.27	한성재판소에서 동막사람의 재산관련 사건을 해결함	독립신문	사건사고
2	1897.02.18	동막사는 사람이 주변 강변 사람을 도와 줌	독립신문	온정기사
3	1897.04.13	동막에서 화재 사고 발생	독립신문	사건사고(화재)
4	1899.01.09	공덕리 사람과 동막사람 사이간의 분쟁	독립신문	사건사고
5	1899.01.17	편싸움을 하다가 동막사람이 죽음	독립신문	사건사고
6	1899.01.20	편싸움으로 인해 동막사람이 죽자 경무청에서 금지 훈령을 내림	제국신문	사건사고
7	1899.03.18	동막 여각 주인의 정직한 행위를 칭송함	제국신문	온정기사
8	1899.07.18	동막사는 사람의 사기 사건	독립신문	사건사고
9	1899.11.01	동막 사는 사람이 소학교를 설치하여 열심히 학원사업을 함	제국신문	학교관련
10	1899.11.18	동막상인과 아현상인 간의 싸움	독립신문	사건사고
11	1900.04.26	동막에서 불이 나 탁성준의 고간 24칸, 정조 294석, 백미 70석, 소금 430석 소실	제국신문	사건사고(화재)
12	1900.11.12	동막의 리언영이 학도를 모집함	제국신문	학교관련
13	1905.04.02	도적이 동막에서 수천냥의 돈을 훔쳐감	황성신문	사건사고
14	1906.11.27	창희조합 설립 및 영업 광고	황성신문	광고
15	1907.07.06	동막의 홍영학교에서 진급시험을 치르고, 학도의 부형들이 교육사업에 대해 칭송	대한매일신보	학교관련
16	1907.09.24	서서동막합자상회 설립 및 영업 광고	황성신문	광고
17	1908.10.07	동막의 박천우가 영업개시를 광고	대한매일신보	광고
18	1908.11.01	동막 이용호집에서 상업조합소를 조직.	대한매일신보	상업
19	1909.01.10	동막의 잡류배가 이 지역에서 유의의식 사람을 모아 도박판을 벌임	대한매일신보	사건사고
20	1908.04.30	동막의 이용호 류병휘가 홍영학교 학도에게 다과회를 베풀고 연필등을 나눠줌	대한매일신보	학교관련

당시 얼마 안 되는 신문에서 한강 연안의 한 마을에 대해 이 정도의

기사가 등장하는 것은 그만큼 동막이 개항기 한국 사회 변화의 축소판이라고 할 만한 공간이기 때문이다.

먼저 가장 많은 기사는 사건사고이다. 그 중 화재 사건이 나온다. 화재사고에 대한 기사는 조선후기 때도 거론이 되는 부분이다.『승정원일기』를 보면, 1786년(정조 10)에 '옹막(甕幕)의 화재를 당한 백성들에게 쌀과 돈, 재목(材木)을 나누어 준 전말(顚末)에 대해 계문(啓聞)'이 있으며, 1804년(순조 4)에는 '마포·옹리 등의 민가가 불타 휼전을 한' 기사가 등장하고 있다. 화재의 원인은 자세히 나오지 않지만, 옹기를 굽는 가마와 산의 구릉지대에 가옥이 밀집해 있었다는 자연환경과 동막 상리 한강 방면으로는 미곡 창고가 즐비하게 있었다는 점은 화재에 취약한 상태임을 말해준다. 그 외 인명사건과 사기, 도박, 도난 등의 사건사고 등 도시에서 일어나는 사회문제 등의 기사가 나타나고 있다. 또한, 동막이 인구가 밀집되어 있고 큰 자본이 움직이는 규모 있는 마을로서 많은 사회적 문제가 야기될 수 있는 공간임을 추측해 볼 수 있다.

두 번째는 학교 등 교육사업을 들고 있다. 애국계몽운동 시기 각 지역에서 사립학교의 설립이 빈번했던 당시 사회상황을 반영하고 있다. 동막은 한강 연안에서 규모가 큰 마을 중 하나로서 상업의 중심지였던 만큼 어느 정도 자본형성이 되어있어 학교 설립 논의가 빈번했던 것으로 보인다. 1908년 4월 30일자『대한매일신보』에 나오는 이용호는 동막의 객주로서 자본력을 통해 이 지역 학교를 후원했을 것으로 보인다.

세 번째, 이 시기 동막의 사회·경제적 변화상 중 가장 중요한 일면은 광고를 통해 알 수 있다. 당시 동막에서만 객주가 30여 호가 있었으며,[8] 이들은 서울로 공급되는 쌀의 상당량을 독점했던 막강한 상권을 가지고

8) 서울특별시사편찬위원회,『서울상공업사』, 서울특별시, 2003, 411쪽.

있었던 조직이었다. 당시 광고를 살펴보면 개항기 객주가 근대적인 회사 혹은 상회 조직으로 변모하는 과정을 보여준다. 서서동막합자회사(西署東幕合資會社)의 광고문을 살펴보면 조합원을 모집해 출자하는 형식의 근대적인 형태의 회사설립을 지향하고 있으며, 총무나 지배인 등의 회사 체계의 용어를 도입하고 있음을 알 수 있다.[9]

이러한 객주들은 마포 일대에서 미곡을 여러 창고에 저장하고, 창고대여를 통해 이익을 취하거나 미곡의 운반과 하역, 그리고 미곡을 담보로 하는 금융, 중간거래 등을 통해 막대한 자본을 축적하고 있었다. 이러한 마포 동막 일대를 중심으로 하는 경강상인의 활동은 1904년 이후 가속화된 일본자본의 침투와 경부선이라는 새로운 운송혁명이 나타날 때까지 서울지역의 중요한 유통중심지 역할을 수행했다.

2) 식민지 시기의 용강동(1910년~1940년)
: 동막리(東幕里)에서 용강정(龍江町)으로

식민지 시기 용강동은 1936년을 기점으로 고양군 용강면 '동막'에서 경성부 '용강정'으로 바뀐다. 또한 경의선에 부속된 용산선과 당인리 발전소로 연결되는 당인선이 개통되면서 2개로 분할하게 된다. 바로 용산선 이북이 대흥정이 되고 이남이 용강정이 되었다. 1930년대 이후부터는 마포로의 도로확장과 전차의 복선화가 이루어지면서 점차 도시로서의 면모를 보이게 된다. 그러나 여전히 한강 주변의 충적토에는 야채재배를 중심으로 하는 농업지대와 조선시대만큼은 아니지만 나룻배와 뗏목이 들어서는 등 포구의 풍경이 식민지 시기까지 지속되었다. 용산이 일본인에 의해 도시로 성장한 반면, 마포 중심가를 조금 벗어난 용강동

9) 「서서동막합자상회의 광고문」, 『황성신문』, 1907. 9. 24.

주변은 전원적인 경관을 유지하고 있었으며, 이러한 경관은 6・25 전후까지 지속되었다.

일제시기 신문기사를 살펴보면, 개항기와 마찬가지로 사건, 사고 관련 기사가 다수 등장한다. 1936년까지 경성에 포함되지 않은 고양군 용강면의 일개 리(里)에 불과하지만, 주변에 마포와 용산을 배경으로 하고 있어 작은 도시로 마을을 유지하고 있었다. 당시 보도된 신문기사의 주요 기사를 살펴보면 다음과 같다.

<표 3> 1910~1940년 용강동 관련 기사

연번	연대	내 용	출처	비고
1	1912.01.07	동막에 대석전(大石戰), 위험하여 해산을 시킴	매일신보	사건사고
2	1917.02.25	동막에서 연일 석전	매일신보	사건사고
3	1921.08.03	동막에 '龍江朝市' 생김	매일신보	시장개설
4	1921.08.03	동막상리 3만여 평의 땅에 채소시장 설립	동아일보	시장개설
5	1922.03.29	동막의 홍영학교 수축을 보조하고자 아동가극대회 개최	동아일보	학교관련
6	1922.07.18	동막에 홍수로 인해 380호 침수	동아일보	자연재해
7	1922.07.25	동막에서 아내 살해 사건 발생	동아일보	사건사고
8	1922.08.13	동막상리에서 괴질이 유행	동아일보	전염병
9	1922.08.19	동막하리에서 불이 나 5호 전소됨	동아일보	자연재해
10	1922.08.24	물난리가 난 동막	동아일보	자연재해
11	1923.02.26	동막에서 금연 동맹을 함	동아일보	사회활동
12	1923.03.05	동막편전	매일신보	사건사고
13	1923.03.31	동막의 부자 고윤묵씨에게 군자금수증에 관한 의혈단의 협박	동아일보	사건사고
14	1923.09.06	동막에 교풍발전회 창립	동아일보	사회활동
15	1923.12.11	마포시장 부활로 주민 50명이 부청에 진정	동아일보	시장개설
16	1924.09.25	동막시장 폐지되고 마포시장 부활	시대일보	시장개설
17	1925.04.30	동막교회전도회 개최	동아일보	교회관련
18	1925.05.21	용산금융조합 동막에 출장소 개소	동아일보	금융기관
19	1925.07.22	홍수로 동막에 있는 천년 된 은행나무가 떠내려감	동아일보	자연재해

20	1925.07.24	동막예배당 붕락. 난민 4명 사상	매일신보	자연재해
21	1925.11.21	홍수로 붕괴되었던 동막교당 낙성	동아일보	교회관련
22	1925.12.31	동막주민 연탄가스 중독으로 사망	동아일보	사건사고
23	1926.02.27	동막교회대전도회	동아일보	교회관련
24	1926.05.23	동막상리 330번지 송온호 씨의 효행	동아일보	온정기사
25	1926.08.03	마포 동막 500여 호 침수	동아일보	자연재해
26	1926.09.06	동막에 유치원 개원	동아일보	학교관련
27	1926.12.16	매독 고치려고 수은 든 약 피우다가 일가족이 전멸	동아일보	사건사고
28	1927.02.01	동막리에 화새	동아일보	자연재해
29	1927.03.05	동막하리 창고 소실	동아일보	자연재해
30	1927.07.16	마포와 동막 상점 침수, 피난민 속출	동아일보	자연재해
31	1927.10.23	동막교회 전도 강연 개최	동아일보	교회관련
32	1928.07.15	동막 외 한강연안 주민 음료수난	동아일보	자연재해
33	1928.07.24	음료수난으로 동막 서강일대 주민 대회 개최	동아일보	사회활동
34	1929.08.25	용산선 9월 20일 개통	동아일보	교통관련
35	1930.11.22	동막에서 한글강습회개최(연강기청련합주최)	동아일보	교육관련
36	1930.11.26	동막을 중심으로 한강방수제 기공	동아일보	사회활동
37	1932.09.02	마포 동막 등 수해, 백오십호 침수	동아일보	자연재해
38	1932.11.29	동막하리에서 기차와 우차 정면으로 충돌	동아일보	사건사고
39	1933.01.07	동막서 기관차탈선	동아일보	사건사고
40	1934.03.10	동막에서 정미소를 중심한 놀음군 검거, 판돈도 천여원	동아일보	사건사고
41	1934.08.11	동막하리교풍회에서 의류 200점 기탁	동아일보	온정기사
42	1935.02.06	동막상리 250번지 김병호씨 빈자구휼	동아일보	온정기사
43	1935.02.12	동막상리 김영규씨 회갑연비로 근창학원에 기부	동아일보	학교관련
44	1935.03.06	동막상리 756번지 김병석씨 소유 211번지 창고에서 애들 불장난으로 불이 나 벼 60석 소실	동아일보	자연재해
45	1935.07.23	마포,뚝섬부근 일대 침수가옥 2천여 호, 구용산, 동막상리에 침수 피해 심각	동아일보	자연재해
46	1936.02.15	용강면 동막상리, 하리 경성부로 편입	동아일보	행정관련
47	1936.06.21	동막하리에서 6.20.21일 양일간 추천 놀이 개최	조선중앙일보	사회활동
48	1938.03.06	용강정 청년단 발단식	동아일보	사회단체
49	1939.01.10	용강정에 사회복지 시설 인보관 신설	동아일보	사회시설
50	1939.01.15	용강정 139번지 오용근의 정미소 화재	동아일보	자연재해

위와 같이 신문기사의 특성상 사건사고 기사가 대다수를 차지하고

있다. 폭력, 사고, 사기, 도박 등의 기사가 많이 차지하고 있어 도시화의 영향으로 다양한 사회문제가 야기되고 있음을 알 수 있다. 그 다음은 자연재해 기사가 다수를 차지한다. 대부분 화재사건과 수해 사건 관련 기사이다. 화재의 경우 창고에 불이 나 미곡이 불탄 기사가 일부 등장하고 있다. 이 지역이 미곡창고와 정미소가 분포되어 있는 특징을 보여준다. 특히 여름에는 수해 사건의 심각상이 두드러지게 나타난다. 1925년 을축년 대홍수 사건을 비롯해 매년 한강의 범람은 동막과 용산 일대의 저지대를 물바다로 만들었음을 기사를 통해 확인된다. 당시 신문에 의하면 동막이 피해의 정도가 가장 심한 지역 중 하나였음을 알 수 있다. 또한, 여전히 마을의 중심인 학교와 교회를 중심으로 하는 기사가 등장하고 있으며, 교풍회와 같은 관변단체 관련 소식이 나타나고 있다.

경제 분야에서 중요한 변화로는 시장의 폐시와 개설을 들 수 있다. 1921년 8월 3일자 매일신보와 동아일보에 동막에 채소시장이 들어섰다는 기사는 이 지역이 채소를 중심으로 상품작물 재배가 활발했음을 말해준다. 그러나 1924년 9월에 동막시장을 폐하고 마포시장을 개설한다는 기사가 나타나고 있어 시장의 중심이 옮겨가고 있음을 알 수 있다. 1924년 9월 20일자 조선총독부 관보에 정식으로 동막시장이 폐지되고, 마포에 공설시장이 들어선 것이다. 경기도에 속했던 동막에 비해 경성부에 속해 있으면서 일본인 신시가지가 발달되어 있는 용산과 인접한 마포가 근대적인 공설시장의 위치로 선정되었던 것이다.

무엇보다도 경제적 분야에서 가장 중요한 변화는 위의 기사에서는 잘 포착되지 않고 있지만, 전통적인 미곡유통의 중심지 역할을 상실했다는 점일 것이다. 철도의 등장으로 한강을 이용한 수운보다는 철도를 통해 서울역으로 들어오는 화물양이 절대적으로 많았으며, 러일전쟁 이후 증가된 일본인 상인, 자본가들의 조선 시장 장악으로 이들의 역할은 축소되기 시작했다. 이들은 기존 거래 품목인 미곡을 통한 영업을 지속시켰는데, 대표적인 사업이 정미소였다. 당시 간행된 『대륙지경성(大陸之京城)』에 의하면 당시 용강동의 변화상을 알 수 있다.

> 1917년경, 정미소가 12개소가 있어 연간 140만톤 이상의 생산고를 올렸으며, 한성(漢城)·한일은행(韓一銀行)이 출장소를 특설하여 이 지역의 금융을 취급했다. 이곳으로 들어오는 화물은 대개 서울의 서남북에 산재해 있는 지역에서 생산되는 것이었다. 주로 연백·파주·연천·개성과 옹진·수원·부천·김포·강화 등지에서 이입되어, 곡물은 이곳 정미소에서 도정되거나 서울 시내의 각 정미소와 시장으로 반출되었다.[10)]

위와 같이, 식민지 시기 용강동은 여전히 미곡을 중심 품목으로 하고 있지만 거래보다는 정미업을 중심으로 업종이 변화되고 있음을 알 수 있다. 또한 1914년 이후 고양군 용강면으로 행정구역이 바뀌지만 여전히 자본이 모이는 곳으로, 경성의 도심지 못지않게 한성은행과 한일은행의 출장소가 개설된 지역이었다. 그러나 과거 삼남 각지에서 수운을 통해 들어왔던 미곡은 주변 경기 서북부 지역에 한정되고 있음을 알 수 있다.

미곡거래 시장으로서의 전통적 기능에서 미곡을 가공하는 정미업으로 업종이 변화했던 것은, 이 지역 객주들의 새로운 시도였다고 볼 수 있다. 예를 들어, 서서동막합자상회에 주요 인원으로 참여했던 김낙희와 그의 형인 김수희가 동막에서 정미소를 운영했던 사실은 이를 말해 주고 있다.[11)] 곧 이들은 전통적인 쌀 집산지라는 지역적 특징과 연계시켜

10) 阿部辰之助, 『大陸之京城』, 京城調査會, 1918, 262~265쪽.
11) 이에 대한 자세한 연구는 홍성찬의 연구를 참고(홍성찬, 「한말 서울 東幕의 미곡객주 연구」, 『경제사학』 42, 경제사학회, 2007).

<사진 6> 1935년 도로개수 공사 이후 마포 일대 전경

정미업이라는 근대 제조업으로의 변화를 꾀했다고 할 수 있다.

또한, 용강동의 중요한 변화는 용산선의 개통이다. 현재 대흥동에는 동막역이 설치되어 이 일대 화물 운송의 발전이 보다 진전되었으며, 교통의 변화로 인한 사고기사가 등장하기도 한다. 동막역(東幕驛)은 1929년에 영업을 개시하였으며[12] 해방 후에는 한때 화물취급도 이뤄졌으나 1972년 폐역된[13] 이후 현재는 용산선 지하화공사 및 재개발로 흔적이 거의 남아있지 않다. 특히 동막역은 인근 당인리 화력발전소에 쓰는 물자를 운반하기 위한 중간 기착점으로 건설된 것으로 보인다. 이후 1936년 고양군 용강면에 소속되었던 동막리가 경성부로 편입되면서부터는 상리는 용강정이 되고, 철도가 있는 중리와 하리 쪽은 대흥정으로

12) 『조선총독부관보』 고시 308호(1929. 9. 20).

13) 『대한민국관보』 철도청고시 제31호(1972. 5. 1).

나뉘게 된다.

4. 20세기 후반 용강동 일대의 변화

1) 한강개발과 용강동의 변화

<사진 7> 해방 직후 마포 새우젓 시장

20세기 전반이 초기 도시화 과정이라면 20세기 후반은 본격적인 도시화 과정이라고 할 수 있다. 그러나 해방 이후부터 1960년대 초반까지 용강동 일대의 경관은 일제시기와 크게 변하지 않았던 것으로 나타나고 있다. 특히 해방 이후까지는 여전히 황해도 일대에서 내려오는 고깃배를 통해 새우젓과 어물전 시장이 성황을 이루었으며, 경기북부, 강원도에서 일부 곡물과 목재가 마포를 통해 들어왔다. 마포 토박이 최영철 옹(1936년 마포생)의 기억 속에 마포는 해방이라는 정치적 상황과는 관련없이 늘 붐비는 선창가였다.

> 그 때 한강에 그 거기 어물전도 있었고, 새우젓 시장도 있었고, 선창가 거기가 다 시장터였어. 둑 밑에는 전부다 그 저 음식점이고, 저 나가서 마포종점 나오는 데가 전부다 술집이었어.

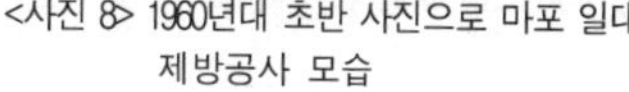
<사진 8> 1960년대 초반 사진으로 마포 일대 제방공사 모습

<사진 9> 1962년 준공된 마포 아파트의 주변 일대의 모습

이러한 포구로서의 마포의 기능이 상실된 것은 6·25전쟁을 거쳐 산업화시기에 이르러서인 것으로 파악된다. 특히 분단으로 인해 바닷길이 막히게 되면서 마포의 시장기능은 거의 사라지게 된다. 특히 1966년 불도저로 불리는 김현옥 시장이 부임하면서 서울시의 대대적인 한강개발이 시작된다. 1968년 밤섬폭파, 강변도로와 시민아파트 건설을 만들어냈으며, 이후 지속된 한강개발사업은 한강을 한강변 주민의 삶과 유리시키는 결과를 초래했다.

한국전쟁 이후까지 지속되었던 한강의 나룻배와 어로, 겨울철 얼음채빙 등 강을 매개로 살아왔던 한강변 마을은 급격한 변화를 경험하게 된다. 이후 서울의 급속한 발달로 한강변이 도시화함에 따라서 1968년에는 여의도 윤중제(輪中堤)가 만들어지고 1970년대 여의도가 본격적으로 개발되었으며, 1980년대 이후부터는 마포 일대가 본격적으로 업무지구로 개발되면서 고층 오피스텔이 들어서게 된다.

다음은 개발이 본격적으로 시작된 1960~1970년대 용강동에 관한 신문기사이다.

<표 4> 1960~1970년대 용강동의 주요 신문기사

연번	연대	내 용	출처
1	1962.07.02	용강동 493번지 목공장 목재절도범 체포	경향신문
2	1962.09.04	대한주택공사는 용강동에 한전이 의뢰한 국민주택 160동을 건설할 계획임	경향신문
3	1964.02.03	용강동 184번지 유지공장에서 기름탱크 폭발로 2명 화상	경향신문
4	1966.01.08	용강동 360번지 판자집에 불이나서 노파가 불에 타 숨짐	경향신문
5	1970.01.20	용강동 92 무허가 과자제조업소 압수폐기	경향신문
6	1971.03.09	용강동 494 시범아파트에서 화재	경향신문
7	1971.08.04	여의도 서울대교 아래 한강에서 용강동 43, 18세 남성이 멱감다 익사	경향신문
8	1972.08.28	용강동 등 침수지역 수재민들이 천막을 치고 노숙하다 또다시 물난리를 겪음	매일경제
9	1973.07.10	용강동 70 마포병원이 마포보건소로 이전됨	경향신문
10	1974.07.30	용강동 229일대 무허가 술집에서 접대부들이 손님을 유객하고 있는 것에 대해 서울시장에게 진정	경향신문
11	1974.12.30	용강동 122-12 접착제 공장에 화재	경향신문
12	1975.06.16	용강동 494부근 골목포장공사 입찰	경향신문
13	1975.10.08	용강동사무소와 새마을 어머니회가 자선다방을 열어 방위선금 모집	경향신문
14	1976.01.20	용강동 일대 동도공업사, 우진금속공업사 삼양기계, 한진화학공업사 등 공해업소로 이전 명령 받음	동아일보
15	1976.05.06	용강동회와 어머니회에서 용강동 훈다방에서 경로잔치	경향신문
16	1976.09.28	용강동 대원기계공업사, 성진기업사 공해업소로 이전명령	경향신문
17	1978.11.02	용강동 등 서울 30개소에 임시 김장시장 개설하여 싼값에 공급	경향신문
18	1978.11.28	서울시에서 용강동 등 마포 주변 일대 고수부지 조성 계획	동아일보
19	1979.05.11	용강동 태양난로 등 공해업소 237개소 연내 이전 명령	경향신문
20	1980.02.01	용강동 진주아파트 중앙산업과 라이프주택과 공동개발	매일경제
21	1980.03.12	용강동 마포배수펌프장 등 대기오염 측정기 6개소 추가 설치	경향신문
22	1980.04.25	강북에서 오랜만에 등장하는10층짜리 아파트인 용강동 진주아파트가 견본주택을 공개하고 분양접수함	매일경제
23	1980.06.27	용강동 동일전기 등 61개소 주택가 소음, 악취, 공해업소 행정처분	경향신문
24	1981.02.04	마포구청에서 용강동 18-19 보도 포장 및 용강동 시민아파트 하수공사예정	경향신문

1960~70년대 용강동 신문기사는 본격적인 도시개발의 흔적이 나타난다. 1960년대는 판잣집 화재나 한전주택 건설 계획 등의 기사가 보이며, 1970년대는 도로포장이나, 아파트 건설 등이 주를 이룬다. 동시에, 산업화의 폐해라고 할 수 있는 환경오염 기사가 많이 나타난다. 용강동에 있었던 각종 소규모 공장들이 공해업소로 규정되어 이전 명령되는 기사가 나타나고 있다. 특히 공업사, 난로회사 등 소규모 공장이 환경오염의 주원인이었음을 알 수 있다. 용강동 뿐만 아니라 마포 일대 역시 서울대교가 개통함으로써 1970년대 이후부터는 본격적인 도시화의 과정을 겪게 된다. 여의도개발이 본격화되면서 마포주변 일대도 도시의 경관을 갖추기 시작했다. 나루가 있던 곳에는 서울대교(현 마포대교)가 등장해 여의도와 연결됨으로써, 두 지역이 업무지구로서 긴밀한 연결망을 형성하게 되었다. 특히 1980년대 이후, 마포로 주변이 재개발되면서 초고층 업무시설이 들어서면서 여의도와 마포를 배후로 하는 음식점 상권이 형성되어 현재의 음식문화거리가 만들어졌다.

2) 여의도·마포의 도시화와 용강동 고깃집 거리의 형성

현재, 용강동을 구성하는 상당수의 상가는 거의 고깃집 중심의 음식점으로 구성되어 있다. 특히, 마포역과 토정길 부근에는 쇠고기와 돼지고기를 주메뉴로 하는 음식점이 집중되어 있으며, 해물과 보쌈, 일식집 등 각종 외식업체 체인점이 입주해 있다. 이러한 음식점 밀집의 배경은 여의도와 마포로 일대가 업무지구로 재편되는 1970년대 이후부터 시작된 것으로 파악되고 있어, 용강동 일대의 음식점 형성과정을 통해 이 일대 도시화 과정의 일면을 이해할 수 있을 것으로 보인다.

먼저, 1970년대 이전의 경우 마포구에서 고깃집이 밀집되었던 곳은

<사진 10> 용강동 고깃집 거리 지도

현재 용강동 일대가 아닌 공덕5거리 부근인 것으로 파악된다. '마포 최대포'의 주인인 최한채의 구술에 의하면,[14] 당시 공덕동 일대 유흥가(공덕동 텍사스)를 중심으로 돼지갈비집이 분포해 있던 것으로 보인다. 그는 1956년에 장사를 시작해서 이후부터는 주변의 고깃집이 소갈비와 양념이 적은 돼지갈비와 차별되는 현재 돼지갈비와 같은 양념이 풍부한 돼지갈비를 개발해 현재까지 돼지갈비의 원조로 알려져 있는 인물이다.

1950년대 중후반 6·25 이후 형성된 유흥가, 시장 일대의 공덕동 로터리에서 일부 고깃집이 돼지갈비를 시작해서 1960년대 이후 자리를 잡기 시작했던 것으로 보인다. 반면, 용강동은 1970년대 곧 여의도 개발과 마포업무지구 개발 이후부터 번성한 것임을 알 수 있다. 특히, 공덕동 일대가 돼지갈비를 주원료로 해서 성공했다면, 용강동 일대는 소등심을 원료로 해서 성공한 것으로 요약할 수 있다.

<표 5> 마포 일대 3대 원조 고깃집의 창업 시기

명 칭	창업자	창업 연도	주메뉴	비고
마포(진짜원조)최대포	최한채	1956	돼지갈비	공덕동 개업 현 공덕동 영업
원조껍데기	서영기	1966	돼지껍데기	용강동 개업 현 용강동 영업
원조주물럭	고정숙 (고수웅)	1971	주물럭(소등심)	마포동 개업 현 용강동 영업

14) 서현정, 『민중구술열전 15－최한채』, 민중생활사연구단, 눈빛, 2005.

<사진 11> 1949년 개업한 마포옥의 외관

또한 용강동에서 초기 고깃집을 시작한 서영기 할머니(원조껍데기 운영)에 의하면, 1966년 경 장사를 시작했을 때 주변에 식당이라고는 설렁탕을 하는 '마포옥'밖에 없었다고 한다. 마포옥은 1949년 개업한 식당으로, 서운봉씨(작고)가 개업한 이래 3대 업주 기억서씨가 운영하고 있어 60년의 전통을 가지고 있었다.[15] 곧 1950년대 중반 이후 공덕동에서 시작된 고깃집이 용강동에서는 없었던 것이다. 주물럭의 원조인 고수웅씨(1943년생)의 이야기도 용강동의 고깃집이 공덕동보다 한참 이후임을 말해준다. 그가 처음 1971년도에 개업하기 이전인 1960년대 초 공덕역은 이미 갈비로 유명했다고 이야기하고 있다.

15) 기억서씨는 병환중이시며, 2009년 8월 조사에서 카운터를 보는 손자를 통해 확인.

60년 초는 그 동네가 마포 갈비 동네야. 남자들 술 먹는? 젓가락 두들기고. 집집마다 그런 동네였어, 공덕동이. 그러고 돼지갈비 하는 집이 반이었었고. 지금 이 동네를 보면은 고깃집이 반이고, 2차집 호프집이 반이야. 옛날은 니나노 집이 공덕동 쪽에 이 쪽 보다 규모가 엄청 컸어. 그 노타리가 다였드랬어. 골목골목. 다 정비해가지고 지금 노타리가 된거야. 마포 돼지갈비 최한채. 최대포 그 양반이 돼지갈비, 돼지에 대해서 선두주자고, 나는 70년대에 주물럭으로 서로 개발한 것이 이 동네야.

위와 같이 주물럭의 원조인 고수웅씨가 1971년에 '실비집'을 열었을 때 용강동 주변에는 식당이 거의 없었다고 한다. 이것은 여의도 개발이 본격적으로 시작되는 1970년대 중반에 가서야 공사현장 인부들이 손님층으로 흡수되었다는 고수웅의 이야기를 통해 구체화된다. 그는 1980년 이후부터는 여의도의 직장인들이 마포로 나오기 시작했다고 했으며, 바로 그 때부터 쇠고기를 메인 메뉴로 하는 한우 주물럭을 시작했다고 한다.

그러나 본격적인 상권의 형성은 1980년대 중반 이후로 보인다. 고수웅은 1982년 이후부터 1989년 사이 급격히 증가하는 마포의 귀빈로 일대의 오피스텔의 직장인이 주요 손님층으로 등장했다고 한다. 이 시기 고수웅의 성공을 뒤이어 1985년 경까지 고깃집이 8~9개 정도로 늘어났다고 한다. 서영기 할머니 역시 주변에 고깃집이 한 20여 군데로 늘어난 것은 20여 년 전이라고 기억하고 있다. 두 원조집의 이야기를 종합하면, 1980년대 중반 약 10여 개의 고깃집이 1980년대 후반 무렵 20여 개로 증가한 것이다. 최근 같이 폭발적으로 많아진 것은 10여 년 전이라고 이야기하고 있어 1990년대 후반 전후가 고깃집의 범위를 넘어 각종 외식업이 밀집된 시기로 여겨진다.

고깃집 상권의 형성배경으로 고수웅이 시대별로 제시한 것은 크게 3가지였다. 초창기는 1970년대 초반 여의도 개발에 참여한 노동자층에서 1980년대 초반 여의도와 마포의 업무지구 개발이다. 이 시기는 사무직군의 증가라는 계층적 구분이 드러난다. 이외에도 그 이전 계층이 돼지고기의 주 소비층이라면 1980년 이후부터는 쇠고기의 주 소비층일 것이라고 할 수 있다. 또한, 마포대교 북단의 혐오시설이었던 유수지가 공영주차장으로 개발되면서 1990년대부터는 대형주차시설이 완비되면서 마포는 외식업의 중요한 거점이 될 수 있는 여건을 마련한 것으로 보인다.

당시 1980년대 초 '주물럭'의 유행은 신문기사에도 나타나고 있다. 지역의 음식이 전국적으로 확산되어 외식산업화 되는 현상이 나타나고 있었던 것이다. 당시 신문기사에 의하면, 1983년 말 전국적인 음식으로 변모해가고 있는 메뉴로는 '주물럭' 외에도 수원갈비와 전주 해장국, 마산의 미더덕찜과 아구찜, 충무김밥을 들고 있다.

> ……마포에서 시작한 '주물럭'이 마침내는 서울 전역에 산개(散開)하듯이, 서울 사람들의 구미에 맞는 음식이라면 그것이 곧 전국으로 퍼지는 것이다. '주물럭'이 실제로 지방도시에까지 진출한 예가 그런 경향을 말해주고도 있다. 물론 그 반대의 경우도 있다. 해운대나 수원갈비는 일찌감치 서울에 터를 잡았고, 전주 해장국이나 마산의 미더덕찜과 아구찜, 그리고 충무김밥과 자갈치 시장의 횟밥이 뒤이어 서울로 쳐들어 온 것이 그것이다.……[16]

1980년대 후반 여의도와 마포의 개발, 그리고 올림픽이 이 일대 외식업 성장의 촉매제였다는 당시 사회 분위기와 어느 정도 일치하고 있음이

---

16) 『경향신문』, 1983. 11. 16.

확인된다. 다음 신문기사는 이러한 한국적인 향토음식의 성장과 함께 외래 외식업체의 시장점령을 거론하고 있으며, 외식산업 관련 잡지에서도 1980년대 후반을 성장기로 추측하고 있어, 88올림픽을 전후로 하는 외식산업의 성장이 마포 고깃집 상권의 형성과 맞물리고 있음을 추론할 수 있다.

……향토음식, 올림픽 식품 개발 등이 관계기관의 탁상에서 맴돌고 있는 동안 외래음식이 무서운 기세로 퍼져나가고 있다. 삿뽀로에다 요즘은 윈첼도너츠, 스팸햄, 던킨도너츠, 몬테비암코 아이스크림 등 만국음식박람회라도 열린 듯 우후죽순처럼 일어서고 있다. 이 모든 외래식품들이 저마다 88올림픽을 업고 있으니 재주는 누가 넘고 돈은 누가 챙기는지 그저 안타까울 따름이다.……[17]

……마포지역에는 예전부터 여의도 개발 붐을 타고 직장인들을 끌어들이던 식당이 많았다. 주물럭, 등심, 안심 등의 고기 요리집이 주류를 이루었는데 80년대 후반부터는 이 집(원미 해물버섯매운탕)의 영향으로 이 근방에 해물탕집도 여럿 생기게 되어 먹자골목의 명성을 더하게 되었다.……[18]

동시에 마포와 용강동 일대의 고깃집 상권의 수요층이 단순히 직장인층이 아니라 그 지역 일대의 거주민들로 확산되었음을 확인할 수 있다. 불량주택이 집중되어 있는, 마포, 염리, 공덕동 일대가 아파트로 재개발되면서 중산층의 대거 유입과 일정정도 구매력이 있는 계층이 일대에 거주하게 되면서 마포를 중심으로 하는 상권이 성장했을 것으로 보인다.

---

17) 『경향신문』, 1985. 2. 22.
18) 삼성출판사편집부, 『서울 여기가 좋다』, 삼성출판사, 2007, 2006쪽.

아파트 재개발이 확산되었던 1990년대 마포의 주요 아파트들이 재개발되면서 거주인구의 구매력이 상승되었을 것으로 보인다. <표 6>와 같이 외식 수요량이 상주 인구수와 직장인수를 합쳐 14만 명을 넘고 잠재수요액수가 월 200억 원에 달하여 연간 2,000억 원대에 이르고 있다.

<표 6> 마포상권 외식 수요량[19]

권역	세대수	인구수	기업체수	직장인수	수요량	음식점수
도화동권	9,338	24,013	2,304	15,328	39,341	389
용강동권	14,165	33,140	1,995	13,612	45,752	366
공덕동권	15,753	38,051	2,760	18,948	56,997	492
계	39,256	95,204	6,789	47,886	143,090	1,247

요컨대, 2000년대 말 현재 마포, 용강동 일대에 형성된 외식업 상권은 1970년대 여의도 개발을 배경으로 하고 있으며 그것의 본격적인 성장의 계기는 1980년대 마포로의 업무지구 개발이 합쳐지면서 직장인 중심의 거대한 수요를 창출했던 것으로 요약할 수 있다. 그리고 1990년대 이후 진행된 대규모 아파트 재개발이 직장인층 뿐 아니라 거주민 수요층을 생성시켜 수요를 증가시켰음을 추측할 수 있다. 이러한 안정화된 상권의 형성이 업종도 다양화시켰을 것으로 보인다. 고깃집이 1970년대 시작해 1980년대 후반 안정화되어 1990년대 발전해나갔다면, 1990년대 후반(특히 IMF) 이후부터는 고깃집 뿐만 아니라, 다양한 기호를 반영하는 일식집, 해물탕집, 족발, 해장국 등이 밀집하게 되어 각종 외식업이 집결하는 형태로 변모되어 현재에 이르고 있다. 따라서, 현재 용강동이 음식점 중심의 상가로 변모한 과정은 1970년대 이후 마포와 용강동 일대의 도시화 과정을 통해 이해할 수 있을 것이다.

19) 푸드미학편집부, 『외식경영』 2008년 1월호, 푸드미학, 2008, 175쪽.

5. 아카이브와 필드의 균형

지금까지 용강동 재개발 지역을 사례로 사라져가는 도시의 시간과 공간을 재구성해보았다. 용강동은 그동안 개발의 바람을 피해갔던 저개발지였다. 주변이 최근 30여 년 동안 고층아파트와 오피스텔로 변해가는 동안 느린 속도로 도시의 기억을 저장한 채 잔존해 있었다고 할 수 있다. 한마디로, 용강동은 주변 고층빌딩에 가려진 불량주거 밀집지가 아니라 도시의 변화상을 보여주는 도시역사의 현장이라고 할 수 있다.

이곳이 수년 후 고층아파트로 변한다면 20세기 한강변의 경관과 그 경관 속에서 상호작용했던 인간들의 행위들을 기억하기 힘들 것이다. 따라서, 용강동과 같은 재개발 지역에 대한 조사는 시간과 공간의 재구성을 통해 근현대 도시의 형성과정을 설명하는 것이 핵심이라고 할 수 있다. 기존 역사학에서의 연구는 조선후기 상업사의 맥락에서 한강변을 주목하고 있어, 20세기 이전을 설명하는 데 그치고 있다. 그러나 마포 일대 한강변은 식민지와 해방, 그리고 현재를 만들어낸 20세기 후반 도시화 과정을 통해 선명하게 이해할 수 있을 것이다.

또한 20세기 도시화 과정을 설명하기 위해서는 역사학의 문자중심의 리서치에서 벗어나 지도와 사진자료 등을 통한 공간의 맥락을 재생시키는 작업이 필요하다. 문자기록은 인간생활의 큰 변화를 수반하는 지형의 변화와 교통로의 개선, 주거지의 입지를 구체적으로 설명하기 힘들다. 지도와 사진을 통해 경관의 물리적 실증을 확인하는 작업을 통해 과거를 보다 선명하게 불러올 수 있을 것이다. 동시에 현장에 잔존된 주택과 구조물, 지역을 오래 지켜온 주민들의 구술은 20세기 후반 현재의 서울을 보다 구체적으로 설명해 줄 수 있다. 특히 6·25전쟁 이후 서울로 유입된 지방민들과 1960년대부터의 본격적인 도시화와 산업화 과정을 경험한 세대들의 구술은 문자로 확인하기 힘든 살아있는 역사라고 할 수 있다.

따라서 재개발 지역이라는 소규모 단위에서 역사적 연구를 실천하는 작업은 아카이브(Archive)와 필드조사(Fieldwork)라는 두 가지 영역의 통합을 요구한다. 아카이브는 앞서 이야기했듯이 문자자료 외에도 사진과 지도, 지적도와 건축물 대장 등의 행정자료를 포함하는 매우 광범위한 정보의 수집이라고 할 수 있다. 체계적이고 광범위한 아카이브는 필드에서 무엇을 어떻게 조사할지에 대한 디자인을 하는 데 중요한 시각을 제공할 수 있으며, 반대로 아카이브를 통해 확보할 수 없었던 구체성은 필드조사에서 확장될 수 있을 것이다. 따라서 양자는 필연적으로 상호적일 수밖에 없으며, 아카이브를 통해 재구성된 지역의 역사적 변화과정은 그 지역 주민들과의 대화를 통해 재조정되거나 수정되고 상호 소통할 수 있다.

곧 아카이브와 필드의 균형적인 조합은 도시지역 연구, 특히 지역의 변화를 통시적인 관점으로 수행하는 유용한 방법론이라고 할 수 있다. 또한 이런 점에서 연구자들은 스스로가 아키비스트(Archivist)이자 현지연구자(Fieldworker)가 되어야 하며, 좋은 연구의 결과는 양자간의 균형을 통해 성과를 낼 수 있을 것이다. 특히, 한국의 대도시 지역의 조사와 연구에 있어서 한 가지 특징은 현재 지형과 공간의 물리적 파괴가 급격하게 진행되고 있으며, 이에 따라 한 지역에 오랫동안 거주하면서 그 지역에 대한 기억을 보유하고 있는 사람들의 이산이 촉진되고 있다는 점이다. 이러한 상황에서 사라져가는 경관과 도시민의 주거, 그리고 곧 그곳을 떠날 그들의 생애사에 대한 기록은 어느 때보다도 중요해지고 있다.

참고문헌

『경향신문』

『대한민국관보』

『조선왕조실록』

『조선총독부관보』

『황성신문』

경기도, 『경성교외간선도로개수공사사진첩』, 조선인쇄주식회사, 1935.

권혁희, 「재개발 지역에 대한 조사방향과 방법 : 도시공간의 역사적 변화와 도시민의 생활사 재구성을 위하여」, 『안산자락, 고갯마을 '북아현'』, 서울역사박물관, 2009.

삼성출판사편집부, 『서울 여기가 좋다』, 삼성출판사, 2007.

서울대 비교문화연구소, 『노량진의 과거와 현재』, 동작구청, 2009.

서울역사박물관 편, 『서울지도』, 서울역사박물관, 2006.

서울시사편찬위원회, 『사진으로 보는 서울2』, 서울특별시, 2002.

서울특별시사편찬위원회, 『동명연혁고Ⅳ』, 서울특별시, 1979.

______________, 『서울상공업사』, 서울특별시, 2003.

서현정, 『민중구술열전 15－최한채』, 민중생활사연구단, 눈빛, 2005.

이경재, 『한양 이야기』, 가람기획, 2003.

푸드미학편집부, 『외식경영』 2008년 1월호, 푸드미학, 2008.

홍성찬, 「한말 서울 東幕의 미곡객주 연구」, 『경제사학』 42, 경제사학회, 2007.

阿部辰之助, 『大陸之京城』, 京城調査會, 1918.

Ⅱ. 아미동 산동네의 형성과 문화 변화

차철욱 · 공윤경 · 차윤정

1. 소외공간 아미동 산동네

부산 산동네는 근대화 과정에서 형성되었다. 부산은 산이 많아 주거공간이 좁은데 비해 일제시대 이후 빈민들이 이주해 오면서 산속 마을이 형성되었다. 여기에서 살아가는 사람들은 자신의 근거지를 떠나 이곳에 정착했다는 점에서 이주민이면서, 도심지와는 차이가 있는 독특한 공동체를 이루고 있다는 점에서 연구자들의 관심 대상이었다. 이런 흐름 속에서 산동네에 관한 선행연구들은 빈민들이 만들어 가는 공동체에서 대안을 찾으려 하거나, 산동네가 지니는 자연 · 지리적 조건을 강조하는 낭만적 연구 또는 이를 응용한 관광상품을 위한 연구 등이 중심을 이루어 왔다. 하지만 이들 연구들에서는 마을과 마을 사람들의 관계, 그들이 만들어가는 마을의 성격과 특징에 대한 고민은 적었다. 이러한 한계를 다소나마 극복하기 위해서는 이주민들이 마을을 만드는 과정에서 작용한 다양한 권력관계, 이주민들과 외부와의 갈등, 이주민 내부의 긴장관계, 그 과정에서 이주민들이 만들어내는 문화적 특징에 대한 연구가 필요하다.

본 연구의 대상은 부산시 서구 아미동 산-19번지를 무대로 형성된 마을이다. 이곳은 일제시대에는 공동묘지가 있던 곳이었으며 한국전쟁을 계기로 이곳에 이주해 온 이주민들이 묘지에 마을을 만들었다. 이러한 장소적 특징 때문에 그동안 민속학 분야에서 관심을 가지고 연구가 진행되었다.[1] 이들 연구에서는 이 마을이 지니는 구성적 요소의 특이성과 주변 지역과의 비교를 통한 마을의 도시민속적 특징을 다루고 있다.

본고는 기존 연구 성과를 기반으로 하면서, 한걸음 더 나아가 전쟁이라는 국가의 폭력적인 행위가 이주민들의 이주에 미친 영향, 이곳에 들어온 이주민들이 구성하게 되는 마을의 공간적 배치와 특징, 그리고 이 공간에서 살아가는 이주민들의 문화적 특징으로서의 동화현상 등을 분석하고자 한다.

2. 아미동 산동네의 공간적 특징

<그림 1> 아미동 주변 옛 부산의 원도심

아미동은 부산시 서구에 위치해 있다. 지금은 동아대학교 부민캠퍼스로 바뀐 옛 경남도청(이후 검찰청, 법원)과 부산대학병원이 이웃하고 있어 이들 기관과 아미동의 관계는 밀접하다. 아미동이라는 지명에 대해 옛 문헌에서는 확인할 수 없고, 다만 일제시대 이전에 '峨嵋洞'이라는 조선식

1) 황경숙, 『부산의 당제』, 부산시사편찬위원회, 2005; 김정하, 「부산의 일본귀신전설에 대한 도시민속학적 고찰」, 『동북아문화연구』 17, 동북아시아문화학회, 2008; 유승훈, 「도시민속학에서 바라본 달동네의 특징과 의의-부산의 달동네를 중심으로」, 『민속학연구』 25, 국립민속박물관, 2009.

행정명칭을 사용하고 있었음은 확인할 수 있다(그림 2-b). 그런데 개항 이후 용두산 주변으로 일본인 전관거류지가 조성되고 한일합방 이전인 1907년 일본인 거류민단이 자체 시가지계획과 지명을 부여하면서 이곳을 '곡정(谷町)'이라 하였다(그림 2-a). 이 명칭은 식민지시대에도 그대로 불려지다가 해방 후 1947년 아미동으로 회복된 뒤 현재에 이르고 있다.

일제시대 곡정은 주로 조선인이 거주하는 마을이었다. 오늘날 대학병원 주변의 평지에는 일찍부터 마을이 형성되어 있었던 것으로 보인다. 토지조사사업과 산미증식계획 등 근대 상품화폐경제의 여파로 농촌경제가 몰락하여 농민들이 부산으로 몰리면서 이곳의 인구도 증가하였다. 그러면서 점차 산 쪽으로 마을이 확대되었다. 아미동에서 주거 가능한 공간은 1955년 기준 전체 면적 809,000평방미터 가운데 277,000평방미터[2]에 지나지 않을 정도로 나머지 약65%는 주거가 곤란한 야산이었다. 그만큼 사람 살기가 부적합한 공간이어서 일제시대에는 대표적인 빈민지대로 여겨졌다.[3]

곡정에 조선인 빈민들이 많이 살게 된 것은 단순히 지형적인 조건 때문만은 아니었다. 이 마을에 설치된 화장장과 공동묘지라는 사회시설의 존재도 커다란 역할을 하였다. 우리말에 '골(谷)로 간다'라는 말은 골짜기로 간다는 뜻으로 '죽음'을 의미한다. 이 말의 연원과 관련하여 한국전쟁 당시 양민 학살이 주로 계곡에서 이루어진 데서 나왔다는 설이 있는데, 부산 사람들에게 골짜기는 곡정이며, 곡정은 죽음과 관계된 장소로 이미지화 되었다. 그러다 보니 사회적, 경제적으로 소외된 빈민들이

2) 부산시, 『시세일람』, 1955, 3쪽.

3) 박철규, 「1920~1930년대 부산지역 빈민의 추이와 생활」, 『항도부산』 15, 부산시사편찬위원회, 1998; 하명화, 「1920~30년대 초 도시 주거문제와 주거권 확보운동」, 『지역과 역사』 12, 부경역사연구소, 2003; 양미숙, 「1920·1930년대 부산부의 도시빈민층 실태와 그 문제」, 『지역과 역사』 19, 부경역사연구소, 2006.

정착하게 된 것으로 보인다.

아미동에 공동묘지가 처음 등장한 것은 1907년이었다. 중구 복병산에 있던 공동묘지를 이전해 온 것이다. 일본인 시가지의 확대와 부산항 매축공사를 위한 토사확보를 위해 복병산의 일부를 착평해야 했기 때문에 더 이상 공동묘지로 활용할 수 없었다. 1907년 발행된 지도(그림 2-a)에서 공동묘지 위치를 확인할 수 있다. 화장장은 1909년 대신동에서 이전해 왔다. 지도(그림 2-b)에서 화장장이 공동묘지 아래 계곡 깊은 곳에 위치하고 있음을 알 수 있다. 그런데 <그림 2-c>에는 이미 총천사 주변으로 마을이 많이 조성되었는데, 산길로 접어드는 마을에 장제장과 화장장을 만들고, 계곡 위에 있던 화장장은 없어졌다. 이것은 1928년 부산부가 야심차게 추진한 '대부산건설'과 관련이 있었다.[4] 부산부는 기존 동본원사가 운영하던 화장장을 부산부가 직영하고, 통행이 편리한 장소인 '장제장(葬濟場)' 위치에 건설하려고 하였다.[5] 이에 대해 이 마을 조선인들이 거세게 항의하자, 조선총독부를 비롯한 관련 행정기관과 협의한 결과 이곳에 '장제장'을 건설하고 여기서 약 100m 정도 위쪽에 화장장을 설치하였다.[6]

한편 공동묘지는 곡정 2정목 뒤 총천사 앞으로 난 S자형 산길을 오르다 아미고개 못간 중간 쯤인 산-19번지에 조성되었다. 이 공동묘지는 일본인들이 사용한 것으로, 부산의 대표적인 부자였던 오이케 츄스케(大池忠助)의 무덤도 여기에 있었다고 한다.[7] 공동묘지는 화장장이 있던 산 아래

---

4) 류교열, 「1920년대 식민지 海港都市 부산의 일본인 사회와 '죽음'의 폴리틱스」, 『日語日文學』 39, 대한일어일문학회, 2008, 310쪽.

5) 『조선일보』, 1928. 2. 13(석간-2); 『동아일보』, 1928. 1. 18 (4) 5.

6) 『동아일보』, 1928. 5. 19(4) 5.

7) 주경업, 「근대역사의 상처를 안고 있는 아미동 산의 19번지」, 『봉생문화』 겨울, 봉생문화재단, 2009, 33쪽.

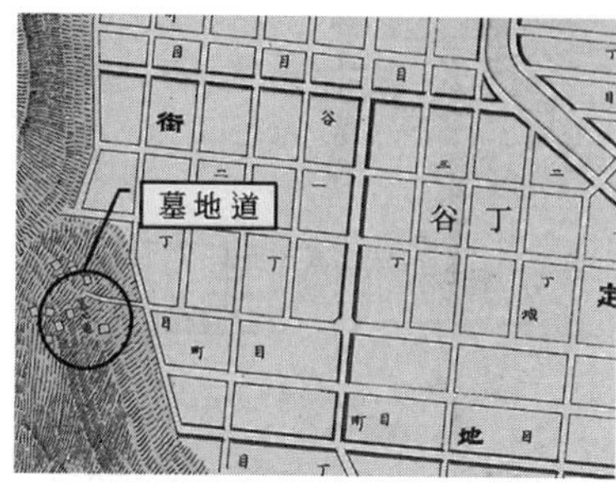

a. (韓國釜山港市街明細圖, 1907, 부분)

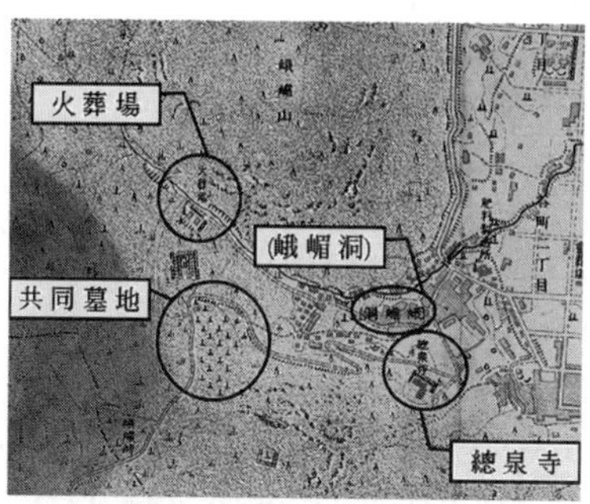

b. (조선총독부, 釜山, 1924, 부분)

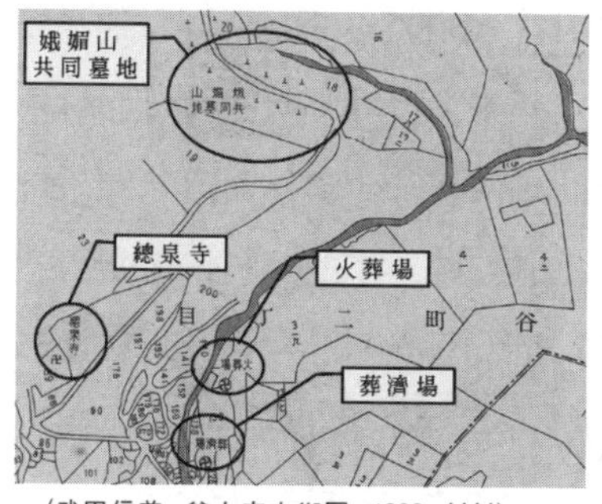

c. (武田信義, 釜山府市街圖, 1933, 부분)

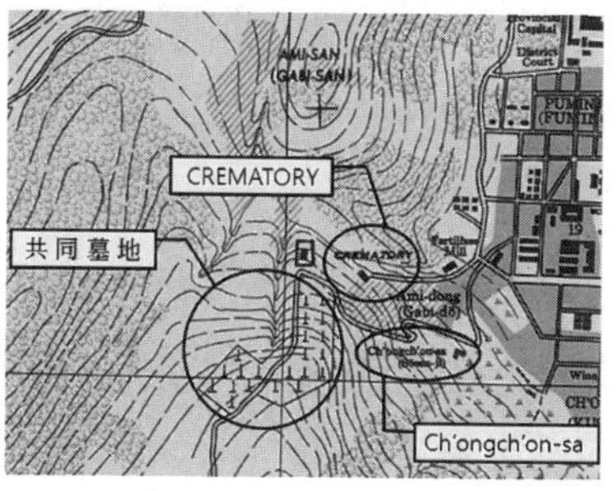

d. (Pusan, 1946, 미국 텍사스대학 도서관 소장)

<그림 2> 아미동 옛 지도

마을과는 또 다른 특별한 장소였다. 이곳은 아미동 속의 아미동으로 산(生) 사람이 사는 곳이 아니라 죽은 자가 있는 공간으로 인식되었다. 이런 사정은 1946년 지도(그림 2-d)에서도 확인 가능한데, 공동묘지의 위치가 얼마나 가파른 지형에 조성되었나를 잘 보여준다.

이처럼 일제시대 아미동은 일본인들에 의해 산 사람의 공간보다 죽은 자들의 공간으로 조성되었다. 이런 이미지는 화장장이 1957년 당감동으로 이전된 이후에도 여전히 남아있다. 그리고 일본인들이 사용하던 공동묘지는 오늘날에도 개인에게 불하되지 않고 시유지로 존속하고 있다. 일제시대 이런 시설이 지금 이곳에 살아가는 사람들의 삶에도 그대로 유지되고 있는 셈이다.

3. 빈민마을의 형성 : 공동묘지에서 마을로

한국전쟁과 부산 피난촌

일제시대 죽은 자의 공간이었던 공동묘지가 산 사람이 사는 마을로 바뀌는 계기는 한국전쟁이었다. 일제시대 식민지 지배권력이 농촌경제를 몰락시켜 농민들을 도시로 추방한 것과 유사하게, 한국전쟁이라는 국가의 폭력행위가 국민을 생활근거지에서 분리시켰다. 하지만 국가가 대규모 피난민을 위해 할 수 있는 일이라고는 피난민 수용 관련법을 만들어 준수를 바랄 뿐이었다. 국가의 법이 모든 피난민을 보호할 수는 없었다. 턱없이 모자란 수용시설, 부족한 구호양곡 등으로 국민은 국가의 보호를 받지 못하고 스스로를 지키지 않으면 안 되었다.

한국전쟁 동안 부산으로 몰려든 피난민은 약 40~50만 명으로 판단된다.[8] 이들 가운데 일부만이 국가가 마련한 수용소에서 생활할 수 있었고 나머지는 불법으로 판잣집을 짓거나 빌리든지, 다리 밑, 큰 건물 주위 등에서 추위를 이겨야 했다. 판잣집은 국제시장을 중심으로 한 용두산, 복병산, 대청동, 부두를 배경으로 한 부두주변, 영주동, 초량동, 수정동, 범일동, 영도 바닷가 주변인 태평동, 보수천을 중심으로 한 보수공원과 충무동 해안가 등에 집중하였다. 집단수용소에서는 구호식량을 공급받

8) 부산의 인구 변화를 보면, 1951년 10월 840,580명, 1952년 12월 956,597명, 1953년 12월 817,195명, 1955년 12월 998,915명이었다(경상남도, 도세일람, 각 연도판). 1949년 부산인구가 47만여 명이었던 점을 감안하면 전쟁 피난민은 38만 명에서 48만 명 정도였던 것으로 보인다. 어디까지나 이 통계는 당시 행정력이 파악한 통계이기 때문에 현실과 차이는 있을 수 있다.

왔지만, 그 외 그렇지 않은 피난민들은 스스로 생계를 마련하지 않으면 안 되었다. 피난민들은 부두노동자, 행상, 지게꾼, 걸식 등으로 먹거리를 해결해야 했다. 그래서 부두, 시장, 역, 버스터미널 등과 가까운 곳에 살지 않으면 안 되었다.

이런 여건에서 만들어진 판잣집은 1953년 10월 현재 도로변과 하천변에 2만 2천호, 산마루에 1만여 호가 있었다.[9] 1953년 7월 4일 당국이 조사한 판잣집이 2만 8천 619호였는데, 다소 규모가 큰 판자촌을 보면 영주동 산기슭 약 1천호, 영도 대교로 해안가 7백호, 보수동 약 6백호, 송도 약 3백호, 국제시장 약 1,200호[10] 등으로 대체로 부두와 시장 가까운 장소였다.

한국전쟁이 끝나 피난민들이 원래 거주지로 돌아갔지만 판잣집 수는 줄지 않았다. 복귀 피난민들의 빈자리를 채우는 자들이 있었기 때문이었다. 1952년 흉년과 풍수해 등 자연재해로 농촌에서 몰락한 유랑민과 경남 각 지역에 수용되었던 피난민, 특히 거제도에 수용되었던 피난민들이 생활난을 해결하기 위해 부산으로 다시 유입되었다.

어렵사리 마련한 피난민들의 판잣집 시설은 열악했다. 교통, 위생, 상수도 등 사회기반시설은 피난민 생활을 힘들게 하는 하나의 요인이었다. 피난민들을 더 불안하게 만든 것은 다리뻗고 쉴 수 있는 판잣집이 언제 철거당할지 모르는 위협 속에서 살아야 한다는 점이었다. 정부나 부산시는 도시 미관이니 위생문제니, 교통난이니 하면서 틈만 나면 판잣집을 철거하였다. 판잣집 철거는 1950년 11월부터 확인되고 있다.[11] 철거에 반발하는 피난민들의 대응과 계절적인 요소 등이 합쳐져 철거는 그다

9) 『부산일보』, 1953. 10. 7(2) 1.
10) 『동아일보』, 1953. 7. 18(2) 1.
11) 『부산일보』, 1950. 11. 9(2) 6.

지 원활하지는 않았다. 그런데 1953년 11월 28일 부산역전대화재 이후 본격화되었다.

화재는 그 자체로 피난민들을 고통스럽게 했다. 한국전쟁 동안 부산에는 '났다하면 불'이라는 유행어가 생길 정도였다. 1952년 1년간 화재가 490건에 피해액 355억 원에 이를 정도였으며,[12] 화재는 피난민들을 위협하는 가장 큰 요인 가운데 하나였다. 1953년 11월 일어난 부산역전대화재로 그동안 모은 재산을 모조리 잃은 어느 피난민의 자살 이야기는[13] 화재가 피난민에게 준 고통을 잘 보여준다. 이렇게 되자 부산시는 화재를 판잣집 철거명분으로 이용했다. 어렵게 마련한 주거지를 또 빼앗겨야 하는 피난민들에게는 이중 삼중의 폭력이었다.

철거는 정부나 부산시의 행정적인 문제와 관련이 있었으나, 재력가들의 영향력도 중요하게 작용했다. 1953년 부산역전대화재 이후 시내 중요 건물 소유자들이 부산시에 진정서를 제출해 판잣집 철거를 요구한 사실은 이를 잘 설명해 준다.[14] 이런 이유에서 시작된 철거는 1953년 12월부터 본격화되었는데 우선 복병산, 동광동, 보수천 주변, 해안가 등지에서,[15] 그리고 1954년에는 초량, 영도, 부산진까지 확대되었다.[16]

부산시는 화재로 터전을 잃었거나 철거당한 사람들을 이주시킬 공간을 마련하였다. 영도 청학동, 진구 양정동, 사하구 괴정, 남구 감만동 등이었다. 청학동과 양정동에는 원조자금으로 후생주택도 건설하였다. 후생주택은 이주민들이 부담해야할 비용이 너무 비쌌다.[17] 그렇다고

---

12) 『부산일보』, 1953. 4. 24(2) 1.
13) 『국제신보』, 1954. 1. 21(2) 7.
14) 『부산일보』, 1954. 2. 9(2) 6.
15) 『국제신보』, 1953. 12. 5(2) 1.
16) 『국제신보』, 1954. 1. 5(2) 1.
17) 청학동과 양정동에 이주촌을 건설할 구상은 이미 부산역전 대화재 때 이루어졌다

이곳이 교통문제, 식수문제, 위생문제 등이 해결된 장소도 아니었다. 모든 철거민들이 이주하기에는 한계가 많았다. 이들 지역은 철거당한 지역에서 상당히 먼 거리에 위치해 있어 먹고 사는 문제를 해결해야 했던 이주민들이 선택하기는 어려운 곳이었다. 이주민들이 부산시가 알선하는 장소로 가지 않으려면 스스로 적당한 거처를 마련해야 했다.

공동묘지 마을

해방 이후, 한국전쟁을 거쳐 1950년대 아미동에는 여전히 화장장이 위치했고, 뒷산에는 공동묘지가 있었다. 이곳은 묘지 넓이 19,000평, 분묘 능력 9,000기로 부산 중심지에서는 가장 넓은 곳이었다.[18] 화장장은 1957년 당감동으로 이전하기 전까지 월평균 300구를 화장하는 부산의 화장 업무를 거의 유일하게 처리하는 곳이었다.[19]

화장장과 공동묘지가 있는 아미동은 일제시대부터 부산에 정착하는 조선인들이 가장 마지막으로 선택하는 곳이었다.[20] 아마도 혐오시설의 존재와 생활권역과도 관계가 있었을 것이다. 그럼에도 불구하고 여기에 마을을 만들 수밖에 없었던 이유는 한국전쟁이라는 국가에 의한 국민의 추방과 관련지어 생각해 볼 수 있겠다.

(『국제신보』, 1953. 12. 25(2) 1). 건립된 후생주택은 입주비용도 비쌌고, 비용 지불방식도 일시불이어서 입주 희망자가 그다지 많지 않았다. 이에 부산시는 비용 지불 방식을 일시불에서 월부제로 변경하는 등 다양한 대책을 강구하였다(『국제신보』, 1955. 2. 3(2) 10).

18) 부산시, 『시세일람』, 1955, 118쪽.

19) 위의 책, 120쪽. 당시 동래 명륜동에도 화장장이 있었으나 화장로 수가 1개에 월 평균 3건의 화장 건수로 봐 명륜동 화장장은 거의 활용되지 않고 있었던 것으로 보인다.

20) 일제시대 곡정은 부두에서 멀리 떨어져 있어 품팔이를 해서 먹고 살기에 적당하지 않은 곳으로 인식되었다(『동아일보』, 1934. 4. 2(5) 1).

아미동 지역으로의 피난민 이주는 전쟁기간 동안에도 계속된 것으로 보인다.[21] 일제시대 이후 조선인들이 거주했던 공간이나 그보다 위쪽에 위치한 산으로 주거지가 확대되었을 것이다. 하지만 본고에서 관심을 가지는 산-19번지, 즉 공동묘지는 전쟁동안 주거지보다는 여전히 시체를 투기하는 장소로 인식되어 있었다. 전쟁기간에도 살아있는 인간이 살기를 꺼려했던 산-19번지가 어떻게 주거지로 변해갔을까?

필자가 마을형성과 관련해 면담한 사람들 가운데 한국전쟁 시기에 이곳으로 올라온 사람은 아무도 없었다. 물론 모든 이주민들을 면담하지 못한 한계 때문일 수도 있다. 대체로 휴전 이후 올라온 사람들에 의하면 산-19번지에 천막이 8개 있었다고 한다. 이 정도는 약 90호가 거주한다는 1956년 신문기사 내용과도 일치한다.[22] 전쟁기간 동안 이곳이나 이 주변에서 살았던 사람들이 없지는 않았겠지만, 부산시에서 이주민들을 이곳으로 올려보내 마을을 만들게 한 것은 휴전 이후 시내에서 판잣집 철거가 한창 진행되던 시기였던 것으로 보인다. 하지만 이곳은 천막 8개의 규모였기 때문에 앞서 언급한 부산시가 정책적으로 피난민과 이재민을 이주시키려 했던 공간에 비하면 소규모여서, 언론에서는 제대로 언급도 되지 않았던 곳이다. 초기 이곳으로 이주해 온 면담자들의 이주 과정을 살펴보자.

---

21) 일제시대 말 약 5천여 명이었던 곡정의 인구는 전쟁이 끝난 1955년 약 2만 명에 이른다.

22) 당시 하나의 천막에서 생활한 호수는 12호였으며, 천막 8개를 호로 계산하면 90여 호가 된다.

<표 1> 아미동 초기 이주자들의 이주과정

이름	나이	성별	출신지	부산 첫 거주지	직업	아미동 이주시기
문주원	74	남	일본(전남 장흥)	충무동 다리밑	여관보이/암표장사/구두닦이/조적/건축	휴전 직후
신복례	80	녀	전북 김제	용두산 로얄호텔 부근	튀김장사/냉동회사(동원, 고려)/식료품 난전(마을)	50년대 후반
김형호	71	남	경남 통영	충무동(54년)	자동차정비/동명목재	65년 이주
이상묵	74	남	일본(경북 포항)	아미동	동아제과 점원/건축	54년 6월
이영찬	74	남	함남 홍남	경남 거제도	미군부대 구두닦기	휴전 직후

참고 : 문주원, 이상묵의 경우 출신지는 일본이었으나 부모님의 고향이 ( ) 내의 장소임.

문주원은 귀환동포로 해방 후에는 전남 장흥에서 생활하다가 한국전쟁 때 부모님을 따라 부산으로 들어와 충무동 다리 밑에서 살았다. 휴전 이후 풍수해 때문에 부산시가 이곳으로 올려 보냈다고 한다. 아마 1953년 7월 호우로 영주동과 보수동의 개천가 바락촌에 많은 피해가 있었다는[23] 기사나 이후로도 이곳의 철거관련 기사가 많은 것을 볼 때 이즈음으로 보인다. 이 시기는 부산시의 판잣집 강제철거가 진행되던 시기였는데 거리나 비용부담 때문에 부산시에서 제공하는 수용소로는 가지 못하고 여기로 들어온 것으로 보인다.

신복례는 전북 김제에서 이주하여 용두산 판잣집을 빌려 살다가 화재 때문에 영도 청학동으로 갔다가 이곳으로 왔다. 용두산 화재는 1951년 12월과 1954년 12월에 일어났는데 아마 신복례가 이야기하는 화재는 후자로 보인다. 영도 청학동 이주가 1953년 11월 부산역전대화재 이후 추진되었기 때문이다.[24] 신복례가 이곳으로 온 이유는 국제시장 주변에

23) 『국제신보』, 1953. 7. 17(2) 1.

24) 『국제신보』, 1953. 12. 25(2) 1.

서 튀김장사를 하는데 막 태어난 아기를 업고 청학동을 왕래하기 힘들었기 때문이라고 한다. 이곳으로 이주 장소를 선택한 것이 생계문제와 관련 있음을 확인할 수 있다.

이영찬은 함경남도 홍남출신으로, 거제도에 집단수용된 뒤 본인은 미군부대를 따라 구두닦기를 하러 떠나고, 휴전 후 부친이 보수천 주변의 공장에 취직하면서 아미동으로 이주해 왔다. 거제도 피난민들은 정부의 구호식량으로 생존이 가능했으나, 휴전 후 이것이 줄어들자 거제도 내 생계수단이 없어져[25] 부산으로 많이 몰려들었다. 이영찬 가족 또한 이런 사례이다.

이상묵은 귀환동포로 고향인 경북 포항으로 가지 않고 잠시 부산에 살다가 전라북도 정읍 신태인에 정착했다. 1954년 6월 무렵 열차를 이용해 부산으로 들어왔다. 이 경우는 1952년 이후 계속된 흉년으로 인해 전라도 지역의 유랑민들이 부산으로 많이 들어왔다[26]는 사실과 관련 있어 보인다. 부산역에서 하차한 후 부산시 공무원이 나눠주는 표 가운데 먹고 살기가 가까운 이곳으로 왔다고 한다.

이상 네 가지 사례에서 아미동 산-19번지는 이주민들이 전쟁 때 부산으로 들어와 처음 정착한 1차 거주지가 아니라 대체로 휴전 후 2차로 이주해 온 지역이라는 점, 1차 거주지가 부산시로부터 철거되었거나 화재 혹은 정부지원의 축소로 어쩔 수 없이 선택한 곳이었음을 알 수 있다. 그러면서도 이곳은 국제시장, 자갈치, 부두 등을 배경으로 일자리를 구하기가 쉬운 장소였다.

아미동은 부두 주변의 영주동, 초량동, 수정동, 대청동, 보수동 등과

---

25) 『국제신보』, 1954. 1. 25(2) 7; 1954. 2. 19(2) 7.

26) 『경향신문』, 1952. 6. 13.

같은 당시 피난민들이 처음부터 살던 곳에 비하면 선호도가 떨어졌으나 괴정동, 청학동처럼 부산시의 중심에서 멀리 위치한 장소에 비하면 나은 곳이었다. 이 마을 형성과정이 한국전쟁 당시에는 그다지 활발하지 않고 휴전 이후 부산 시내 판잣집 철거가 활발해지는 시기와 맥을 같이한다는 데서 잘 확인할 수 있다. 피난민들의 입장에서는 전쟁 당시에는 행정당국과 밀고 당기는 갈등이 존재하기는 해도 국제시장과 해안 주변으로 판잣집 설치와 생활이 가능했으나, 1954년부터 시작된 철거는 더 이상 그곳에서의 거주를 허락치 않았기 때문에 철거민들은 생활근거지에서 멀리 떨어진 곳으로 이주 당해야만 했다. 이주민들은 생계수단이 존재하는 중심지에서 멀어지는 것보다 환경은 그다지 만족스럽지 못하지만 가까운 곳에 주거지를 마련하려 하였다. 이것이 아미동 산-19번지가 공동묘지에서 사람이 사는 마을로 변할 수 있었던 중요한 이유였다.

이주민들이 산-19번지를 자신의 터로 만드는 과정은 공동묘지라는 낯선 공간에서의 고통을 참아내는 일뿐만 아니라 그 전부터 이 주변에서 살아오고 있던 토박이들과의 갈등도 극복해야할 문제였다. 신복례의 기억에 따르면 토박이들은 수돗물 나눠 먹는데 인색했고, 하수구가 없어 구정물을 버리면 밑에서 올라와 난리를 부리고, 마을 도로 옆에 식료품을 팔기 위해 펼친 자리에 세를 받아 챙길 정도로 독했다고 한다.[27] 그리고 산-19번지의 깡패들과 관련한 기억에서 이주민들은 그들을 자신들뿐만 아니라 마을 이미지를 나쁘게 하는 존재로 인식하고, 또 토박이의 한 부류로 규정짓고 있었다. 이주민들의 기억 속에 남아있는 토박이를 깡패와 등치시키고 있었다.

27) 이러한 사실은 이주민들을 괴롭혔던 토박이 얘기를 부탁하는 필자에게 머뭇거리면서 "더러 있었어"하면서 "악질로 노니께네 별 끝이 안 좋더라고요, 다 오래 못살고 죽더라고요"라는 비켜가는 신복례 증언에서 확인할 수 있다.

역으로 이들 이주민보다 먼저 아미동에서 살아온 손○○[28]의 구술에 따르면 이주민들이 음식물을 얻으러 온다든지, 아니면 옷을 비롯한 가재도구들을 자주 훔쳐갔다고 기억한다. 학교 또한 자신은 토성초등학교에 다녔으나 이주민 자녀들은 공민학교를 다녔다고 언급해 자신들과 구분하고 있다. 또 자신의 친구 가운데 이주민들 자녀가 있느냐는 질문에도 없다고 대답했다. 이런 사실은 토박이들과 이주민들과의 관계를 잘 보여준다.

이주민 내부의 관계를 보자. 이주민들의 출신지와 관련해 면담자들은 그다지 중요하지 않다는 듯 대답했다. 많은 사람들이 기억하는 초기 이주민들은 월남 피난민, 충청도, 전라도 사람들이 많았다. 면담자들 대부분이 초기 이주민이기 때문에 이들의 기억 속에는 현재 마을을 구성하는 이주민들 가운데 이주해 온 시기에 따라 그들과의 관계에서 차이를 보이고 있다. 이주 초기 천막을 치고 판잣집을 만들어 갈 당시 문주원이나 이상묵은 집터에 대해 그다지 욕심이 없었다고 한다. 모두 2~3평의 좁은 공간을 집터로 하면서도 더 넓은 터를 확보하려고 다투지도 않았고, 욕심도 내지 않았다고 한다. 왜 그랬느냐는 필자의 질문에 다 같이 어려운 사람들이기 때문이었다고 대답하였다.[29] 이상묵 또한 처음 이주해와 살던 천막이 무너져 이미 설치되었던 천막으로 이사하는 과정에서 기존 거주자들이 기꺼이 빈 공간을 양보해 줬다고 기억한다.[30] 신복례 또한 "만구에 없는 사람들끼리 다툴 일" 없이 "깜냥깜냥 잘 지냈"다고

---

28) 손○○은 일제시대 부친이 경남 밀양에서 이주하여 현재 산-19번지 바로 아래에 살아왔다. 위치로 봐서는 산-19번지와 가까운 곳이지만 자신은 이곳 사람들과는 완전히 다르다고 생각하고 있다. 면담자의 요청으로 이름을 밝히지 않는다.

29) 문주원(남, 74세, 아미동 거주, 2009년 10월 17일 조사).

30) 이상묵(남, 74세, 아미동 거주, 2010년 1월 30일 조사).

한다. 그런데 "그 다음에 온 사람들이 조금 머시기 했지. 그런데 싸우고 그러지는 안 했다"는 부분에서 초기 이주민들끼리의 사이는 좋았으나, 다음 이주자와의 관계는 그다지 원만하지 않았음을 알 수 있다. 그러나 초기 이주민들끼리의 관계는 항상적이지 않았다. 무엇보다 중요한 것이 그들의 생업이었기 때문이었다. 아침 일찍 나가 밤늦게 돌아오는 이주민들이 가정이나 마을에서 생활하는 시간은 그다지 많지 않았다.

이주민들의 직장은 대부분 아미동에서 가까운 곳에 위치했다. 생계수단과 관련해서는 면담자들 뿐만 아니라 그들의 부모 직업도 중요하다. 문주원의 경우 부모가 일본에서 농사를 지었고 귀국 후 장흥에서 장사를 한 것으로 봐 전쟁 당시에도 장사를 한 것으로 보이며, 이상묵의 부친은 일본에서 대학 졸업자로 토목기술자였으나 전쟁 때 부산에서는 지게꾼으로 살았다고 한다. 이영찬의 부친은 흥남질소비료공장에 근무한 경력으로 경남 거제에서 부산으로 와 보수천 주변 공장에서 근무했으며, 어머니는 배추장사를 했다고 한다. 면담자들의 1950년대 직업을 보면, 문주원은 여관보이, 암표상, 구두닦이 등을, 신복례는 튀김장사, 김형호는 자동차정비, 이상묵은 점원, 이영찬은 구두닦이 등이다. 이들의 활동범위도 공간적으로 제한되어 있었다. 대부분 국제시장을 중심으로 거주지인 아미동에서 걸어 다닐 수 있는 거리였다.

4. 주거공간과 주민들의 관계

주거공간의 변화

아미동에서 산상교회 위쪽, 즉 16~18통 부근은 해발 100~150m 이상의 고지대지역이다. 대체적으로 해발 60m 이하에 위치하고 있는 산복도로보다 높은 곳이다. 그래서 아미동 산동네에서는 용두산과 멀리 바다를 바라볼 수 있으며 바람이 유난히 많이 닿는 곳이다. 가파른 산비탈에 있던 천막 자리에 그대로 집을 짓고 살아왔기 때문에 아직도 골목들은 두 사람이 함께 다니기 힘들 정도로 폭이 좁고 굴곡이 심하다.

주거지로 전혀 어울리지 않는 지형조건, 특히 일본인 공동묘지 자리에 이렇게 주거지가 형성된 것은 피난민들과 이주민들이 항구와 도심 주변에 일자리를 마련하고 살 곳을 찾아 마지막으로 선택한 곳이 바로 아미동 산동네이기 때문이다. 피난시절, 산상교회 근처에서 감천고개 방향 길을 따라 여러 개의 천막들이 세워졌고 1960년대 밀려드는 사람들로 인하여 천막이 없는 산 위쪽까지 판잣집이 들어섰다. 즉, 아미동 산동네의 주택들은 <그림 3-a>에서 보는 것처럼 길을 따라 먼저 들어서고 그 후 더 위쪽으로, 집 지을 공간이 부족하여 점점 산 위로 올라갔다(A→B→C 지역). 1960년대 중반 아미동 산동네는 지금의 마을 모습을 이룬 것으로 보인다. 최근 위성사진을 보면 당시 주택의 모습이 남아 있는데 산상교회 바로 아래쪽과 감천고개 가는 길 근처가 바로 그곳이다(그림 3-b). 다른 지역은 좀 더 넓은 평지붕과 파란색 박공지붕들이 보이는데 유독 이곳의 지붕들은 특히 작고 주택들은 이웃의 벽을 공유하며 붙어있다. 천막 자리에 그대로 집을 지었기 때문에 이런 공간형태를 보이는 것이다. 천막에서 시작한 산동네는 현재 판잣집, 슬레이트집, 조적조 주택까지 다양한 형태의 주택들이 공존하고 있다. 1950년대부터 현재까지 아미동 산동네의 주거공간 변화에 대하여 살펴보고자 한다.

1950년대 아미동의 대표적인 주거형태는 천막이었다. 휴전 후 부산 시내에서 철거당하거나 외부에서 유입된 이주민들은 일본인 공동묘지였던 이곳에 천막을 세웠다. 휴전 이후 8개의 천막이 있었는데 지금의

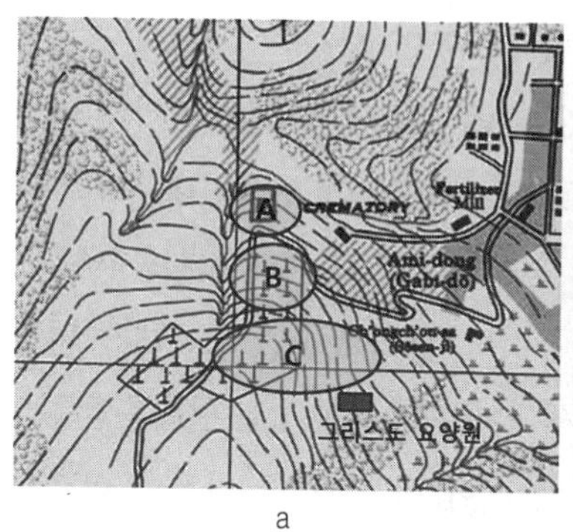

a

b

<그림 3> 아미동 주거공간의 변화

산상교회를 기준으로 아래쪽에 2개, 도로 위쪽으로 4개, 현재 놀이터 근처에 2개의 천막이 형성되어 있었다.[31] 이주민들은 이곳이 일본인 공동묘지라는 것에 아랑곳하지 않았다. 묘에 있던 비석, 상석들을 옮기고 때로는 그대로 눕혀서 공간을 마련했다. 이주민들은 큰 비석들은 옮길 수 없었기 때문에 눕히고 그 아래 놓인 납골함을 그대로 둔 채 천막을 치고 살았다. 천막의 구조를 보면, 천막 한 가운데 2명 정도가 다닐 수 있는 통로를 만들고 통로 양쪽 끝에는 가마니로 출입문을 만들었다. 그리고 천막 내부에 방으로 사용할 곳에는 바닥에 왕겨를 깐 후 그 위에 가마니를 깔았다. 통로를 사이에 두고 양쪽으로 6(8)가구, 총 12(16)가구가 좁은 공간에서 함께 살았으며 1가구가 배정받은 공간은 겨우 어른 2~3명이 누울 2평 남짓 정도였을 것으로 보인다.[32] 처음 천막생활을 할 때는 가구 간 칸막이도 없이 생활하였으나 시간이 지남에 따라 가마니, 판자 등으로 천막 내부에 칸을 지르고 가마니로 출입구를 만들었다.

31) 이상묵(남, 74세, 아미동 거주, 2010년 1월 30일 조사). 이후 몇 개가 더 형성되어 13개의 천막이 있다는 증언도 있다(김형호, 남, 71세, 아미동 거주, 2009년 11월 14일 조사).

32) 이상묵(남, 74세, 아미동 거주, 2010년 1월 30일 조사).

1957년 화장장이 당감동으로 이전한 후 아미동은 주택지로 발전하기 시작하여 감천2동에서 아미동 산곡(山谷)을 따라 그리고 화장장 자리에서 까치고개를 올라가며 주택들이 잇따라 지어졌다. 1950년대 후반부터 판잣집이 본격적으로 등장한 것이다. 천막을 걷고 그 자리에 집을 세우게 되었는데, 중앙통로를 양분하여 깡통이나 판자로 중앙에 세대간 벽을 만들고 지붕을 덮었다. 그리고 각 세대마다 바깥쪽으로 전용출입문을 만들었으며 이 문이 바로 대문 겸 방문이 된 것이다. 이제야 비로소 독립된 출입문을 가지게 되었지만 여전히 부엌과 화장실을 주택 내부에 둘 수 있는 공간적 여유가 없었다. 일부 가구는 길 쪽으로 공간을 넓혀 부엌을 만들기도 했다. 이렇게 만든 판잣집의 가장 큰 문제는 채광과 환기였다. 몇 채의 주택이 벽을 함께 공유하고 있었기 때문에 외기로 면하는 창문을 만들 수가 없었던 것이다. 방 출입문을 제외하고는 개구부가 없었기 때문에 천창을 뚫어 햇빛이 방안으로 들어오게 하고 바람도 통하게 하였다.

그리고 천막에서 나오거나 늦게 아미동으로 이주한 사람들은 산 위쪽 묘터나 빈터에 나무로 기둥을 세우고 깡통, 판자, 미군 야전용 식량박스(C-Ration Box) 등 여러 재료를 이용하여 판잣집을 지었다. 루핑을 이용하여 판자 위에 얹기도 하였다. 이 판잣집의 크기는 천막 자리에 있던 판잣집과 별반 다르지 않았지만 이웃집과 벽을 공유하지 않고 단독으로 지었기 때문에 창문을 만들 수 있었다. 천막 자리의 판잣집보다는 조금 나은 환경이었다. 미군부대에서 나오는 깡통을 이어 만든 집보다는 판자로 만든 집이 더 좋았다. 왜냐하면 깡통집은 여름에 더 덥고 겨울에 더 추웠으며 비가 오면 철판에 부딪히는 소리가 요란했기 때문이다.

그 후 새마을운동이 한창이던 1970년대, 판자나 루핑 위에 슬레이트를 덧대어 생활하였다. 루핑은 바람에 날려가기 일쑤였기 때문에 오래 사용할 수 없었다.[33] 주택 내부는 신문지를 바르기도 하고 밀가루 포대나 시멘트 포대를 바르기도 했다. 여름이면 많은 식구가 함께 지내기에 방이 좁고 더웠기 때문에 골목에 나가 잠을 자기도 했다.[34] 그러나 겨울이 가장 문제였다. 깡통, 판자, 루핑, 슬레이트 등 부실한 건축자재로 만든 집에서 방수, 방풍, 방한을 기대할 수 없었고 난방을 제대로 할 수도 없었기 때문이다.[35] 그리고 이 시기 천막, 판잣집 등은 공간적인 배치나 주거공간 내부에 여유 공간이 없어 이웃 간의 왕래는 그다지 원활하지 못했다.

또한 당시에는 집을 지을 재료가 마땅히 없었기 때문에 주변에 여기저기 놓여있는 비석과 상석도 훌륭한 건축자재가 되었다. 이런 돌들로 기초를 세우고 옹벽을 만들었으며 골목길과 계단을 만들었다. 아미동 감천고갯길 주변에는 지금도 골목과 집 주변 곳곳에서 다양한 용도로 사용되고 있는 비석과 상석 등 옛 일본인 무덤의 흔적들을 발견할 수 있다(그림 4).

1980년대 후반쯤 되어서야 번듯한 조적조에 평지붕이나 박공지붕을 얹게 되었다. 주민들 일부는 판잣집, 슬레이트집을 헐고 건축자재를 새롭게 하였지만 주택 외형만 바꿨었을 뿐 그 자리, 그 면적 그대로 실내 화장실도 없이 집을 지었다.[36] 또 다른 일부는 좁은 공간에 많은 식구들

---

33) 신복례(여, 80세, 아미동 거주, 2009년 10월 24일 조사).

34) 윤지선(여, 61세, 아미동 거주, 2009년 12월 3일 조사).

35) 1963년 아미동 판잣집에서 태어나 1970년대 유년시절을 보낸 권투선수 장정구는 "아미동 그 시절, 그 산동네의 겨울나기가 얼마나 모질고 추웠었는지"라고 회상하고 있다(장정구, 『나는 파이터다!』, 책나무출판사, 2008, 195쪽).

36) 외관은 바뀌었으나 비좁은 공간구조 때문에 친척이나 친구, 동네 사람들을 집으로 초대해 함께 정을 나눌 수도 없었다. 윤지선(여, 61세, 아미동 거주, 2009년 12월 3일 조사).

a. 바닥 b. 문지방

c. 받침대 d. 계단

<그림 4> 일본인 묘터의 비석과 상석

이 함께 지내야 했기 때문에 다락을 만들어 공간을 확보하기도 하였다.[37] 이때 여유가 있는 사람들은 이웃의 땅까지 사서 집을 지었다. 하지만 여전히 대문이 곧 현관문이며 마당을 갖는다는 것은 어려운 일이었다. 이전과 비교하여 조적조 건물로 바뀌면서 내부공간이 넓어지고 이주민 또한 경제적인 여유가 생기면서 서로 간의 왕래도 잦아졌다.[38]

---

37) 신복례(여, 80세, 아미동 거주, 2009년 10월 24일 조사).

38) 1980년대 중반쯤 되자 자녀들이 학교를 졸업하고 취업을 하고 분가하면서 그리고 양옥집을 지어 평수를 넓히고 층수를 높이면서 산동네 주민들은 조금씩 생활의 여유를 찾아갔다. 경제적으로 다소 여유가 생긴 주민들이 하나 둘 모여 관광계 등 모임을 만들기 시작했던 것이다. 신복례(여, 80세, 아미동 거주, 2010년 10월 24일 조사).

도시기반시설

피난민과 이주민들이 도심에 인접한 아미동 고지대에 피난처를 만든 것이 고착화되어 지금도 고지대 주거지로 이어지고 있다. 때문에 주택 자체는 물론 도시기반시설도 계획적으로 정비되지 못한 채 세월이 흘러 상대적으로 매우 열악한 주거여건을 보이고 있다.[39] 도로, 주차장, 소규모 공원 등 기반시설을 조성하기 위한 용지확보가 가장 어려운 문제로 꼽히고 있다.

천막, 판잣집 시절 현 부산대학병원 옆에서 화장막까지 이르는 대로를 제외하고는 동네 가운데를 종단하면서 괴정으로 통하는 2m 정도의 언덕길뿐이었다.[40] 작은 리어카 한 대가 겨우 지나갈 정도의 좁은 길로 아미동 동네 아낙들이 채소, 반찬거리 등을 파는 작은 시장이 형성되기도 하였다.[41] 이 길은 1960년대쯤 넓혀졌다가 그 후 자동차가 다닐 정도로 확장된 것으로 보이며 1990년쯤 마을버스가 다니기 시작하였다.[42] 또한 지형상 고지대에 주택이 밀집하고 있는 아미동 주거지역은 다른 지역에 비해 주차공간이 부족하며 이로 인한 주차 문제가 주민 불편 및 민원을 유발하는 주요 교통문제로 부각되고 있다.[43] 공간이 절대적으로 부족하고 공간이 있다고 하더라도 경사지이기 때문에 주차난은 쉽게 해결되기

---

39) 물론 주거환경개선사업, 재건축・재개발사업과 같이 노후・불량한 주택과 열악한 주거환경을 개선하기 위한 정책들이 시행되고 있지만 고지대이기 때문에 제대로 적용되지 못하고 있는 실정이다(부산 서구청, 『구정백서』, 2008, 275～279쪽).

40) 『국제신보』, 1956. 2. 19(4) 1.

41) 신복례(여, 80세, 아미동 거주, 2009년 10월 24일 조사).

42) 1963년 산복도로 건설이 계획되었으나 실행되지는 않았다.

43) 아미동에는 노외 공영주차장이 2곳 있다. 까치고개 근처에 있는 아미까치 공영주차장(69면)과 미륵암 입구에 있는 아미골 공영주차장(62면)이 그것이다(부산 서구청, 『구정백서』, 2008, 265～266쪽).

어렵다.

천막을 치고 살았을 당시에는 우물도 없고 수도와 같은 상수도시설도 없었기 때문에 시내로 물을 길러 다녀야만 했다.[44] 아녀자들은 물 긷는 일이 하루의 주된 일이었다. 현 산상교회 근처에 산에서 내려오는 물을 대나무로 모을 수 있는 장치를 설치한 집이 있긴 했지만 물이 귀하고 양도 적었기 때문에 토박이나 친한 사람들끼리만 나눠 먹었을 뿐 피난민들은 돈을 주고도 구할 수가 없었다. 생활하수는 길에 버리거나 하천에 버렸는데 길에 버릴 경우 경사지 아래로 흘러 이웃 간에 다툼도 있었다.

그리고 천막시절, 화장실은 실내에 만들 수 없었다. 함께 생활하기에도 좁은 공간이었고, 당시에는 상하수도시설이 갖춰지지도 않았기 때문이다. 그래서 천막 근처에 구덩이를 파고 나무로 기둥을 세운 뒤 가마니 등으로 비바람을 피할 지붕과 벽을 만들어 주민들이 공동으로 사용하였다. 판잣집, 슬레이트집 시절에도 여전히 재래식 공동화장실을 사용하였다. 1990년대 중반 개인주택 내에 수도시설이 들어오면서 비로소 주택 내부에 화장실을 만들 수 있었다.[45] 그러나 건축면적을 넓혀 공간적으로 여유가 있는 세대들은 내부에 화장실을 설치했지만 그렇지 못한 주택들도 여전히 많다. 이런 세대들을 위해 공동화장실이 아직도 존재하고 있는데 다행히 시설은 구청이나 여러 기관의 도움을 받아 수세식으로 개축되었다. 넉넉하지 않은 지원금으로 재료비를 충당하고 인건비를 아끼기 위해 동네 사람들이 자발적으로 힘을 모아 공사를 완성하였다고 한다.[46]

---

44) 물을 구할 수 있는 곳이 멀었기 때문에 물 2번 이고 나면 하루가 다 갔다고 한다. 신복례(여, 80세, 아미동 거주, 2009년 10월 24일 조사).

45) 신복례(여, 80세, 아미동 거주, 2009년 10월 24일 조사).

46) 윤지선(여, 61세, 아미동 거주, 2009년 12월 3일 조사).

특이한 점은 이 작은 산동네에 미등록된 경로당을 포함하여 총 13개의 경로당이 있다는 것이다.[47] 지형 조건이 가장 큰 원인이다. 거동이 불편한 노인들이 가파른 산동네에 살다보니 멀리 있는 경로당에 가기보다 가까운 곳에 소규모의 경로당을 만들었다. 경로당이 많은 또 다른 이유는 토박이들의 모임과 이주민들의 모임이 나눠져 있기 때문일 것이다. 토박이 자신들도 화장장, 공동묘지에 산다는 이유로 아미동 외부 사람들에게 무시를 당했으면서 이주민들을 소외시키고 함께 소통을 나누지 않았던 것이다.[48]

5. 문화적 변화와 의미

인간의 삶과 의식은 그 사람이 놓여 있는 조건과 장소를 기반으로 출발할 수밖에 없으며, 그것에 의해 한정될 수밖에 없다. 인간이 자신이 놓여 있는 조건과 장소와 관련해서, 그 사회의 구성원으로 획득된 지식, 신념, 예술, 법칙, 도덕, 관습, 그 밖의 다른 능력이나 습관을 포함하는 복합적인 전체를 문화라고 부른다.[49] 이러한 정의를 통해 문화란 사회의 구성원들에게 공유된다는 점에서 집단적인 성격을 갖고 있으며, 그 공유의 과정은 구성원들 간의 의사소통, 정보교환을 통해 가능하다는 것, 그리고 문화란 관념뿐만 아니라 인간의 활동(관습, 습관)을 포함한다는 것도 알 수 있다. 이런 점에서 언어는 곧 문화의 하위 범주가 된다. 뿐만 아니라 문화는 '무언가'를 통해 드러나고 소통되는데, 이 '무엇'이 바로

47) 부산 서구청, 『구정백서』, 2008, 195~198쪽.

48) 이상묵(남, 74세, 아미동 거주, 2010년 1월 30일 조사).

49) Philip Smith, *Cultural Theory: An Introduction*, 한국문화사회학회 옮김, 『문화이론』, 이학사, 2008, 18쪽.

기호이며 그 대표적인 것이 언어이다. 그래서 넓은 의미에서 문화를 말하면, 언어는 곧 그 자체가 하나의 문화이기도 하고, 또 다른 문화를 드러내는 표상체계이기도 하다. 따라서 특정 장소에서 사용되는 언어를 분석한다는 것은 곧, 그 장소에서 살아가는 사람들의 문화를 알아보는 한 가지 방법이 될 수 있다.

언어를 분석하면 그 장소로부터 출발하고 그에 의해 한정되는 사람들의 생활과 의식으로서의 문화를 알아볼 수 있다. 이러한 점에서 아미동 산동네란 특정한 장소에 사는 사람들이 사용하는 언어를 분석하게 되면 그 장소적 맥락이 이주민들의 문화와 어떻게 관련되는지, 특히 문화적 변화와 어떤 관련이 있는지를 부분적으로 설명할 수 있을 것이다. 이 장에서는 이주민들의 언어 분석을 통해 아미동 지역 사람들의 문화적 변화와 그 장소적 맥락의 관련성을 알아보려고 한다.

언어에 나타난 문화적 변화

앞에서 살펴본 것처럼 아미동에는 전라도, 충청도, 함경도, 부산 외의 경상도 같은 다양한 지역 출신의 사람들이 모여 살고 있다. 그런데 구술자료의 채록을 통해 나타난 특이한 점은 이들의 언어 속에 출신지의 언어, 즉 고향어의 언어적 특징이 별로 드러나지 않는다는 것이다. 여기에서는 제보자들 중 그 수가 비교적 많고 부산 지역어[50]와 다른 언어적 모습을 보여 언어적 변화를 파악하기가 용이한 전라도 지역어를 사용하

---

50) 본 논의에서는 방언 대신 지역어라는 용어를 사용하기로 한다. 이는 방언이란 용어가 자연적인 경계물 등이 원인이 되어 언어가 구분되는 현상과 관련된 용어라는 점에서, 지역에서 사용하는 일상어를 대상으로 하는 본 논의의 성격에는 지역에서 사용되는 일상어를 가리키는 지역어라는 용어가 더 적합하기 때문이다.

는 사람들의 언어를 대상[51]으로 그 변화와 의미를 알아보고자 한다.

○ 출신 지역어의 흔적

이 장에서 자료로 사용하는 구술의 제보자들[52]은 각기 다른 이유 때문에 아미동 지역으로 이주해 온 사람들이기는 하지만 모두 전라도가 고향인 사람들이다. 그런데 이들의 구술에서는 어휘는 물론, 그 지역어의 특징을 가장 잘 드러내 주는 억양[53]에서부터 어미 활용에 이르기까지 전라도 지역어의 특징을 별로 드러내지 않고 있었다. 아래의 예는 전체 구술 자료 가운데 전라도 지역어의 특징이 드러나는 부분만을 보인 것이다.

1) 조사자 : 그걸 해 드실 때 전라도 식으로 해 드십니까?
   제보자 : 그면 여그 오래 살다보니까 음식도 다 여그 따라서 해 먹지.
   조사자 : 주로 만약에 예를 들어 명절 때 하는 게 주로 많이 하는 게?
   제보자 : 송편하고 뭐 산적 같은 거도 하고 나무새고 하는 거지. 이제 다 잊어뿐졌어. 내 어디서……그러다 잊어뿐졌지. 여그 속으로 해 먹었지 인제.
2) 제보자 : 예. 여그는 집만 있었고 여그는 하꼬방하고 천막 있었고 저저 내가 안 카던 가베. 그그 여그만 통장님이 들어 가지고 빨리 그

51) 출신지의 언어를 더 하위 구분하지 않고 경상도, 전라도 등의 언어로 구분한 이유는 연구의 편의를 위해서이다. 더 하위 지역을 단위로 구분하게 되면, 동일 지역 출신의 제보자를 찾을 수 없어, 연구 자료 자체가 개인어의 특징만을 담게 될 수 있기 때문에 연구 결과의 보편성을 확보하기 어렵다. 따라서 여기서는 전라도 지역어와 경상도 지역어로 구분하고, 두 지역어로 묶일 수 있는 언어적 특징을 중심으로 다룬다.

52) 이 장에서는 신복례, 문주원, 김정숙의 증언을 언어 분석의 대상으로 삼는다.

53) 본 논문은 전라도 지역어의 언어학적 특성을 밝히는 것이 목적이 아니므로, 억양이나 음운적 특징 같은 정밀한 언어학적 분석은 하지 않기로 한다.

거 판자 집을 세웠다고 마 저쪽으로는 그 인자 천막이 많앴고 루핑 은 인제 마 인제 깡통 그게 얼마 안 돼. 마 새더라고.

3) 제보자 : 고 언제쯤 난가는 모르지만 오래 됐습니더. 그때 하여튼 그때 만 해도 머여 차가 이 질도 좁고 여그도 좁고 올라가고 여그 쫌 높으고 여까지 하꼬방이 다 있었는데 불 나면 위험하다고 방화 도로를 내면서 저그 이제 여그도 나갔고 저그도 나갔고 지금 에법 많이 널렀었는데 여그서 저 쪽 한적하게 널렀었는데

4) 제보자 : 그 장사를 그러니께, 거그서 몇 년 하다가 인제 그렇게 하다가 셋째를 낳고 나니까 너무 머시기해서 장사를 못 하고 들어앉아 있다가

5) 제보자 : 여기 여 와 가지고, 여그 보니까 텐트 밑엔데 칸막이 깔아놓고, 가마이 갖고 뭐 여기서 이럭저럭 살다보니 그때만 해도……텐트 안에서 칸을 막아가지고 보르가메 안 있습니까.

6) 제보자 : 전부 텐트요 텐트 쳐가지고 가마이 깔고 여기 이 공동묘지 누가 오겠어요 얼마나 그라고 공민학교라고 요 우에 하나 있었어요.

7) 제보자 : 어 예 19번지 지금 등면상으로 보면 230번지 이래 가지고…… 너그들 같이 살도록 대책을 세워줘야지 되는데 변상금을 들멕이고 말이야. 그라제 그라제. 지금 준 사람들 주고 안 준 사람들 안 줘 뻐려요.

구술 자료 전체를 통해 전라도 지역어의 형태가 가장 많이 나타나는 것은 장소를 가리키는 지시대명사 '여기, 저기, 거기'이다. 물론 모든 '여기, 저기, 거기'가 전라도 지역어의 형태인 '여그, 저그, 거그'로 나타나지는 않지만, 다른 어휘들에 비해 그 사용 빈도가 높다. 1)~5)의 예들에서도 '여그, 저그, 거그'의 형태가 보이는데, 5)에서는 '여기'와 '여그'가 혼용되어 나타난다. 5)의 화자의 경우는 '여그'보다는 '여기'를 더 빈번하게

사용하고 있는데, 특별한 의미 없이 발화되는 간투사적 성격을 지닌 경우에는 5)의 밑줄 친 부분과 같이 '여그'가 나타난다.

간투사란 어휘 자체가 지닌 실질적 의미를 전달하는 어형이 아니라 대화를 이어가는 중간에 다음 발화를 준비하기 위해, 혹은 앞말에 대한 부연설명을 하기 위해 사용되는 말들로 말버릇에 속한다.[54] 이러한 말버릇은 화자가 의식하지 못하고 습관적으로 사용하는 경우가 대부분이어서 한번 화자의 말버릇으로 고착화 되면 바꾸기가 쉽지 않다. 위의 예에서 보이는 '그면, 그러니께, 그라제' 등도 접속어나 서술어로 기능한다기보다는 모두 간투사로 기능하는 것이다. 실질적 의미를 가진 말보다 간투사적 기능을 하는 말들이 출신지역어의 형태로 더 많이 유지되고 있는 것은, 이러한 말들이 말버릇으로 고착화 되어 있는데다, 의미전달에 중요한 기능을 하는 것이 아니므로 의사소통의 과정에서 상대적으로 변화를 겪지 않았기 때문인 것으로 보인다.

이외에도 전라도 지역어의 특징을 보이는 어휘로는 형용사의 활용형으로 '넓었었는데'를 나타내는 형태인 '널렀었는데'와 '높고'를 나타내는 '높으고'가 나타난다. 동사 활용형으로는 '머시기하다'라는 전라도 지역어의 대표적인 형태와 '잊어 뿐지다' 같은 형태에서 나타나는 보조동사 '뿐지다' 등이 있다.[55] 보조동사 '버리다'의 의미를 가지는 '뿐지다'는 부산 지역어 '삐리다'에 해당하는 대표적인 전라도의 보조동사 형태인데, 제보자는 구술에서 '뿐지다'와 '삐리다'를 혼용해서 사용하고 있다. 그리고 전라도와 경상도에서 모두 사용되는 어형인 '에법, 나무새' 같은 어휘도

54) 오승신, 「구술상에서의 간투사의 기능」, 『말』 22, 연세대학교 한국어학당, 1997, 53~54쪽.

55) 국립국어원, 『표준국어대사전』, 2008. '뿐지다'는 예사소리인 '분지다'의 형태로 나타나기도 한다.

나타나는데, '나무새'는 부산 지역에서는 사용되는 말이 아니라는 점에서 볼 때 제보자의 출신 지역어로 보인다.

구술자료 전체를 볼 때, 위의 예에서 나타나는 어형들을 제외하고는 거의 전라도 지역어의 모습이 보이지 않는다. 일반적으로 문화 접촉에 의한 언어 변화의 경우, 실질적 의미를 가진 어휘 형태 자체의 변화에 비해 문법적 기능을 가진 기능범주들은 그 변화가 더딘 편이다. 이런 점에서 출신 지역어의 어미 활용형의 모습이 별로 남아 있지 않을 뿐만 아니라 부산 지역어의 형태와 혼용되어 사용되고 있다는 것은, 제보자들의 언어가 이미 상당 부분 부산 지역어화 되었다고 볼 수 있다.

○ 부산 지역어로의 동화

전체 구술 자료를 통한 제보자들의 언어 사용 양상을 보면, 어휘는 물론 어미활용이나 문법화한 형태의 사용 등, 다양한 부분에서 부산 지역어의 모습을 보이고 있다. 다음의 예에서도 이러한 현상을 볼 수 있다.

8) 제보자 : 예.……신랑각시 댕기면서러 인제 장구 징 가지고 대니면서 누가 부르면 머시고 그거 여자가 그거 그 신이 들려가 하면서부터 절 해가지고 됐다 아입니꺼. 그 저 지금 이 중간에 이 집 다 중간에 집이 또 뜯겼거든예. 요 요 두 집이 됐는 기라.

9) 제보자 : 천막 규모가 내나 여그서 여 요 요고라 요 끝이라. 근데 그때 우리 처음에 오니께네 그거 그 하꼬방을요, 저저 판잣집을 지었을 때 인제 요래……요 요가 끝인 기라.

10) 제보자 : 뭐……그러다 보니께네 참 내 친구 다 가분지고 뭐 할 게 어딨는교?

11) 제보자 : 이기 머꼬 이것도 아이고……이긴가…….

12) 제보자 : 근까 있었다 카니까네요. 이 집이 있었지.
13) 제보자 : 예. 여그는 집만 있었고 여그는 하꼬방하고 천막 있었고 저저 내가 안 카던 가베
14) 제보자 : 마이 있지요. 마이 있어요. 집도 안 팔리고. 누가 이 집 사가 옵니꺼? 요새 같으면 다 내삐릴끼다.……소금 절여 가지고 고칫까루 막 요 뒤에 이북집이라고 한 집이 살았는데. 고칫까리 막 무쳐가지고 하나도 묵을 게 없으니까네. 만약에 비나 오고 했다 카므는 날새뿌는기라
15) 제보자 : ……통장한테 물어보니까, 개안습니다 있습니다 하더마는 그 소리를 듣고 나니까 어디 있어 있기는.
16) 제보자 : 십년 안 됐지. 아마, 십년은 안 됐을낍니다.
17) 제보자 : 그거는 지금 벌써 한 4, 5년 넘을끼야.

예에서 나타나는 '댕기다, 대니다, 아인가, 머시고, 머꼬, 마이, 고칫까리, 개안습니다' 같은 어휘 형태들은 전형적으로 부산 지역어의 모습을 보이고 있다. 뿐만 아니라 '이긴가?, 됐는 기라, 끝인 기라, 날새뿌는 기라' 등과 같은 형태들에서는 의존명사 '것'을 '기'로 발음하는 부산 지역어의 특징을 그대로 보이고 있으며, '있었다 카니까네요, 했다 카므는'에서와 같이 인용표지 '-고 하-'를 '카'로 사용하는 부산 지역어의 대표적인 형태들도 나타난다. '안 카던'에서 나타나는 '카다' 역시 '하다'를 그렇게 발음하는 부산 지역어의 모습을 보이고 있다.

뿐만 아니라 '들려가, 사가'에 나타나는 '-가' 는 '아/어 가지고'가 문법화해서 나타난 형태로,[56] 부산 지역어에서는 '-가'로 나타난다. 그리고 '아입니꺼, -습니더, 있었다 카니까네요, 어딨는교?' 같은 예들에서 나타나는

56) 범금희, 「{어 가지고}와 관련된 문법화 현상에 대하여(2)－{어 가지고}와 {어서}를 중심으로」, 『배달말』 30, 배달말학회, 2002, 24～27쪽.

'-ㅂ니꺼, -습니더, 카니까네요, -는교' 등도 모두 대표적인 부산 지역어의 어미 형태들이다. 이처럼 제보자들의 구술에서는 어휘뿐만 아니라, 어미 활용 부분에서도 대부분이 부산 지역어를 사용하고 있는 것으로 나타난다.

이와 같은 구술 자료의 분석을 통해, 제보자들의 언어는 출신지의 언어로부터 많은 변화를 겪어 왔으며, 지금은 일부 전라도 지역어의 흔적이 남아 있기는 하나, 거의 부산 지역어화 되었다고 볼 수 있다. 이러한 현상은 문화와 문화가 접촉하면서 혼종의 모습을 보이다가 다음 단계로 넘어가는 과정을 보이는 것이다. 혼종의 상태는 다음 단계에서 전혀 새로운 제3의 모습으로 변화되기도 하지만, 혼종의 구성소 중 더 강력한 영향력을 가진 쪽으로 변화의 방향이 기울어지기도 한다. 아미동 산동네의 문화, 그 중에서도 언어를 중심으로 본 문화에서도 이러한 양상이 나타난다. 아미동 산동네로 이주해 온 사람들의 언어적 변화는 혼종을 이루는 요소 중 더 강력한 영향력을 가진 부산 지역의 언어로 변화하는 모습을 보이고 있는 것이다. 이러한 변화는 문화의 다른 분야에서도 찾을 수 있다.

18) 조사자 : 그걸 해 드실 때 전라도 식으로 해 드십니까?
제보자 : 그면 여그 오래 살다보니까 음식도 다 여그 따라서 해 먹지.
조사자 : 주로 만약에 예를 들어 명절 때 하는 게 주로 많이 하는 게?
제보자 : 송편하고 뭐 산적 같은 거도 하고 나무새고 하는 거지. 이제 다 잊어뿐짔어. 내 어디서……그러다 잊어뿐짔지. 여그 슥으로 해 먹었지 인제.

명절 상차림을 묻는 데 대한 답변[57]이다. 제보자는 전라도 식은 잊어버렸고 여기 식으로 음식을 해 먹는다고 한다. 또 제사 때는 어떻게 상을 차리느냐는 질문에는 예전에는 제사도 제대로 지낼 수 없었지만 지금은 지방 쓰고 다른 집들하고 똑같이 지낸다고 한다.[58] 이처럼 아미동 사람들의 문화 중에는 혼종의 단계를 넘어 출신지의 문화가 부산 지역 문화로 동화되었거나 흔적으로 남아있는 경우들이 나타난다.

언어적 변화와 아미동이란 장소

언어생활에서 출신 지역어의 모습이 별로 드러나지 않고 부산 지역어로 동화된 모습을 보이는 이유는 무엇일까? 이는 기본적으로 제보자들이 고향을 떠나 아미동으로 온 지가 길게는 50년, 짧게는 30~40년이 되었다는 데에서 원인을 찾을 수 있다. 하지만 언어 변화가 다양한 원인에 의해 발생한다고 할 때, 이주 기간 이외의 다른 변화의 원인도 작용했을 것이다. 여기에서는 이러한 원인을 우선 아미동으로 이주해 온 제보자들의 역사, 사회, 경제적 배경에서 찾아보려고 한다.

앞 장의 아미동 형성과정에서 보았듯이, 아미동에 이주해 온 사람들은 일본 귀환동포나 피난민, 유랑민, 그 외 살던 곳이 철거되는 바람에 이곳으로 이주해 올 수밖에 없었던 국가와 사회로부터 소외되고 배제되었던 사람들이다. 구술에서 나타나듯이[59] 이들에게는 돌아갈 수 있는 고향이 없는 경우가 대부분이었다. 그들은 출신지인 고향을 떠나와 이곳에 정착하게 된 후로, 출신지와는 단절된 삶을 살아왔다. 이러한 삶은 제보자의 구술 18)에서 보여 주듯이 출신지의 문화로부터의 단절을 의미하는 것인

57) 신복례(여, 80세, 아미동 거주, 2009년 10월 24일 조사).
58) 이상묵(남, 74세, 아미동 거주, 2010년 1월 30일 조사).
59) 문주원(남, 74세, 아미동 거주, 2009년 10월 17일 조사).

동시에, 그들이 삶을 영위하고 있는 이 지역의 문화를 받아들이는 양상으로 나타난다. 문화와 의식을 재현하는 한 가지 방식이 언어라는 점을 생각해 볼 때, 출신지와의 단절은 곧 출신지 언어와의 단절을 의미하는 것과 다르지 않다.

이와 더불어 또 다른 중요한 원인의 하나는 아미동 사람들의 생활모습에서 찾을 수 있다. 아미동 사람들은 열악한 경제적 상황을 벗어나기 위해 낮에는 주로 시내로 내려와 부산 사람들을 대상으로 경제적 활동을 영위했고 그렇지 않은 경우는 대부분이 여성들로서 집안일에 종사했었다. 전자의 경우, 사회문화·경제적 소통은 부산 사람들과의 관계를 중심으로 이루어졌으며, 그런 관계 속에서는 자연히 언어적인 영향을 받을 수밖에 없다. 언어 변화의 방향을 생각해 볼 때, 자신들과 주로 소통하는 사람들의 언어, 특히 그것이 자신들보다 사회적 경제적으로 우월한 입장에 놓인 사람들의 언어인 경우에는 그 언어를 닮아가는 것이 일반적이다. 이런 점에서 부산 지역어로의 동화는 자연스러운 현상이다.

뿐만 아니라 이주민들의 경우, 아미동 산동네에 거주하는 다른 사람들과도 소통할 수 있는 시간적 여유가 없었다. 새벽 4~5시에 일터로 나가서 저녁에야 돌아오는데, 전기조차 들어오지 않는 현실(70년대가 되어서야 전기가 들어온다)에서, 주변에 거주하는 다른 사람들과의 소통이 이루어지기는 어렵다. 그래서 아미동에 같은 출신지의 사람이 있었다 하더라도 서로가 잘 몰랐을 뿐만 아니라,[60] 서로 알고 있다 하더라도 하루하루 벌어먹고 살기가 힘든 형편이어서 서로 간의 소통이 이루어지기가 쉽지 않았다. 이런 상황에서 그들이 소통할 수 있는 대상은 가족과 경제활동의

60) 이영찬과 김삼월은 함경남도 홍남 천기리 출신이고 이곳에서 오랫동안 살았음에도 불구하고 서로 잘 모르고 있다.

대상이 되는 부산 사람들로 제한될 수밖에 없었다. 같은 지역 출신들이라도 경제적 어려움 때문에 시간적 여유가 없어 서로 소통할 수 없었던 단절의 상황이 언어적 변화에도 영향을 끼쳐, 부산 지역어를 받아들이고 동화된 것으로 보인다.

이러한 역사 · 사회 · 경제적 배경 외에도 아미동 산동네가 지닌 공간적 특징 역시 이들의 언어생활에 중요한 영향을 끼친 것으로 보인다. 앞에서 보았듯이 아미동의 공간적 특징 중의 하나는 집과 골목이 모두 좁다는 것이다. 원래 무덤이었던 공간을 조금 확장해서 집을 지은 결과 생겨난 것은, 방과 부엌이 딸린 2평 남짓한 판잣집과 좁은 골목길이다. 소통이 이루어지기 위해서는 사람들이 모일 수 있는 공간이 필요하다. 하지만 좁은 공간은 낮 동안 마주치는 이웃들과의 소통을 허락하지 않았다. 한 사람이 겨우 지나다닐 수 있는 골목에서 서서 이야기를 나누거나, 몇 사람 들어 올 수도 없는 좁은 방에 모여 앉아 이야기를 할 수도 없었기 때문이다. 같은 지역 출신의 사람들이, 같은 시간대에, 아미동이라는 같은 공간 내에 살고 있었다 하더라도 지나가다가 인사를 나누는 경우를 제외하고는 별다른 소통을 기대하기 어려웠다고 한다. 이렇게 소통이 이루어질 공간이 없었다는 공간적 제약 역시, 이들의 언어가 서로 교환되면서 유지될 수 있는 길을 막았다.

이주민들 사이의 소통의 단절은 이러한 역사 · 사회 · 경제적 배경으로 인한 것 외에도 그들의 의식적인 측면에 기인하기도 한다. 제보자들은 산-19번지인 이 지역을 사람들이 살 곳이 못 되는 곳으로 기억한다.[61)]

61) 구술에서 문주원은 "사람 살 곳이 못 돼요. 지금도 여기 사람 살 곳이 못 됩니다. ……왜 살 곳이 못 됐니까. 쓰레기고 뭐 간에 와 밤에 문 안 열어 봤지. 와 돌아뿌겠네. 내가요, 드르봐서 참 내 말이야. 술 쳐 먹고 그러한 인간들이 옳은 사람 밸로 없거든요. 옳게 사는 사람들이 밸로 없어요. 살기 힘들어서 그럴꺼 아닙니까?", "예를 들어서 동네에서 못된 것 배우게 하는 게 어떤 게 있습니까?

그리고 자기 가족들을 제외한 이 지역의 다른 사람들을 올바르지 못한 사람, 배울 게 없는 사람들이라고 생각하고 서로를 소외시켰던 것으로 나타난다.

주변 사람들에 대한 이러한 인식은 자녀교육과 자신들의 네트워크 형성 부분을 통해서 단적으로 드러난다. 이주민들은 자신들은 이곳에서 떠나지 못해도 자녀들은 반드시 밖으로 보내고 싶어 했으며, 그래서 자녀 교육에 특히 열심이었다고 한다. 이러한 희망을 실현하기 위해 제보자들은, 자녀들이 학교만 갔다 오면 바깥 출입을 금하고 주변 사람들과 어울리지 못하게 했다고 하는데, 그 이유를 다른 사람들과 어울려서 배울 게 없기 때문이라고 구술하고 있다.[62] 또한 자신들의 네트워크 형성에 있어서도 자신이 거주하는 이곳 사람들이 아닌 지역 외부 사람들과 계모임을 하고, 정치 활동 역시 이 지역 사람들과 연계하기보다는, 외부 지역의 사람들과 연계하는 등의 모습을 보이기도 한다.[63] 이처럼 이주민들은 내부적으로도 서로가 서로를 소외시키고 있었다. 국가나 사회에 의해 소외되고 배제됨으로써 이곳을 최후의 삶의 터전으로 삼을 수밖에 없었던 이주민들은, 외부 사람들이 자신들을 바라보는 시선을 그대로 내면화하면서 서로를 소외시켰던 것이다. 서로 간의 소외는 결국 이주민들 사이의 소통의 단절을 가져왔고 서로의 문화가 교류하고 소통되지 못함으로써 자신이 가졌던 문화의 단절과 함께 부산 지역의 문화로

못된 게 아이라, 길거리 앉아서 술이나 쳐 먹고 내나 싸움이나 하고 있고 골목에서 굉장했습니다. 저 앞에 저어 산상교회가 길어졌기 때문에 고 앞에 술집이 있었는데 날마다 밤에 싸움을 하고 굉장합니다. 파출소 순경 방범 초소가 요기 이발소 앞에 방범 초소가 있었는데 고것도 철거 됐뿟제, 이게 전에는 굉장했었습니다. 지금 많이 조용해진 택이죠. 옛날에는 차마 뭐가 없으면 뭐 쪽도 못 썼는데요."라고 말하고 있다.

62) 문주원(남, 74세, 아미동 거주, 2009년 10월 17일 조사).

63) 이상묵(남, 74세, 아미동 거주, 2010년 1월 30일 조사).

빠르게 동화되는 현상을 보이게 된 것이다.

이렇게 볼 때 아미동 산동네 이주민들의 문화가 혼종의 과정을 지나 부산 지역 문화로 동화된 모습을 보이게 된 것은, 역사·사회·경제적으로 소외되어 공동묘지로 이주할 수밖에 없었던 이주민의 삶과 소통을 단절시킬 수밖에 없었던 공간적 특징, 그리고 서로를 소외시켰던 이주민들 간의 의식, 외부의 부산 사람들을 주된 상대로 이루어졌던 경제활동 등이 주된 원인이었던 것으로 보인다.

6. 산동네의 양면성

본고는 아미동 산동네를 대상으로 이주민들이 국가의 폭력에 의해 이곳으로 이주하는 계기, 이주민들이 만들어가는 주거공간의 특징 그리고 역사적·공간적 계기가 만들어내는 주민들의 문화적 변화 등을 검토하였다.

본고를 통해 아미동 산동네는 일제시대 일본인 공동묘지로 조성된 공간이었고 산(生) 사람보다는 죽은 자의 무대였음에도 이주민들이 이곳을 삶터로 삼게 된 이유는 국가의 폭력에 의한 어쩔 수 없는 선택이었음을 확인할 수 있었다. 국가의 폭력 행위는 한국전쟁과 이로 인해 밀려드는 피난민, 국가의 보호를 받지 못한 피난민들의 판잣집 건설, 국가의 철거 등 국가가 피난민들을 국민으로 수용하기보다 소외시키는 사건들을 근거로 제시하였다. 또 구술을 통해 강제철거 당한 피난민이 아미동 산동네를 이주지로 선택하게 된 중요한 이유가 부산시가 마련한 철거민수용소와 생계활동지와의 거리 때문이라는 것을 확인할 수 있었다. 이처럼 이주과정에서 보여진 이주민들의 소외는 이후 마을의 구성과 이주민들의 사회적·문화적 관계 맺기에 커다란 영향을 미쳤다.

아미동 산-19번지 공동묘지에 자리잡은 마을은 가파른 경사지에 위치하면서 도로 옆에서부터 점차 산마루 방향으로 조성되었다. 그 결과, 좁고 굴곡이 심한 골목, 가파른 계단이 마을 전체의 중요한 경관이 되어버렸다. 주거지는 이주 당시 천막에서 점차 판잣집, 슬레이트집, 조적조 건물로 시기에 따라 변하였다. 주거공간은 대부분 기존 무덤을 기준으로 마련되었기 때문에 2~3평 정도로 좁았고 출입구-부엌-방으로 연결된 실내공간은 잠자리 이외의 여유 공간으로 활용하기 어려웠다. 그리고 채광이나 환기도 그다지 좋지 못했다. 1980년대 이후 조적조 건물로 바뀌면서 이웃한 판잣집을 매입해 방을 넓히고 주거환경을 개선하면서 점차 마을 사람들 사이에 왕래와 소통이 많아지게 되었다.

이상과 같은 역사적, 공간적 특징을 지닌 아미동 산동네 사람들의 문화적 특징을 언어 중심으로 살핀 결과, 문화적 동화현상이 두드러졌다. 전라도 출신 사람들의 언어를 대상으로 한 분석에서, 전라도 지역의 언어적 특성은 장소 지시대명사와 간투사를 중심으로 한 몇 개의 어휘에서만 지역어의 특성을 보였을 뿐 대부분의 어휘와 어미 활용, 문법화 현상 등에서는 부산 지역어의 모습을 보이고 있었다. 이러한 현상은 두 지역어가 혼종의 단계를 지나, 구성요소 중 더 강력한 영향력을 지닌 언어로 동화되는 과정을 보이는 것으로 해석된다. 동화현상은 언어 외의 명절 상차림이나 제사 문화에서도 유사하게 나타난다.

이러한 부산 지역어로의 동화현상은 이주민들이 아미동 산동네로 옮겨오는 역사·사회적 배경과 함께, 경제적 배경 등으로 인한 출신지역과의 단절, 지역 내부 사람들끼리의 소통의 부재, 그리고 외부의 부산 사람들을 상대로 이루어진 경제활동 등이 주된 원인이다. 또한 서로가 소통할 만한 공간이 없다는 아미동 산동네의 공간적 제약 역시 지역 내부인들 간의 소통을 막았다. 그리고 국가나 사회에 의해 소외되고 배제되었던 이주민들은 외부 사람들이 자신들을 바라보는 시선을 그대로 내면화시킴으로써 서로를 소외시켰는데, 이 또한 소통의 단절을 통한 문화의 단절과 함께 부산 지역의 문화로 동화되는 현상의 원인이 되었다.

참고문헌

경상남도, 『도세일람』, 각 연도판.

국립국어원, 『표준국어대사전』, 2008.

김정하, 「부산의 일본귀신전설에 대한 도시민속학적 고찰」, 『동북아문화연구』 17, 동북아시아문화학회, 2008.

류교열, 「1920년대 식민지 海港都市 부산의 일본인 사회와 '죽음'의 폴리틱스」, 『日語日文學』 39, 대한일어일문학회, 2008.

박철규, 「1920~1930년대 부산지역 빈민의 추이와 생활」, 『항도부산』 15, 부산시사편찬위원회, 1998.

범금희, 「{어 가지고}와 관련된 문법화 현상에 대하여(2)－{어 가지고}와 {어서}를 중심으로」, 『배달말』 30, 배달말학회, 2002.

부산시, 『도시계획백서』, 1971.

______, 『시세일람』, 1955.

부산시 서구청, 『구정백서』, 2008.

양미숙, 「1920·1930년대 부산부의 도시빈민층 실태와 그 문제」, 『지역과 역사』 19, 부경역사연구소, 2006.

오승신, 「구술상에서의 간투사의 기능」, 『말』 22, 연세대학교 한국어학당, 1997.

유승훈, 「도시민속학에서 바라본 달동네의 특징과 의의－부산의 달동네를 중심으로」, 『민속학연구』 25, 국립민속박물관, 2009.

장정구, 『나는 파이터다!』, 책나무출판사, 2008.

주경업, 「근대역사의 상처를 안고 있는 아미동 산의 19번지」, 『봉생문화』 겨울, 봉생문화재단, 2009.

하명화, 「1920~30년대 초 도시 주거문제와 주거권 확보운동」, 『지역과 역사』 12, 부경역사연구소, 2003.

황경숙, 『부산의 당제』, 부산시사편찬위원회, 2005.

Smith, Philip, *Cultural Theory: An Introduction*, 한국문화사회학회 옮김, 『문화이론』, 이학사, 2008.

Ⅲ. 사진과 구술을 통해 본 민중의 삶과 터전

박 규 택

1. 사진과 구술

본 연구는 사진과 구술의 결합을 통해 20세기 거대한 역사의 소용돌이 속에서 온 몸으로 체험한 평범한 사람들의 고단한 삶과 터전을 살펴본다. 그리고 연구는 사진과 구술 자료를 통해 평범한 사람들의 삶을 유형화(혹은 일반화)시키려는 작업이 아니라 해석을 통한 실천성에 주목하였다.

우리는 사진을 통해 사건이나 현상을 시각적으로 볼 수 있을 뿐만 아니라 언어로 표현할 수 없는 느낌 혹은 감정을 체험할 수 있다. 또한 사람들은 사건이나 현상의 다양한 면을 포착한 사진을 찍어 타인과 소통하기도 하고 새로운 이미지와 관점을 창조하기도 한다. 그러나 사진은 스스로 말하지 않기 때문에 사건이나 현상에 내포된 의미, 의도, 시간성 등을 파악하지 못한다. 구술은 사건이나 현상 자체를 상세하게 기술하거나 해석할 수 있다. 따라서 구술은 사진의 의미와 의도, 시간성, 사진 속에 있는 다양한 관계 등을 해석할 수 있다. 그러나 구술은 사건이나 현상을 시각적으로 보여줄 수 없을 뿐만 아니라 재현이 불가능한 느낌(혹은 감정)을 표현하는 데 한계를 보인다. 본 연구는 사진과 구술을 결합하여 20세기 역사에서 주목받지 못한 사람들의 삶과 이와 관계된 장소를 해석해 보고자 한다. 본 연구에 이용된 사진과 구술은 20세기민중생활사 연구단에서 곧 역사 속으로 사라질 운명에 놓인 사람들을 직접 만나 힘들게 모은 자료의 일부를 이용하였다.[1)]

2. 재현의 정치, 삶과 터전의 기억, 환대

본 연구는 우선 사진과 구술[2)]을 체계적으로 이해하기 위한 틀(framework)이 필요하다. 이 틀은 본론에서 다루어 질 다양한 사진과 구술의 해석을 위한 길잡이로 활용될 것이다.

사진과 구술은 객관과 주관 혹은 외부와 내부의 시각 등 이분법으로

---

1) 20세기민중생활사연구단에 소속되어 귀중한 자료를 수집하느라 수고하신 모든 분들에게 진심으로 감사의 마음을 전합니다. 논문에 인용된 사진과 구술은 당사자와 해당 연구자들을 직접 접촉하여 허락을 받지 않고 사용하였음을 밝혀 둡니다. 이 부분에 대한 잘못은 저자에게 있으며, 인용된 사진과 구술의 해석에 대한 책임도 저자에게 있음을 밝혀 둡니다. 논문에 의심나는 점이 있으면 원문을 참조하여 반드시 확인하시길 바랍니다. 그리고 사진과 구술 당사자의 정보, 즉 성명, 나이, 주소 등은 공식화되어 있기 때문에 실제적인 것으로 처리하였습니다. 향후 구술과 사진에 관한 연구윤리의 정립을 위한 논의가 필요할 것으로 판단됩니다.

2) 일반적으로 구술사(oral history)는 구술생애사(oral life history)와 크게 구별하지 않고 사용하는 경향이 있다. 넓은 의미에서 볼 때, 전자는 후자를 포함할 수 있다고 본다. 본 논문에서는 두 가지 용어를 구분하고자 한다. 구술사는 특정한 사건 혹은 현상에 초점을 맞춘 뒤 이것과 관련시켜 사람들의 이야기를 듣는 반면 구술생애사는 삶의 여정, 즉 출생, 성장, 장년, 노년에 대한 구술자 자신의 삶에 관한 이야기를 듣는 것이다. 그리고 구술생애사는 구술자의 주관적 기억에만 의존하는 것이 아니라 사회·문화·경제·정치 환경이 충분하게 고려되어 이루어진다. 본 연구에서는 편의상 구술이라는 용어를 사용하지만 실제적으로 구술생애사를 의미한다. 특히 본문에서 다룰 사진과 구술은 영남대학교 20세기 민중생활사연구단에서 다양한 사람들을 대상으로 구술생애사를 만드는 과정에서 생성된 것이다.

나누어 보는 습관을 탈피하여 권력, 이념, 갈등, 의미, 상징, 사회·문화, 저항, 창조 등 여러 측면에서 해석되어야 할 것이다. 본 연구의 틀은 세 가지 개념, 재현의 정치(politics of representation), 삶과 터전의 기억, 환대(hospitality)에 토대를 두고 있다.

1) 재현의 정치

사진이 재현의 정치 측면에서 다루어져야 하는 근거는 "사진은 객관적이고, 가치중립적이고, 사실을 표현한다"는 전제(前提)에 있다. 재현의 정치에서 핵심이 되는 질문은 "어떠한 주체가, 무엇을, 왜, 어떻게 재현하고자 하는가?"와 "재현된 사진은 어떠한 영향을 미치는가?"이다. 이들 질문은 '객관', '가치중립', '사실' 등의 관점으로 답해질 수 없다.[3] 주체의 이념과 목적에 따라 동일한 사건이나 현상을 상이하게 재현시킬 수 있을 뿐만 아니라 재현된 실체(사진 혹은 구술)를 두고 갈등이 일어나기도 한다.

> 근대의 실증주의적 시각 하에 시각적 증거 자료로 사용되었던 경찰, 병원, 군대의 사진 등에서 카메라는 기계적인 기록 장치로 이미지를 창출하기 때문에 손으로 기록하는 것보다 훨씬 객관적이며 과학적으로 대상을 재현한다고 평가받아 왔다.……[사진은 객관적이지 않고, 진실을

---

3) "기록하는 자의 중요한 덕목이라고 하는 객관이라는 것은 존재하지 않는다. 각자 자기의 양심과 지식과 감성을 걸고 객관으로 지향하려는 의지를 사람들은 객관이라 할 뿐이다. 작가의 주관적 객관과 대상의 사실이 충돌하며 빚어내는 것이 작품이다. 아무리 냉정한 객관적인 사진이라 하더라도, 어디엔가에 작가 고유의 해석이 조금이라도 곁들여지지 않았다면 그것은 작가의 작품이 아니다" (강운구, 「사진에만 남은 어제의 모습」, 20세기민중생활사연구단, 『20세기는 우리에게 어떻게 왔는가?』, 국제학술심포지움 발표문, 2003, 113쪽).

말하지 않는다.] 예를 들어 ABC는 1983년 5월 주요 방송사로서는 최초로 에이즈 특별 보도를 기획하는데,……ABC의 타깃 추적은 한때 매우 순수해 보이고 준수했던 얼굴이 카포시육종(Kaposi's sarcoma)으로 흉물스럽게 변해버린 28세의 케네스 람서(Kenneth Ramsauer)를 발견할 때까지 계속되었고,……역병에 걸리기 이전과 이후의 극히 대조적인 이미지를 선사하는 람서를 발견하고서야 에이즈가 TV 방송에서 세간의 시선을 모을 만한 첫 시각적 스펙타클을 창출할 수 있었다. 그러나 이 스토리는 포토저널리즘의 사각형 프레임이 진실의 객관적인 재현이라기보다 선택적인 재현, 즉 복잡한 상황 속에서 극적인 단면만을 포착하여 부각시키며 그 효과는 독자들에게 감동과 충격을 선사하기 위한 것임을 증명한다. 이는 보도사진에서 그것이 재현하는 선택성과 대표성의 문제를 제기한다.[4)]

오늘날 현대문명 자체와 구분할 수 없게 된 이미지는 현실을 왜곡하고 본질을 은폐시키는 역할에 머무르지 않는다.……이제 이미지는 권력과 결합하여 개인과 사회를 지배하려는 야심을 드러내고 있다.……물론 이미지 자체가 권력을 지향하는 것은 아니다. 권력은 이미지를 충분히 이용할 수 있는 지식을 갖은 사람이 창출해내는 것이다.……시각처럼 직접적이고 자극적인 감각은 없다. 그것은 사람들에게 확실성이라는 믿음을 주고 때로는 변신의 힘을 통해 새로운 세계를 창출해 내며 사람들의 잠재적 욕망을 끌어내기도 한다. 이러한 이미지의 매력적인 힘을 지식과 자본을 가지고 있는 권력자들이 그대로 내버려 둘리 만무하다.[5)]

위의 두 인용문에서 볼 수 있듯이 사진은 객관적이거나 가치중립적이

4) 김진아, 「에이즈(AIDS), 그 재현의 전쟁 : 미국의 대중매체와 예술사진 그리고 행동주의 미술」, 『서양미술사학회논문집』 28(2), 서양미술사학회, 2008, 116~118쪽.
5) 박아르마, 「이미지와 미셸 투르니에」, 『프랑스문화예술연구』 1, 프랑스문화예술학회, 1999, 79~80쪽.

지 않고 주체의 의도성을 내포하고 있으며, 생성된 사진은 일반인들에게 긍정적 혹은 부정적 영향을 미친다. 사건 혹은 현상을 이미지로 재현하는 사진의 정치는 세 가지 측면으로 나누어 고찰해 볼 수 있다. 첫째, 사진을 찍는 주체는 자신의 의도성에 따라 특정한 사건 혹은 현상을 배제(exclusion) 혹은 부재(absence)시키거나 주변부에 위치시킴에 따라 중요하지 않은 것으로 인식시킨다. 둘째, 지배 담론에 저항하는 사람들은 기존과 다른 사진의 생산을 통해 지배 담론의 허구성, 편향성을 폭로하면서 차이, 다름, 다양성의 중요함을 강조한다. 셋째, 사진을 이용하거나 관람하는 사람들은 생산자의 의도대로 해석하지 않는다. 즉 이들은 생산자에 의해 일차적으로 재현된 사진들을 자신들의 지식과 의도에 따라 다시 해석한다. 따라서 이미지로 재현된 사진은 세 가지 관점을 결합하여 해석되어야 할 것이다.

2) 삶과 터전의 기억

사진은 시간에 의해 만들어지는 이미지이지만 시간이 아닌 공간의 이미지이다. 이러한 사진에 시간성이 부여되는 것은 바로 관객의 기억에 의해서이다. 즉 사진 자체에는 시간이 없지만 사진은 관객의 기억과 연동하면서 시간성을 획득하게 된다. 베르그송의 말대로 지각이 항상 기억과 연결되어 있다면, 사진을 지각하는 행위 자체가 축적된 과거의 추억들을 환기하는 기억 작용 속에서 이루어진다. 즉 사진은 개인적, 사회적 기억 속에서 지각된다.[6)]

사진은 과거의 사건에 대한 목격담을 닮았지만 그것에 대해 이야기하

6) 주형일, 「사진 속에 남아있는 생활의 기억」, 20세기민중생활사연구단 제2차 심포지움, 2004, 17쪽.

> 지 않는다면 결코 역사적 증거가 되지 못한다. 우리가 사진에 대해 이야기하기 시작할 때에야 사진은 비로소 '언어'로서 말하기 시작한다.…… 만약 사진이 원래 타고난 성격이 있다면, 우리가 사진을 앞에 놓고서 하는 이런저런 이야기가 그것을 더욱 고유하게 만들 것이다. 사진은 바람을 불어넣기 전의 고무풍선처럼 우리가 거기에 이야기를 힘껏 불어넣을 때에만 비로소 제 모습을 드러내고 의미를 두둥실 부풀린다고 할 수 있다.7)

사람과 삶 그리고 이와 관련된 장소의 기억에 관해서는 다양한 분야에서 많은 연구가 이루어졌다.8) 이들 논문들은 대체로 1차 혹은 2차 문헌, 저자 자신들이 직접 관찰한 내용, 해당 사람들과의 면담 등을 토대하고 있다. 또한 이들은 사진을 도구로 활용하며, 기억을 개인적·주관적 측면과 집단적·사회적 측면으로 구분하여 해석하는 경향이 있다. 그러나 사진과 구술의 장·단점을 충분히 고려하고, 제3자의 입장이 아닌 당사자의 입장을 충분히 반영한 연구는 많지 않다. 더욱이 20세기 역사의 소용돌이를 온 몸으로 느끼면서 고단하게 살았지만 역사에 이름이 부재

---

7) 정진국, 「민중의 사진과 그 이야기」, 20세기민중생활사연구단, 『어제와 오늘 : 한국민중 80인의 사진첩』, 눈빛, 2009, 20쪽.

8) 이경률, 「현대 사진예술과 망각된 추(醜)의 재현」, 『한국프랑스학논집』 66, 한국프랑스학회, 2009; 오미일·배윤기, 「한국 개항장도시의 기념사업과 기억의 정치」, 『사회와 역사』 83, 한국사회사학회, 2009; 조성실, 「사진사의 삶과 사진관의 사회문화적 의미」, 『지방사와 지방문화』 10(2), 역사문화학회, 2007; 한지은, 「탈식민주의 도시 상하이에서 장소기억의 경합」, 『문화역사지리』 20(2), 한국문화역사지리학회, 2008; T. Cresswell and G. Hoskins, "Place, Persistence, and Practice: Evaluating Historical Significance at Angel Island, San Francisco, and Mexwell Street, Chicago", *Annals of the Association of American Geographers*, 98(2), 2006; V. Della Dora, "Mountains and Memory: Embodied Visions of Ancient Peaks in the Nineteenth-century Aegean", *Transactions of the Institute of British Geographers*, 33, 2008; G. Rose, "Family Photographs and Domestic Spacings: A Case Study", *Transactions of the Institute of British Geographers*, 28, 2003.

(不在, absence)한 수많은 일반인의 모습과 이야기를 다룬 연구를 찾기란 더욱 어렵다.

삶과 터전에 대한 기억은 세 가지 측면을 강조한다. 첫째, 특별한 사람이 아닌 평범한 사람의 삶과 이들이 살아온 터전에 관한 사진과 삶의 이야기에 초점을 둔다. 둘째, 사진이 보편화되어 있지 않고 전문가에 의해서만 사진이 찍혀질 때 평범한 사람들의 일상적 모습을 담은 사진은 표정, 배경, 의복, 구성 등을 정형화시키는 경향이 있었다. 따라서 이러한 사진을 통해서 주인공의 삶과 의미, 사건 혹은 장소의 특성, 사람과 장소의 관계 등을 파악하는 것은 불가능하다. 그러나 사진 속의 사람들이 직접 이야기하면 3자적 입장에서 볼 때와는 사진 이해는 판이하게 달라질 것이다. 우리는 사진과 구술의 결합을 통해 사회적・문화적 맥락과 집단성 그리고 개인이 경험한 특수성과 개별성을 동시에 파악할 수 있다. 셋째, 사진과 구술을 통해 사람들의 삶과 장소 기억을 구성하는 과정은 구술자와 피구술자의 상호작용에 의해서 이루어지기 때문에 서로에게 영향을 주고받는 작업이다. 따라서 이러한 과정 속에서 서로를 이해하는 폭이 넓어질 것이다.

3) 환대 : 차이와 다름의 인식과 실천

민중의 다양한 모습을 담고 있는 사진과 이와 관련된 이야기를 구체적으로 드러내 보이는 일은 자료를 수집하거나 현상을 해석하는 차원을 넘어 실천적 측면을 내포하고 있다. 이러한 일은 지배 권력에 의해 배제・망각되었거나 억압・주변화된 다양한 사람들의 모습을 복원하여 정당한 자리에 위치시키는 작업이다. 또한 이것은 지배 권력의 폭력성, 강제성, 편향성, 권위 등을 비판함과 동시에 다양성이 공존하며 차이와 다름을 정당한 것으로 받아들이는 사회와 문화를 만드는 기획이기도 하다.

다양한 형태의 사람들, 하층 계급, 여성, 소수 민족, 이민자, 난민, 장애자, 노약자 등의 모습을 담은 사진과 구술은 많이 알려져 있지도 않고 사회·문화·정치를 설명하는데 중요하지 않은 것으로 취급되어 왔다. 근대 자본주의에 토대를 두고 형성된 국민국가 하에서 망각·배제되었거나 소외·주변화된 사람들의 모습과 이야기를 드러내 보이는 일은 역사적으로 정당하게 평가받게 하고 올바르게 위치시키는데 기여할 것이다.

역사 속에서 부재된 다양한 유형의 사람들이 정당하게 자리매김하기 위한 토대를 제시할 필요가 있다. 환대(歡待, hospitality)[9]는 주체와 타자와의 관계를 새롭게 인식·실천하기 위한 틀을 제공한다.[10] 레비나스가 주장한 절대적인 환대는 '타자의 윤리'에서 출발한다. 환대의 윤리는 주체가 아닌 타자 중심의 윤리이다.

> 레비나스의 타자의 윤리학은 서구의 철학전통이 '타자로서의 타자'와 관계할 수 있는 가능성을 배제해 왔다는 비판에서 출발한다. 다시 말해

---

9) 본 논문에서 환대는 주체와 타자와의 관계 속에서 정의되며, 레비나스(E. Levinas)와 데리다(J. Derrida)의 논의를 따른다. "타자에 대한 환대는 주체에 의해 통합할 수 없는 절대적으로 분리된 타자를 상정하고, 주체가 그러한 타자와 갈등이 없는 관계를 맺는 방식이다"(이복기, 「쿳시의 『철의 시대』에 나타난 타자에 대한 환대」, 『신영어영문학』 33, 홍익출판사, 2006, 87쪽).

10) 김애령, 「이방인과 환대의 윤리」, 『철학과 현상학 연구』 39, 한국현상학회, 2008; 이복기, 위의 논문; 진태원, 「형이상학의 해체에서 타자들에 대한 환대로」, 『초등우리교육』 177, 우리교육, 2004; C. Barnett, "Ways of Relating: Hospitality and the Acknowledgement of Otherness", *Progress in Human Geography*, 29(1), 2005; J. Popke, "Geography and Ethics: Spaces of Cosmopolitan Responsibility", *Progress in Human Geography*, 31(4), 2007.

> 서 서구 철학은 주체적 자아의 관점에서 세계와 타자를 자기 틀로 파악해 왔다는 것이다. 레비나스의 타자의 윤리학은 주체적 자아의 관점에서 타자를 받아들이는 것이 아니라 타자의 '전적으로 다름' 앞에서 주체가 겸허히 자신의 한계를 인정하는 것에서 출발한다.……타자의 윤리학에서 타자에 대해 주체가 행할 수 있는 윤리적 태도가 바로 '환대'이다. 주체의 조건과 상황, 가능성의 영역에서 타자를 맞이하는 것이 아니라, 절대적으로 낯선 타자의 도래를 있는 그대로 수용해야 한다는 것이다.[11)]

데리다에 의하면, 레비나스의 환대의 윤리는 궁극적으로 무조건적 환대를 지향하고 있다. 그러나 이러한 윤리를 현실에 적용시키려면 환대의 대상을 제한하는 '조건적 환대'로 전환시켜야 한다.[12)] 진태원(2004)에 의하면, 데리다는 "로고스에 기초한 서양의 문명은 타자들에게 자신을 개방하고 그들을 존중하는 일이 어렵다"고 보았다. 90년대 이후 데리다가 사회적 문제들에 적극적으로 발언하고 개입한 것은 그의 철학사상 전개와 무관하지 않다.

> 데리다는 이주노동자들, 인종차별과 종교적 박해의 피해자들, 사형수들 및 그 외 많은 '약자들'에게서 살아 있는 것도 죽은 것도 아니고 현존하는 것도 부재하는 것도 아닌 유령들의 구체적인 현실태를 발견하며, 이러한 타자들의 부름, 정의에 대한 호소에 응답하고 환대하는 일이야말로 살아 있는 자들이 감당해야 할 윤리적 · 정치적 책임이라고 역설한다.……형이상학의 폐쇄적이고 배타적인 원리가 해체된 이후 중요한 것은 우리와 다른 타자들과 어떤 관계를 맺느냐, 어떻게 타자들을 절대적으로 환대할 수 있느냐 하는 문제이기 때문이다.[13)]

---

11) 김애령, 위의 논문, 190~191쪽.
12) 이복기, 앞의 논문, 90쪽.
13) 진태원 앞의 논문, 113쪽.

환대의 관점에서 20세기 굴곡의 역사 속에서 힘들게 살아온 사람들의 모습과 삶의 이야기를 구체적으로 드러내어 정당한 자리에 위치시킬 필요가 있을 것이다. 이들의 사진을 수집·출판하는 일과 삶의 이야기를 남기는 일 자체는 역사에서 잊혀져가거나 소외된 사람들(혹은 타자)을 환대하는 일이 될 것이다.

3. 사진과 구술의 해석과 실천

1) 식민지 초등교육[14]의 재현

19세기 후반에서 20세기 중반까지 한반도에서는 전통사회가 붕괴되고 서구의 근대 이념과 자본에 기초한 국민국가의 체제가 확립되었다. 또한 20세기 초반 한민족은 일본 제국주의의 침략에 의해 굴욕적이고 뼈아픈 식민지 지배를 경험하였다. 이러한 급격한 변화는 한민족의 모든 면, 가치, 의식, 도덕, 관습, 행동 양식 등에 영향을 미쳤다. 전통사회에서 근대 국민국가로 전환되는데 토대를 마련하는 역할을 일제식민지 초등교육이 담당하였고, 이에 대한 폭넓은 연구가 진행되었다.[15] 이들 연구는

---

14) 초등교육이란 용어보다 일제 식민지의 시기에 따라 보통교육, 심상소학교 교육, 국민교육이란 말이 사용되었다. 여기서는 이들을 포괄하는 용어로 초등교육이란 말을 사용한다. 물론 각각의 용어는 식민지의 시대적 지배 이념과 배경을 갖고 만들어졌기 때문에 초등교육이란 용어를 사용하면 각각의 용어가 지니고 있는 개별성, 상이성이 소멸되는 것이 사실이다. 이 문제는 하나의 독립된 논문으로 다루어질 만큼 복잡한 문제를 포함하기 때문에 여기서 논의하기는 어렵다.

15) 강기수, 「근대 부산 초등교육의 전개와 그 성격에 관한 연구」, 『석당논총』 41, 동아대학교 석당학술원, 2008; 강진호, 「근대 교육의 정착과 피식민지 주체 : 일제하 초등교육과 『조선어독본』을 중심으로」, 『상허학보』 16, 상허학회, 2006; 김경미, 「'황민화' 교육정책과 학교교육 : 1940년대 초등교육 '국사'교과를 중심으로」, 『동방학지』 124, 연세대학교 국학연구원, 2004; 김부자, 「식민지 시기

식민지 시대의 초등교육을 주제별(어학과 문학, 도덕과 사상, 여성, 교육 정책), 시기별(개화후기, 1920년대, 1930년대, 1940년대), 지역별(부산, 전라북도) 등의 측면을 분석하고 있다. 연구 결과는 몇 가지로 정리해 볼 수 있으며, 이것은 일제 식민지시기의 초등교육에 관한 사진과 구술을 이해하는 데 도움이 될 것이다. 첫째, 식민지 초등교육은 식민지 지배체제를 확립하기 위한 수단으로 사용되었지만 시기별로 다른 형태를 보인다. 특히 1930년대 후반부터 내선일체를 비롯한 동화정책과 황민화 교육이 강화된다. 둘째, 여성은 초등학교 교육에서 차별을 받았으며, 이는 사회적 성차별을 생산하는 원인이 되었다. 셋째, 식민지 초등교육은 한민족에게 근대와 일본 제국주의에 기초한 물질, 사상, 행동을 전파하는 데 선봉(先鋒)의 역할을 하였다. 오성철(1994)은 전북지역의 사례연구를 바탕으로 보통학교 교육의 갈등적 측면을 강조하였다.

> 1920년대 이후에는 보통학교에 적극적으로 취학한다.……이러한 행위의 이면에는 신식 교육을 통한 문해 능력 확보, 교육을 통한 사회 이동 기회의 포착 등이 동기로 작용하였다. 따라서 식민지시기 보통학교는 일제에 의한 위로부터 강제된 단순한 식민지 교육기관으로서의 성격뿐만 아니라 교육을 둘러싸고 일제와 한국인의 상이한 기대가 충돌하는 일종의 쟁송지대(contested terrain)로서의 성격을 갖는 것으로 파악되어야 한다.[16]

조선 보통학교 취학동기와 일본어 : 1930년대를 중심으로」, 『사회와 역사』 77, 한국사회사학회, 2008; 오성철, 「식민지기 초등교육 팽창의 사회사 : 전북지역 사례연구」, 『초등교육연구』 13(1), 한국초등교육학회, 1999; 장미경, 「<修身書>로 본 조선총독부의 '식민지 여성' 교육」, 『일본어문학』 41, 한국일본어문학회, 2009; 조연순 외 3명, 「개화후기(1906~1910) 초등교육의 성격 탐구」, 『초등교육연구』 16(2), 한국초등교육학회, 2003; 정태준, 「국민학교 탄생에 나타난 천황제 사상교육」, 『일어교육』 23, 한국일본어교육학회, 2003.

16) 오성철, 위의 논문, 5쪽.

<그림 1 > 서창공립보통학교 학생들의 수학여행단, 1935년

일제 식민지하에서 초등학교 학생들은 근대와 식민지 사상을 배웠을 뿐만 아니라 전통사회와는 다른 집단생활과 새로운 문물을 경험하였다. <그림 1>은 고○○(1922년생 출생, 남)[17]이 보통학교 5학년(1935년)이 끝나갈 무렵 처음으로 기차를 타고 수학여행을 가면서 찍은 사진이다. 그에 따르면,

> 지금의 삼호읍 감치에서 '빠르대(동력선)'를 타고 목포로 건너간 다음 광주행 기차를 탔다. 2층집이 즐비한 '신기한 도회지 목포'에서 전깃불을 처음 보고 빵도 처음 사 먹었다. 광주에 가서는 동향 출신으로 중추원 참의를 지낸 바 있는 현준호(玄俊鎬)의 집을 방문, 공책과 연필 한 자루씩

17) 고○○은 1922년 전남 영암군 학산면 독천리에서 태어났다. 그의 집안은 증조부대에 전남 광주에서 무안을 거쳐 영암으로 오게 되었다. 그는 열다섯(1936년)에 서창공립보통학교를 졸업하고 일본인이 운영하는 농장을 거쳐 미쓰비시 광업소에 서기로 취직했다(20세기민중생활사연구단, 『어제와 오늘 3 : 한국민중 42인의 사진첩』, 눈빛, 2008, 86쪽).

을 선사받기도 했다. 잊을 수 없는 그 기차 앞에 모여 앉아 기념촬영을 했다. (수학여행을 갈) 지원자를 모집했고, 2박3일 일정에 2원씩 냈었고 여학생은 2명 뿐이었다.[18)]

고○○의 경우처럼 일제 식민지 시기 초등학교 학생들은 서구의 근대 문물을 경험할 기회도 있었지만 일반적으로 억압적이고 한민족 정신을 말살시키려는 교육을 받았다. 또한 학생들에게 과도한 일들이 부가되었고, 이를 어길 때에는 엄한 육체적 처벌이 가해졌다. 김○○(1927년 출생)과 이○○(1933년 출생)은 1940년대 초반 초등학교 교육과 근로 활동을 다음과 같이 구술하였다.

소학교 생활은 엄했지. 한국 선생은 둘이 있었고, 교장은 왜놈이었지. 그리고 왜놈 여선생도 있었다. 할아버지와 아버지는 한학을 배웠지. 왜놈 학교에 다닌 거는 없지. 당시 집안이 가난해서 소학교에 안 보낸 사람도 있고 또 잘 살아도 안 보낸 사람도 있었지. 우리 마을에는 일학년에서 육학년 전부 합해서 이십 명 댕겼어. 우리 소학교 댕길 때는 왜놈 말기 되어 가지고 군국주의식으로 교육했어. 남학생과 여학생의 비율을 볼 때 여학생이 조금 적었지. 우보는 남녀 한 반뿐이었다. 교재는 전부 일본어로 되었고, 나도 육학년까지 한글 '가'자도 몰랐다. 전부 왜놈 말만 하고 그랬지. 해방된 뒤 국문을 전부 다 배웠지. 지금도 일본말 쪼매하지.[19)]

관솔[20)] 주워 오라고 해서 고생한 것도 생각이 나는데. 쪼매난(어린) 국민학교 애를 일주일 놀려 주고,……이거를(관솔을) 몇 십 관씩 할당을

18) 위의 책, 87쪽.

19) 박규택, 『김기홍(金基洪) 1927년 3월 15일생』, 눈빛, 2007, 25~26쪽.

20) 송진이 많이 엉긴 소나무의 가지나 옹이를 말한다.

<그림 2> 근로봉사의 장면

해 가지고, 이거를 주워서 가마니에 넣어서 짊어지고 송탄 굴이 있는 곳까지 가야 되는 기라. 거서 키로수 달고 이름 적고, 미달되면 벌서고 그랬다 아이가. 어찌나 힘들던지, 반 아덜(아이들)하고 꾀를 내가, 키로수 맞출라고 [가마니에] 돌멩이를 넣었는 기라. 무게를 달 때는 괜찮았지만, 이걸 부으면 다 들통(표시가)나는 기지. 거기 검사하는 놈이 저울 달다가 발견해 가지고, 학교 와가 실컷 두르려 맞고 단체 벌서고 그랬다 아이가.[21]

<그림 2>는 박○○(1929년 출생, 남)[22]이 고부보통학교를 다니면서

21) 이경미, 『이기범 1933년 6월 1일생』, 눈빛, 2005, 37쪽.

22) 박○○은 1929년 전라북도 정읍에서 태어나 고부보통학교를 졸업하였다. 해방 이듬해 광활면으로 이주하였다. 가족들이 병으로 죽어가는 일이 자주 일어나자 할아버지가 타관(타 지역)으로 자리를 옮기면 살 수 있다는 말을 듣고 이사를 한 것이었다. 이후 광활을 떠나지 않고 살았다(20세기민중생활사연구단, 『어제

근로봉사를 나가서 찍은 사진이다. 그는 "담임선생님이 근로봉사를 나갈 때마다 찍은 사진 한 장씩 학생들에게 나누어 주었다"고 말했다. 또한 그가 사진을 보면서 다음과 같이 회고하였다.

(정읍) 고부. 이게 오학년 아니먼 육학년, 그 밑이 저학년은 안 가거든. 낫이라도 이기(이겨) 먹어야 가서 [보리를] 비어주지. 어떻게 쪼간한 것들이(저학년 학생들이) 하것어. 선생님이 같이 다녀. 일년에 한 두서너 번 댕겨(다녀). 하루 나가서, 도시락 싸갖고 오라고가꼬(해서) 자기가 싸가지고 가서 쪼께(조금만) 비어주고. 근로사업. [위의 사진은] 보리 비는 장면이고, 그 다음에 이거는(아래 사진은) 모 심는 거.……사진사가 와서 찍어.[23)]

일본 제국주의는 1937년의 중일전쟁과 1941년 태평양전쟁을 수행하기 위해서 한민족에게 천황제와 황국시민의 사상을 고취시키기 위해 초등학교에서 사상교육을 강화했을 뿐만 아니라 어린 학생들에게도 군사훈련을 시켰다.

김경미(2004)는 1940년대 초등교육 '국사' 교과를 중심으로 일제 식민지 파시즘 체제의 전시 동원을 위한 '황민화' 교육의 성격을 분석하였다. 황민화 교육은 조선인을 전쟁에 동원하기 수단으로 이용되었다. "일제가 원하는 황민은 오로지 천황을 위하여 자신의 목숨을 버리고 국가(일본제국)를 위하여 헌신 봉사하는 파시즘의 도덕이 내면화된 인간이었다."[24)] 여○○(이양호, 2005)과 이○○(이경미, 2005)의 구술은 1930년대 후반 이후 일제 식민지 체제에 의한 황국신민의 사상교육과 이의 내면화 그리

와 오늘 : 한국민중 80인의 사진첩』, 눈빛, 2005, 183쪽).

23) 위의 책, 182쪽.

24) 김경미, 앞의 논문, 695쪽.

고 잔인한 전쟁훈련을 구체적으로 묘사하고 있다.

신사참배 뿐만이 아니라 완전히 황국식 그 황국신민서사 카고 보국시민서사 카는걸 아침마다 했거든. 완전히 일본사람 다 됐었어요. 사실은 그때 엄했습니다. 참 왜놈들 그거 하나는 철저하게 했어요.……하여튼 우리들은 그때 애국이 뭔지 솔직한 말로 몰랐고, 애국심이라는 게 뭔지도 똑똑히 몰랐고, 그러이 완전히 왜놈 다 됐어.……그만큼 교육을 그래 받았어요. 엄하게. 어떤 모임이나 행사에서 천황폐하 그거 일본말로 '덴노에 천황폐하' 나오면은 이래 참 쉬어 자세로 있다가, 자동적으로 막 부동자세가 됩니다. 그렇게 됐어요. 그만큼 정신교육이 됐어요. 정신통일이. 그러니까 그런 천황폐하가 짐승 같은 벌게이 그런거 한테 항복하다니 원통하고, 고마 마 매우 안타깝고. 그래 울었어요. 지금 생각하면 막 웃음이 나오지만 그 당시는 왜놈 다 됐었어.[25]

전쟁이 한창일 때는 학교 가면, 삼학년 사학년 이상 쯤 아덜은(애들은) 죽창을 만들어. 대칼을 만들어가, 미국놈 상륙하면 쑤시 직인다 해 가지고 나무에다 인형 만들어가 쑤시고 하는 훈련도 했다 아이가. 국민학교 학생들한테 군사훈련 시킨 거지. 왜놈들 시절에 그렇게 했어.[26]

<그림 3>은 윤○○(1927년 출생)[27]가 순창군 복흥면에 있는 심상소학

---

25) 이양호, 『여기원 1935년 10월 24일생』, 눈빛, 2005, 32~34쪽.

26) 이경미, 앞의 책, 36~37쪽.

27) 윤○○은 1927년 전라북도 순창군 복흥면 지선리에서 태어났다. 부친이 마을 구장(區長)을 지낸 덕에 어렵지 않게 유년 시절을 보낼 수 있었다. 그리고 아버지 덕분으로 심상소학교(현 복흥초등학교)를 졸업하였다. 이후 2년 동안(1944~1945년) 마을에서 야학을 운영하였다. 당시 마을 주민 대부분이 글을 모르는 문맹이었고, 월사금이 전혀 없었기 때문에 윤용호가 운영하는 야학은 저녁마다 사람들로 북적였다고 한다(20세기민중생활사연구단, 『어제와 오늘 3 : 한국민중 42인의 사진첩』, 눈빛, 2008, 82쪽).

<그림 3 > 심상소학교(현 복흥초등학교) 졸업식, 1937년

교를 졸업할 때 찍은 사진이다. 우리는 이 사진을 통해 1930년대 중반 초등학교의 명칭, 교사와 학생들의 자세, 의복, 용모, 표정, 교사 건물 등 여러 가지를 읽어 볼 수 있다. 이 사진에 대한 그의 회고는 다음과 같다.

나 열 살(1937년) 맞어서 [학교에] 갔는디. 나이 상관없어. [보통 사람들은] 돈 없어서 학교를 못 댕겨(다녀). [월사금이] 삼십 전. 나는 재종 누님이 있어. 누님하고 같이 댕긴다고, 형제간이라 해! 가지고 십오 전씩 했어(주었어). 그때 [순창] 복흥에 사년제밖에 없었는디. 내가 졸업험서 오륙년이 생겼어.……[내가] 제일 뒤에. 어떻게 쬐깐한(키 작은) 학생을 뒤에. 긍게 선생들이 참 이상혀. 언제든지 쬐깐한 학생들을 앞에다 세우는 것인디. 여가 요, 중도(中島, 나까시마) 선생이라고. 어머니가 조선 사람이라고 그랬는디 몰라. [계급이] 오장이여. 오장으로 제대했어. 그때 오장

인개로 지금 상사 정도. 아주 야물었구만.[28)]

<그림 4>는 경산군 안심면 괴전동에 위치한 송정초등학교의 졸업식 사진이다. 제보자(최○○, 78세)는 사진의 제일 앞줄에 앉아 있으며, 1964년 6학년에는 1반만이 있었다. 졸업식 때 1·2·3·4·5학년은 각 2반이 있었다. 사진 앞줄에 교장, 교감, 교사 11명(남교사 9명, 여교사 2명)이 앉아 있고, 뒷줄에 졸업하는 학생들이 서 있다. <그림 3>와 <그림 4>를 비교했을 때, 시대와 사람이 달라졌을 뿐 똑 같아 보인다. <그림 4>를 보면, 해방 이후 거의 20년이란 세월이 흘렀지만 식민지 시대 졸업식 사진의 모습이 그대로 유지되고 있음을 알 수 있다. 제보자에 의하면, 5·16군사혁명 이후 교사들은 학교에서 재건복을 반드시 입어야 했다. 국민복이라고도 불렀던 재건복은 규격화된 복장에 넥타이를 맬 수 없게 되어 있었다. 오른쪽(여교사 위치)에서 4번째와 왼쪽 끝에 앉아 있는

<그림 4 > 송정초등학교 제13회 졸업식, 1964년

28) 위의 책, 2008, 83쪽.

교사가 재건복을 입고 있다. 이 옷의 특징은 상의에 목 부근까지 단추가 있는데, 이는 넥타이를 맬 수 없게 하기 위해서이다. <그림 3>의 일부 교사들이 입고 있는 복장은 재건복과 매우 유사함을 발견할 수 있다.

2) 국내·외로 이동한 삶과 터전의 기억

20세기 한민족은 가난, 일제의 탄압과 징집, 독립운동, 해방, 6·25전쟁 등의 이유로 국내외 여러 지역으로 거주지를 옮기면서 힘든 삶을 살았다. 이러한 삶의 흔적이 남아 있는 사진들은 당사자들에게 많은 기억을 떠올리게 한다. 급변하는 역사의 소용돌이 속에서 민중이 체험한 냉혹한 현실과 이에 대한 기억은 떠올리고 싶지 않은 아픔이지만 당시의 사회·문화를 보다 구체적으로 이해하는 데 더없이 좋은 보고(寶庫)이다. 20세기 험난한 역사의 소용돌이 속에서 온몸으로 부닥치면서 살아왔지만 흔적을 남기지 않고 사라지게 될 운명에 놓여 있는 사람들의 생애사와 사진을 분석해 보고자 한다.

(1) 국내 지역들을 이동한 삶

최○○(1921년 출생)은 경상북도 청송군 진보면 기곡동에서 태어나 9세까지 살았다. 산골 마을의 가구는 열 집 정도였고, 논보다 밭이 많아 보리, 조 농사를 주로 하였다. 따라서 보리밥을 제일 많이 먹었고, 이밥(쌀밥)은 생일이나 명절 때 먹었다. 당시 집집마다 아이들이 6~8명 정도였지만 홍역으로 2~3명의 자식을 잃어버리는 경우도 많았다.

> 옛날에는 생기는(임신하는) 대로 낳았지. [다른 사람들이] "아이고 저 집에는 자식이 많다. 자식이 많으면 [키울 때] 고생이 되지만 끝에(노년

> 에) 가서는 좋다"고 말하지. 머~어 칠형제되면 아주 자랑으로 생각했지. 옛날에는 홍역(홍진)이 무섭지. 홍역에는 별 약이 없었지. 당시 우리 형제가 십남매라. 아들 아홉이고 딸 하나. 다섯이 죽었어. 다섯 죽고 다섯 살았어. 그러니까 홍역 때문에 다 죽었어.[29)]

최○○이 9살(1930년) 되던 해 말 못할 사정으로 영월에 살고 있는 아버지에게로 가족 모두 이사를 간다. 두 번째 고향이라고 할 수 있는 영월에서 청년과 장년의 삶, 즉 초등학교 졸업과 취직, 결혼, 6·25전쟁, 자녀 출생 등을 경험하였다. 19세(1939년)에 보통학교를 졸업한 직후에 상동에 위치한 중석광산에 취직하고, 22세(1943년) 때 다섯 살이 적은 이○○ 여사[30)]와 결혼하였다. 최○○은 결혼 후에도 직장 때문에 혼자 나가 살았고, 부인은 시댁에서 시부모와 함께 살았다. 그의 구술을 통해 1940년대 초반 상동광업소와 근무 환경을 엿볼 수 있다.

> [중석광산은] 강원도 영월 상동에 있었다. 주인은 소림이었고 [따라서 회사 이름이] 소림상동광업소였다. 지금 생각해 보니까 [당시 회사 이름에] 중석은 안 붙인 것은 중석이 군수품이 되 가지고 중석은 안 붙이고 소림 상동광업소라 했다. 군수품 맨드는데 중석이 안 들어가면 안 되지. 경찰이 광업소를 엄하게 감시했다.……중석광산은 컸고 사람이 많았지. 한 과에 보통 오십 명이고 과가 열개 넘었으니까 오백 명은 넘었지. 채광하는 데는 한 천 명 이상 안 되겠나. 중석을 캐내는 데는 사람이 많았거든.[31)]

---

29) 박규택, 『최대봉(崔大奉) 1921년 12월 20일생』, 눈빛, 2008, 32쪽.

30) 경주 이씨로 올해(2007년) 나이가 82세이다. 고향은 영월군 하동면 외룡리로, 같은 성씨가 50여 집 모여 사는 동네였다. 집에 머슴을 데리고 농사를 지을 정도로 생활 형편은 좋았지만 할아버지께서 "여자는 글 안 봐도 된다"고 해서 학교를 못 다녔다. 친척의 중매로 남편(최대봉)의 얼굴도 모르고 결혼을 하였다.

31) 박규택, 앞의 책, 55쪽.

일본 사람들이 노동자 건강에 대해서는 소홀이 해서. 한 오년 동안 다니면서 몸이 나빠진 동기는 가스 중독 때문이지. [중석광산의] 변전소 사무실에 목탄을 피웠어. 겨울에 추우니까 문을 닫고 목탄을 피우니까 가스 중독이 되었다.……겨울 밤 한 두시에 영하 삼십오도로 내려가니까 목탄불을 자꾸 피워야 되는 거라.……아침 출근 전에 한 삼십도까지 내려가. 신바닥이 쩍쩍 들어 붙었어. 아~아 추었어. 글 때는 건강관리를 몰랐지. 가스를 마셔 가지고 병이 오는지를 몰랐지.……글 때 안 죽은 게 다행이지. 골이 아프고 정신이 좋지 않고 속이 답답하고 구토도 나고 해서 회사를 치웠지.[32]

6·25전쟁이 끝난 뒤 남선전기에 취직하여 전기 선로를 복구하느라 강원도의 가파른 산을 오르고 내렸다. 그는 "전쟁의 피해가 말할 수 없을 정도로 심각하였다"고 회고하였다. 총탄과 포탄에 전기줄은 다 끊어져 버리고, 철탑도 파괴되어 엉망이었다.

<그림 5>는 1967년 3월 27일 한국전력 황지 감시소의 개소식을 기념하면서 직장 동료들과 찍은 사진이다. 당시 나이는 48세였고, 직장에서 선임자의 역할을 했다. 우리는 이 사진을 통해 그의 중년의 모습과 1960년대 말 한국전력에 다닌 사람들의 작업복과 모자의 형태를 알 수 있다. 강원도 산악 지대의 송전선로를 보수하는데 따른 어려움이 어떠하였는지를 우리는 아래의 구술을 통해 구체적으로 이해할 수 있다.

한 번은 송전 설비가 탈나 가지고 밤에 가서 고치라 카는 거라. 아~이고 죽는 거나 한가지데. 송전 선로가 우(어)뗗게 고장이 나는가 하면 비가 많이 오고, 폭풍이 치고, 겨울에 바람이 불 때 고장이 나거든. 밤이라 못 나가고 날이 새 가지고 현장 답사를 하지. 머~어 탈이 났으니까

32) 위의 책, 59~60쪽.

<그림 5 > 한국전력 황지 감시소의 개소식

> 재료를 가지고 오라하고, 필요한 인원이 오면 합동해 가지고 수리를 하는 거라.
>
> 겨울에 바람이 쌩쌩 불어도 [고장 수리를] 해야 되지. 여름에 송전 선로가 탈나 가지고 계곡에서 산등에 전기줄을 끌고 올라가 작업을 하는데 얼마나 목이 마른지 오줌이라도 먹겠어. 전기 보내는 시간이 급해 가지고 공사 중에 물 가져와 먹는 시간이 없어. 요즘 전방에 가서 [군인 생활하는 것과] 별 차이가 없었어.[33)]

최○○은 1973년 한국전력을 퇴직한 후 청년과 장년의 세월을 보낸 영월군 하동면 내리를 떠나 세 번째 삶의 터전인 하양읍 환상 2리로 이사를 오게 되었다.

<그림 6>은 이사를 하면서 장만한 집 마당에서 부부, 두 딸, 아들이 나란히 앉아 찍은 사진이다. 이곳에서 그는 과거 경험해 보지 않은 과수

33) 위의 책, 83쪽.

<그림 6> 환상 2리 집 마당에서 찍은 가족 사진

농사일을 시작하였다. 금호강 주변의 넓은 들판에 위치한 사과 과수원을 구입하여 농사를 지었지만 경험이 없고 당시 유행하던 불함병으로 큰 실패를 보았다. 그러나 그는 꼼꼼하게 농사일을 기록했고, 실패한 뒤 타인의 도움과 스스로의 학습을 통해 과수 농사일에 어느 정도 적응하였고, 어느 정도의 수입도 올렸다.

(2) 국내·외 지역들을 이동한 삶

박○○(1918년 출생, 여)[34]은 1918년 경상북도 청도군 금천면 임당 1리에서 태어나 백일도 되기 전에 눈이 내리는 추운 겨울날 어머니 등에 업혀 이국 땅 중국으로 갔다. 자식 8명이 어릴 때 세상을 떠나자 부모는 고향을 떠나 중국으로 가기로 결심을 하였고, 낯선 이국 땅으로 가는 길은 험난하였다.

> 떠날 때 우리 외할매가 두디기(포대기)에 밤물(검정색 염색)해가 검정 두디기로 만들었는데. 미영(무명) 베에 물을 들여 주면서 아이고 가다가 죽거들랑 눈구덩에 묻어 뿌고 두디기는 내버리지 마라. 중국에는 눈이 많이 쌓이끼네 땅을 못 판다고 하는 말이라. 그걸 가지고 뒤에 [태어나는]

34) 박○○에 관한 모든 글은 두 권의 책, 이은정, 『박지선(朴志善) 1918년 9월 3일생』, 눈빛, 2008 및 20세기민중생활사연구단, 『어제와 오늘 3 : 한국민중 42인의 사진첩』, 눈빛, 2008에 실린 내용을 요약 혹은 발췌한 것이다. 따라서 박○○에 대한 정확한 자료는 두 권의 원전을 참고하길 바란다.

아(애기) 키우면 잘 키운다고 [외할머니가] 이랬단다(이야기했다고 한다). 그럴 때는(당시에는) 요새(지금)처럼 길이 있나. 눈이 적설을 해서(많이 와서) 고생했다. 길이 없어가 소리질(좁은 길)로 갔는데 눈이 많이 내려 뒷사람이 못 따라가니까 앞사람이 먼저 가면서 오줌을 찔끔찔끔 눠가(누어서) 표시를 하고 그랬다.35)

<표 1> 박○○의 연보

연 대	내 용
1918년(1세)	청도군 금천면 임당리에서 출생, 가족이 중국으로 이주함.
1926년(9세)	중국 열하성(熱河省) 개로현(開魯縣)에 정착.
1931년(14세)	아버지가 세상을 떠남. 처음으로 보리쌀을 먹어 봄. 어머니와 함께 중국을 떠나 청도군 매전면 관하리로 옴.
1933년(16세)	중국으로 돌아 가 길림성(吉林省) 정가둔(鄭家屯)에 정착, 금융조합 이사의 비서로 근무.
1935년(18세)	무순(撫順)에 살던 서학근과 결혼.
1936년(19세)	시아버지가 무순(撫順)의 농촌에서 마적패에게 살해당함. 남편은 무순보통학교 6학년 졸업, 금주(錦州)경무국 경찰모집시험 합격.
1938년(21세)	큰 아들 출산.
1941년(24세)	둘째 아들 출산.
1944년(27세)	가족들과 함께 기차를 타고 한국에 나옴. 중국에서 나올 때 양장을 하고 머리 파마를 했음. 남편은 징용 대신 중국 단동(丹東)에서 통역관으로 군복무를 함.
1950년(33세)	임당 사람 여섯 명이 빨갱이에게 살해당함. 셋째 아들 출생.
1956년(39세)	막내 아들 출생.
1964년(47세)	어머니가 세상을 떠남.
1982년(65세)	남편이 세상을 떠남.
1992년(75세)	외사촌 초청으로 한 달간 중국 여행을 다녀옴.

자료 : 이은정, 『박지선(朴志善) 1918년 9월 3일생』, 눈빛, 2008, 166~167쪽.

<표 1>은 박○○의 파란만장한 삶의 여정을 간략하게 나타낸 연보이다. 1926년(9세) 일본 사람을 피하기 위해 중국 열하성(熱河省)에 정착하

35) 20세기민중생활사연구단, 앞의 책, 2008, 19쪽.

여 5~6년을 살았다. 여기서 그녀는 고향과는 판이하게 다른 이국적인 삶을 체험하였다.

> 일본 사람이 자꾸 설쳐가 일본 사람 피해 가지고 열하성으로 갔거든. 열하성 캐로이현[36]이라고 카는 데서 열네 살까지 살았지.……열하 거기는 집에 문을 두 개 내는데 봄이 되면 바람이 막 분다. 사막지대인데 아침에 자고 나오면 바람이 막 불어. 바람이 워낙 세니까 나무가 못 커. 나무가 없어서 사막지대가 돼가 소똥을 주워 가지고 그거를 뭐 세멘(시멘트) 삼아 벽에도 바르고 하대. 열하성에서 부자는 소를 몇 백 마리씩 먹이니까네. 사료를 먹이면 냄새가 나는데 거기 소는 사료 안 먹이고 그냥 풀 뜯어 먹고 큰다고. 소똥 그거 가지고 연료로 삼는다.[37]

박○○의 삶의 여정을 보면, 중국에서 여러 지역을 이동하면서 살았고, 고향에도 몇 번 방문을 하였다. 아버지는 중국에서 황무지를 개간하여 벼농사를 지었는데, 관개 기술이 좋아 어딜 가나 환영을 받았다. 이 덕택으로 가족들은 생활에는 큰 어려움이 없었다. 그녀는 14세에 아버지가 '호열자'(수인성 전염병인 콜레라)로 돌아가신 뒤 처음으로 보리쌀을 먹어 보았다.[38] 1935년 18세에 결혼을 한 뒤 1년 후 시아버지는 중국의 마적패에 의해 살해당했다. <그림 7>은 시아버지의 장례를 치른 후 찍은 사진이다.

> 시아버지는 푸순에서 농사를 지으면서도 독립운동에 열성적인 분이었다. 푸순의 시골에 있는 농장에 다녀오겠다며 간 것이 시아버지의

36) 캐로이현(開魯縣)은 현재 내몽고자치구에 속해 있다. [그러나]……확인한 바에 의하면 카이루 현(開魯縣)이라 여겨진다(이은정, 앞의 책, 57쪽).

37) 이은정, 앞의 책, 21쪽.

38) 20세기민중생활사연구단, 앞의 책, 2008, 168쪽.

<그림 7> 시아버지의 장례식

마지막 모습이었다. 그 길로 중국 마적패들에게 살해당했다. 상복을 입은 사람들은 가족이고 뒷줄에 선 검은 양복을 입은 사람들은 의형제라고 했다. 아래쪽 맨 오른쪽이 열아홉 살 때의 본인이다.[39]

<그림 8 > 진저우에서 가족과 중국인 친구

<그림 8>은 스물여섯 살 무렵에 중국 진저우에서 찍은 사진이다.

"맨 왼쪽이 본인이고 옆에 서 있는 아이가 올해 일흔 한 살이 된 큰아들이다. 아이를 안고 있는 사람은 진저우에서 친하게 지내던 중국인이다. 이 중국인의 남편은 벙어리로, 양복을 만드는 기술자였다. 박○○은 그녀의 남편으로부터 재봉기술을 배웠다. 사진 속 박○○이 입고 있는 양장과 큰 아들의 옷은 손수 만든 것이다."[40]

박○○은 해방 직전에 고향으로 돌아왔다. 이후 여기에 정착하여 살았지만 또 다른 형태의 힘겨운 삶이 그녀를 기다리고 있었다. 다음은 해방 이후 삶의 여정에 대한 구술을 정리한 것이다.

---

39) 위의 책, 169쪽.
40) 위의 책, 169쪽.

남편이 없는 동안, 박○○은 '친정곳'에 산다는 이유로 더욱 열심히 살았다. 사촌의 논을 소작하는 것부터 시작해 살림을 일구기 시작했다. 낮에는 농사일을 하고 밤에는 삯바느질을 했다. 일만 하느라 아이들에게 신경을 조금 덜 쓴 탓에 세 번째, 네 번째 낳은 아들들을 먼저 보냈다. 자식을 공부시키는 것에 대해서는 없는 살림이라 하더라도 누구보다 열성적이었다. 길쌈으로 밤을 새 가며 짠 베 17필로 논을 샀고, 그 논을 팔아 대학 등록금을 냈다. 그 덕에 큰 아들은 대학 졸업을 할 수 있었다. 6·25가 끝나고부터 큰 아들 대학 재학 시절, 대구 서문시장에 가서 비누 같은 생활용품을 사 와서 마을 사람들에게 조금씩 팔기도 했다. 박○○은 한 평생 동안 무슨 일이든 손에서 일을 놓지 않았다.[41]

4. 해외 동포와 환대(歡待)

기아(飢餓)와 식민압제 및 전화(戰禍)를 피해 해외로 이주하였던 한인의 후손들이 할아버지의 나라로 귀환하고 있는 것이다. 재중동포, 중국동포, 또는 중국 조선족, 그들은 과연 누구인가.[42]

중국동포는 한국과 한국인들에게 여러 의미를 가지고 다가와 있다. 많은 가정에서는 가사도우미인 '조선족 아줌마'를 생각할 것이고 음식점에서는 '조선족 종업원'을, 건축현장에서는 '조선족 일꾼'을 생각할 것이다. 주로 3D업종이라는 어렵고 힘든 일에 종사하는 조선족의 이미지는 불법 체류자, 밀입국자, 위장결혼자 등의 어두운 이미지로 각인되어 있다.[43]

41) 위의 책, 2008, 171~173쪽.

42) 설동훈, 「국내 재중동포 노동자-재외동포인가, 외국인인가?」, 『동향과 전망』 52, 한국사회과학연구소, 2002, 65쪽.

43) 이진영, 「재중동포정책, 장기 국가전략 틀 속에 포함돼야」, 『통일한국』 309, 평화문제연구소, 2009, 65쪽.

위의 두 인용문은 해외 동포들이 자신의 혹은 부모의 고국(혹은 고향)이라고 찾아 왔을 때 경험하는 쓰라린 아픔과 혼란스러움을 잘 표현하고 있다. 그들의 정체성은 모호하며, 불러지는 이름 또한 불확실하며 억압적인 의미를 내포하고 있다. 본 장은 중국과 일본으로 이주한 4명의 해외동포의 삶을 검토해 본다.

1) 재일동포

서○○(1923년 출생)는 광주에서 태어나 18세(1941년) 때 일본에 살고 있던 재일동포(22세)와 결혼을 했다.[44] 남편은 결혼 직후 일본으로 돌아간 뒤 상당한 세월이 지나서도 한 번도 찾아 온 적이 없었다. 그래서 1949년 서○○는 남편을 찾아 주소만 들고 밀항선을 타고 일본으로 건너갔지만 같이 살 처지가 아니었다. 그래서 그녀는 남편의 고모댁에서 3~4년을 생활하였다. 서○○가 경험한 일본 생활의 고단함과 남편과의 관계를 아래 두 인용문[45]을 통해 짐작해 볼 수 있다.

> 일본에서 정착한 곳은 한국인들이 많이 사는 동네였다. 처음에는 다다미 여섯 장 집에 살면서 치마저고리 만드는 일을 했다. 솜씨가 좋다고 알려지면서, 잔치가 있을 때마다 잔치 옷을 전부 다 만들 정도였다. 매일 잠도 못 자고, 아편을 먹거나 '오래삐'라는 약을 먹으면서 밤새 일을 해 기일을 맞추었다. 아들이 결혼하기 전까지 약 20년간 바느질을 했다.[46]

---

44) 서송도의 사진과 글은 20세기민중생활사연구단(2007, 208~209쪽)에서 발간한 책에 실려 있는 것을 요약 혹은 인용한 것임을 밝혀 둔다.

45) 두 인용문은 서○○의 삶에 대한 구술을 듣고 이경미가 정리한 글이다.

46) 20세기민중생활사연구단, 『어제와 오늘 2 : 한국민중 37인의 사진첩』, 눈빛, 2007, 209쪽.

남편이 13년 전(1994년)에 돌아갔는데 7년 동안 중풍으로 병원에 있었다. 결혼 생활을 돌이켜보면 그 7년이 제일 행복했다. 이전에는 아침에 나가기만 하면 새벽이 돼야 집에 들어오곤 했는데, 병원에 누워 있으니 언제든지 가기만 하면 만날 수 있었기 때문이다. 얼굴 씻어 주고 몸 닦아 주고, 커피 만들고, 온천수에 넣어 익힌 반숙 계란을 나눠 먹는 등 그동안의 결혼 생활에서 느낄 수 없었던 부부간의 정을 새삼 느낄 수 있었던 시간이었다.[47]

이○○(1929년 출생)은 예천군 풍양면 오지리에서 출생하였고, 어린 시절 때 집안은 유복하였다.[48] 그러나 부친이 불령선인(不逞鮮人)[49]으로 낙인찍힌 뒤 집안이 파산하게 되었다. 이○○은 황지초등학교, 황지중학교를 거쳐, 고향에 돌아와 가까스로 5년제 중학교를 졸업한다. 6·25전쟁이 일어나자 어머니는 아들(20세, 2대 독자)을 살리기 위해 1920~1930년대 일본으로 건너가 교토에 살고 있는 친척 집으로 밀항선을 태워 보냈다. 다음은 밀항선, 민족 차별과 고달픈 노동, 건강 악화에 대한 구술이다.[50]

1950년 11월에 밀항 브로커에게 쌀 한 가마 값을 주고 부산에서 밀항선을 타고 감시선을 피해 가며 대마도, 큐슈의 하카다를 거쳐 3개월 만에 교토에 도착한다. 친척의 도움으로 교토의 니시진(西陳) 지역에 정착하여, 직물공장의 노동자가 되어 심한 민족적 차별대우를 받으며, 하루

47) 위의 책, 209쪽.

48) 이○○에 관한 글은 20세기민중생활사연구단(2007, 214~217쪽)에서 발간한 책에 실려 있는 것을 요약 혹은 인용한 것임을 밝혀 둔다.

49) 위키백과에 의하면, "불령선인(일본어 : 不逞鮮人(ふていせんじん, 후테이센진)이란 일제 강점기하의 일본정부 및 조선총독부 등의 권력기관에서 식민지통치에 반항적이거나 각종 통치행위에 비협조적인 자 및 사회주의 사상을 가진 자 등을 '불순한 조선인', '요주의 인물'이라는 의미로 부를 때 사용한 용어이다."

50) 인용문의 글은 이○○의 삶에 대한 이야기를 정형호가 정리한 것이다.

> 서너 시간을 자면서 밤에는 야학을 다니는 고달픈 과정을 겪었다.……
>
> 공장의 열악한 환경과 과로로 1956년 11월에 폐병이 발병하여, 3기까지 이르게 된다. 3년간 교토의 우타오 요양소에 입원했으나 병이 낫지 않는다. 자포자기의 상태에서 북송선을 타려고 했으나, 북한에 의해 거부당했다. 최후로 교토대학 의학부의 임상실험 대상자가 되어 2년간 특별 치료를 받아 가까스로 병이 나았다.[51)]

이○○은 조선인 학자들과 함께 '집지회(集知會)'를 결성해 동포들의 교육, 문화, 지식의 수준을 높이는데 앞장서고 있으며, 우리의 전통 제사 문화를 지키려고 노력하고 있다.

> 그는 교포의 9할이 일본 학교에 다니며, 결혼에도 초대하지 않고, 부모상에 상복을 입지 않는 등 민족의식의 약화에 대해 우려하고 있다.…… 이○○은 부모의 제사를 지내고 있으며, 제사에 관심이 없는 장조카를 대신해 조상의 4대 봉사를 맡고 있다. 지금도 교토의 인근 친척이 다 모여서 밤 12시가 넘은 시각에 격식을 갖춰 제사를 지내고 있다.[52)]

2) 재중동포

김○○(1931년 출생)[53)]은 연변 조선족자치주 용정시 화룡현 보성촌에서 농부의 아들로 태어났다. 부친은 함경북도 명천에 살다가 생활이 어려워 두만강을 건너 용정시 화룡현으로 이주하여 왔다. 김○○이 태어날 시기 화룡현 지역의 조선족은 한전(旱田), 즉 밭농사(조, 수수, 콩 재배)

51) 20세기민중생활사연구단, 앞의 책, 2007, 215쪽.

52) 위의 책, 217쪽.

53) 김○○의 글은 20세기민중생활사연구단(2007, 230~231쪽)에서 발간한 책에 실려 있는 것을 요약 혹은 인용한 것임을 밝혀 둔다.

를 생업으로 살았다.

> 김○○은 보성촌에서 태어나 그곳에 있는 소학교를 4학년까지 다닌 뒤 해방을 맞이하였다. 당시 한 반이 30명 정도인 여섯 개 반이 있었고, 선생님과 교장 선생님 모두 조선인이었다. 소학교에서 일본어만 배웠고, 조선어나 중국어 그리고 역사는 배우지 않았다. 교복이 없었으며 짚신을 신고 다녔다.[54]

일제 식민지로부터 해방된 기쁨은 순간적이었고 연변을 포함한 중국에 거주하는 조선족은 또 다른 환경, 중화인민공화국의 사회·경제·정치 환경에 적응해야만 했다. 해방 이후 김○○의 삶은 특별한 어려움은 없었지만 대약진운동, 문화대혁명, 등소평의 개혁·개방 정책은 중국동포에게 많은 영향을 미친 것으로 회고하였다. 본인은 백화점에서 경리로 근무하였고, 부인은 초등학교 교사를 하였다.

김○○은 연변에서 태어나 현재(2007년) 와룡동에서 아들이 보내 주는 용돈을 받으며 남편과 텃밭을 일구며 살고 있다.[55] 결혼했을 때 시집이 가난하여 고생을 많이 하였고, 현재 살고 있는 집은 1960년대 1천 위안을 주고 구입하였다. 그녀의 고달픈 삶의 여정은 아래 글[56]을 통해 짐작해 볼 수 있다.

> 일찍 부모를 여의고 일본인 집 식모살이, 피복공장 여공, 농사를 짓고

54) 위의 책, 231쪽.

55) 김○○의 글은 20세기민중생활사연구단(2007, 232~233쪽)에서 발간한 책에 실려 있는 것을 요약 혹은 인용한 것임을 밝혀 둔다.

56) 인용문의 글은 김○○의 삶에 대한 이야기를 석달호가 정리한 것이다.

> 살았다.……부모에 대한 기억은 없다. 김연숙은 농사를 지어 자식들을 뒷바라지를 하며 지금까지 와룡동에 살고 있다. 딸들은 현재 모두 출가했고, 아들은 대학을 나온 후 일본에서 생활하고 있다. 김연숙은 시집온 후 60여 년을 연길에서만 지내며 관광이라고 가 본 곳은 연길공원뿐일 정도로 고단한 삶을 살았다. 문화혁명을 겪은 후로는 추석, 설 등 조선족 전통문화를 많이 잃어버렸고, 현재는 중국의 명절인 춘절만을 지키고 있다.[57)]

20세기 고난의 역사 속에서 한민족의 수많은 사람들이 자의적이든 혹은 타의적이든 이국 땅으로 건너가 차별과 멸시 그리고 말로 표현할 수 없는 생활의 어려움을 참아내며 살아 왔다. 이제 그들의 2세, 3세, 4세가 태어나 여러 국가에서 자리를 잡고 살고 있다. 물론 이들 가운데 많은 사람들이 여전히 차별을 받고 어렵게 살고 있는 것도 사실이다. 해외 동포의 상당수는 고국에서도 그리고 타국에서도 환영받지 못하고, 스스로 자신들의 정체성을 의심하는 경우도 있다. 우리는 해외 동포를 배타적이고 차별적인 민족 혹은 국가의 이념이 아닌 존중받아야 할 인간으로 환대하고 정당하게 자리매김해야 할 때이다. 또한 이 일은 전지구가 긴밀하게 연결되어 가는 현 시점에서 우리 민족의 위상을 높이는데 긍정적인 역할을 할 것이다.

5. 삶과 터전의 회복

본 연구는 사진과 구술의 결합을 통해 20세기 고난의 역사를 온 몸으로 체험한 민중들의 삶과 터전을 해석해 보고자 했다. 사진과 구술은 역사적

57) 위의 책, 233쪽.

자료로서의 가치가 있을 뿐만 아니라 지배 담론의 억압성, 배타성, 편향성 등에 저항하고 새로운 이미지와 담론을 만드는 실천과 창조의 역할을 할 수 있다. 민중의 삶과 터전의 해석에 있어 사진과 구술의 적극적인 역할을 검토하기 위해 연구의 틀은 세 가지 개념, 재현의 정치(politics of representation), 기억, 환대(hospitality)에 토대를 두고 있다. 그리고 이 틀을 이용하여 일제 식민지 체제 하에서의 초등교육, 국내·외로 이동한 민중의 삶과 터전, 해외동포와 연관된 사진과 구술을 고찰해 보았다.

재현의 정치 관점에서 식민지 시대의 초등학교에 관한 사진과 구술을 검토해 보았다. 수학여행, 근로봉사, 졸업식 사진을 통해서 본 식민지 시대 초등학교의 재현은 단편적이고 간결한 반면 생애사 구술은 보다 다양한 모습을 보여 주고 있다. 결론적으로 향후 풍부한 내용의 구술과 사진을 결합하여 보면 식민지 시대 초등교육을 둘러싼 재현의 정치가 어떻게 이루어졌는가를 알 수 있을 것이다.

기억의 관점에서 국내·외 여러 지역을 이동하면서 살아온 두 사람의 삶을 고찰하였다. 20세기 역사의 소용돌이 속에서 민중은 다양한 요인들에 의해 여러 지역을 이동하면서 고통스럽게 살아 왔다. 이러한 삶은 개인과 가족 혹은 집단의 정체성을 혼성적·유동적으로 만드는 데 기여했을 것이다.

20세기 역동의 역사 속에서 한민족의 수많은 사람들이 자의적이든 혹은 타의적이든 이국 땅으로 건너가 차별과 멸시 그리고 말로 표현할 수 없는 생활의 어려움을 참아내며 살아 왔다. 이제 그들의 자녀 세대가 여러 국가에서 자리를 잡고 살고 있다. 그러나 해외 동포의 상당수는 고국에서도 그리고 타국에서도 환영받지 못하고, 스스로 자신들의 정체성을 의심하는 경우도 있다. 우리는 해외 동포를 배타적이고 차별적인 민족 혹은 국가의 이념이 아닌 존중받아야 할 인간으로 환대하고 정당하게 자리매김해야 할 것이다. 역사에 부재한 해외 동포의 모습을 담은 사진과 삶의 이야기를 듣고 남기는 작업은 사진과 구술의 실천성을 보여주는 일이다.

참고문헌

강기수, 「근대 부산 초등교육의 전개와 그 성격에 관한 연구」, 『석당논총』 41, 동아대학교 석당학술원, 2008.

강운구, 「사진에만 남은 어제의 모습」, 20세기민중생활사연구단, 『20세기는 우리에게 어떻게 왔는가?』 국제학술심포지움 발표문, 2003. 6. 13.

강진호, 「근대 교육의 정착과 피식민지 주체 : 일제하 초등교육과 『조선어독본』을 중심으로」, 『상허학보』 16, 상허학회, 2006.

김경미, 「'황민화' 교육정책과 학교교육 : 1940년대 초등교육 '국사'교과를 중심으로」, 『동방학지』 124, 연세대학교 국학연구원, 2004.

김부자, 「식민지시기 조선 보통학교 취학동기와 일본어 : 1930년대를 중심으로」, 『사회와 역사』 77, 한국사회사학회, 2008.

김애령, 「이방인과 환대의 윤리」, 『철학과 현상학 연구』 39, 한국현상학회, 2008.

김진아, 「에이즈(AIDS), 그 재현의 전쟁 : 미국의 대중매체와 예술사진 그리고 행동주의 미술」, 『서양미술사학회눈문집』 28(2), 서양미술사학회, 2008.

김형곤, 「한국전쟁 사진과 집합기억 : 전쟁기념관에서의 한국전쟁 사진전시회에 대한 연구」, 『한국언론학보』 49(2), 한국언론학회, 2005.

박규택, 『김기홍(金基洪) 1927년 3월 15일생』, 눈빛, 2007.

______, 『최대봉(崔大奉) 1921년 12월 20일생』, 눈빛, 2008.

박아르마, 「이미지와 미셸 투르니에」, 『프랑스문화예술연구』 1, 프랑스문화예술학회, 1999.

설동훈, 「국내 재중동포 노동자－재외동포인가, 외국인인가?」, 『동향과 전망』 52, 한국사회과학연구소, 2002.

오미일·배윤기, 「한국 개항장도시의 기념사업과 기억의 정치」, 『사회와 역사』 83, 한국사회사학회, 2009.

오성철, 「식민지기 초등교육 팽창의 사회사 : 전북지역 사례연구」, 『초등교육연구』 13(1), 한국초등교육학회, 1999.

이경미, 『이기범 1933년 6월 1일생』, 눈빛, 2005.

이경률, 「현대 사진예술과 망각된 추(醜)의 재현」, 『한국프랑스학논집』 66, 한국프랑스학회, 2009.

이복기, 「쿳시의 『철의 시대』에 나타난 타자에 대한 환대」, 『신영어영문학』 33, 홍익출판사, 2006.

이양호, 『여기원 1935년 10월 24일생』, 눈빛, 2005.

이은정, 『박지선(朴志善) 1918년 9월 3일생』, 눈빛, 2008.

이진영, 「재중동포정책, 장기 국가전략 틀 속에 포함돼야」, 『통일한국』 309, 평화문제연구소, 2009.

장미경, 「<修身書>로 본 조선총독부의 '식민지 여성' 교육」, 『일본어문학』 41, 한국일본어문학회, 2009.

정진국, 「민중의 사진과 그 이야기」, 20세기민중생활사연구단, 『어제와 오늘 : 한국민중 80인의 사진첩』, 눈빛, 2009.

정태준, 「국민학교 탄생에 나타난 천황제 사상교육」, 『일어교육』 23, 한국일본어교육학회, 2003.

조성실, 「사진사의 삶과 사진관의 사회문화적 의미」, 『지방사와 지방문화』 10(2), 역사문화학회, 2007.

조연순 외 3명, 「개화후기(1906~1910) 초등교육의 성격 탐구」, 『초등교육연구』 16(2), 한국초등교육학회, 2003.

주형일, 「사진 속에 남아있는 생활의 기억」, 20세기민중생활사연구단 제2차 심포지움, 2004.

진태원, 「형이상학의 해체에서 타자들에 대한 환대로」, 『초등우리교육』 177, 우리교육, 2004.

한지은, 「탈식민주의 도시 상하이에서 장소기억의 경합」, 『문화역사지리』 20(2), 한국문화역사지리학회, 2008.

20세기민중생활사연구단, 『어제와 오늘 : 한국민중 80인의 사진첩』, 눈빛, 2005.

__________________, 『어제와 오늘 2 : 한국민중 37인의 사진첩』, 눈빛, 2007.

__________________, 『어제와 오늘 3 : 한국민중 42인의 사진첩』, 눈빛, 2008.

Barnett, C., 2005, "Ways of Relating: Hospitality and the Acknowledgement of Otherness", *Progress in Human Geography*, 29(1), 2005.

Bissell, D., "Visualising Everyday Geographies: Practices of Vision Through travel-time",

Transactions of the Institute of British Geographers, 34, 2008.

Chari, S., "Photographing Dispossession, Forgetting Solidarity; Waiting for Social Justice in Wentworth, South Africa", *Transactions of the Institute of British Geographers*, 34, 2009.

Cloke, P., "Memorial Tresss and Treescape Memories", *Environment and Planning D: Society and Space*, 26, 2008.

Cresswell, T. and Hoskins, G., "Place, Persistence, and Practice: Evaluating Historical Significance at Angel Island, San Francisco, and Mexwell Street, Chicago", *Annals of the Association of American Geographers*, 98(2), 2006.

Della Dora, V., "Mountains and Memory: Embodied Visions of Ancient Peaks in the Nineteenth-century Aegean", *Transactions of the Institute of British Geographers*, 33, 2008.

Joprdan, G., "Photography That Cares: Portraits From Multi-ethnic Wales", *Journal of Media Practice*, 9(2), 2008.

Lydon, J., "Our Sense of Beauty': Visuality, Space and Gender on Victoria's Aboriginal Reserves, South-Eastern Australia", *History and Anthropology*, 16(2), 2005.

Matless, D., "Visual Culture and Geographical Citizenship: England in the 1940s", *Journal of Historical Geography*, 22(4), 1996.

Page, J. T. and Duffy, M. E., "A Battle of Visions: Dueling Images of Morality in U.S. Political Campaign TV Ads", *Communication, Culture & Critique*, 2, 2009.

Popke, J., "Geography and Ethics: Spaces of Cosmopolitan Responsibility", *Progress in Human Geography*, 31(4), 2007.

Raimondo, M., "The Queer Intimacy of Global Vision: Documentary Practice and the AIDS Pandemic", *Environment and Planning D: Society and Space*, 28, 2010.

Rose, G., "The Cultural Politics of Place: Local Representation and Oppositional Discourse in Two Films", *Transactions of the Institute of British Geographers*, 19, 1994.

_______, "Family Photographs and Domestic Spacings: A Case Study", *Transactions of the Institute of British Geographers*, 28, 2003.

Schwartz, J. M., "The Geography Lesson: Photographs and the Construction of Imaginative Geographies", *Journal of Historical Geography*, 22(1), 1996.

Yusoff, K., "Antarctic Exposure: Archives of the Feeling Body", *Cultural Geographies*, 14(2), 2007.

찾아보기

_ㅇ

_ㅈ

_ㅊ

_ㅋ

_ㅌ

_ㅍ

_ㅎ

필자 소개(논문 게재순)

김태준 동국대학교 명예교수. 일본 동경대학교 문학박사. 비교문학 비교문화 전공. 문학지리에 관심을 갖고 『문학지리–한국인의 심상공간』(상·중·하) 세권을 편저로 낸 바 있고, '길 포럼' 그룹에 참가하여 「길 칼럼」을 공동으로 『강원도민일보』에 연재하고 있다.

김영민 철학자. 21권의 단행본을 출간했고, 현재 집필 중인 책으로 『어긋남(냄)의 인문학』, 『비평의 숲과 동무공동체』, 그리고 『사진의 외부성, 외부성의 사진』 등이 있다.

최병두 대구대학교 사범대학 지리교육과 교수. 영국 리즈(Leeds)대학교 지리학 박사, 사회지리학, 환경지리학, 공간환경이론 전공. 자본주의 도시에서 발생하고 있는 공간, 환경 문제에 관심을 갖고 연구하고 있다.

장세룡 부산대학교 한국민족문화연구소 HK교수. 영남대학교 문학박사. 서양역사이론 전공. 현재 공동체 이론을 로컬리티 담론과 연관시키는데 관심을 기울이고 있다.

장희권 부산대학교 한국민족문화연구소 HK교수. 독일 빌레펠트대학교 문학박사. 독일현대문학, 역사 및 전기소설 전공. 유럽연구 및 문화연구에 관심을 두고 있다.

이창남 부산대학교 한국민족문화연구소 HK전임연구원. 베를린 자유대학교 비교문학 박사. 독일과 영미권의 도시문화론과 문화산업론을 주로 연구한다.

박정희 부산대학교 한국민족문화연구소 HK전임연구원. 중국 북경대학교 문학박사. 중국현대문학, 문화 전공. 중국지역문화연구와 페미니즘에 관심을 갖고 연구를 하고 있다.

권혁희 서울역사박물관 학예연구사. 서울대학교 인류학과 박사수료. 역사인류학 전공. 최근에는 한강을 중심으로 도시공간과 주민의 생활문화 변화에 관심을 두고 있다.

차철욱 부산대학교 한국민족문화연구소 HK교수. 부산대학교 문학박사. 한국근현대사 전공. 지방사 연구에 관심을 쏟고 있다.

공윤경 부산대학교 한국민족문화연구소 HK연구교수. 부산대학교 공학박사. 도시계획, 주택정책, 계량분석 전공. 최근에는 도시빈민들이 살고 있는 산동네의 장소성과 일상경관에 관심을 두고 있다.

차윤정 부산대학교 한국민족문화연구소 HK교수. 부산대학교 문학박사, 국어학 전공. 언어나 매체를 대상으로 로컬리티의 재현 메커니즘과 양상 연구에 주된 관심을 두고 있다.

박규택 부산대학교 한국민족문화연구소 HK교수. 미국 하와이주립대학 지리학박사. 인문지리전공. 로컬/로컬리티의 관점에서 공간/장소, 사람, 생태의 상호관계성을 연구하고 있다.

출 전

제1부 장소의 인문학

김영민, 「풍경에서 장소로 : 인문주의 진지론의 결말」, 『영화』 제2권 제2호, 부산대학교 영화연구소, 2009. 12.

최병두, 「자본주의 사회에서 장소성의 상실과 복원」, 『도시연구』 제8호, 한국도시연구소, 2002. 12.

제2부 도시의 기억과 형상

장세룡, 「탈근대 도시성(Postmodern Urbanity)의 탐색」, 『한국민족문화』 34집, 부산대학교 한국민족문화연구소, 2009. 7.

장희권, 「근대의 도시공간과 사유방식」, 『뷔히너와 현대문학』 32호, 한국뷔히너학회, 2009. 5.

이창남, 「오스만과 근대 도시 파리의 경관－발터 벤야민의 『파사주 작품』을 중심으로－」, 『문화와 사회』 8권, 한국문화사회학회, 2010. 5.

박정희, 「사회주의 시기 베이징의 기억・공간・일상－「사나운 짐승들」과 「햇빛 쏟아지던 날들」을 중심으로－」, 『서강인문논총』 제27집, 서강인문학연구소, 2010. 4.

제3부 장소의 소실과 재생

권혁희, 「사라져가는 도시의 시간과 공간의 재구성－서울 용강동 재개발 지역을 중심으로－」, 권혁희 외, 『용강2구역정밀지표조사보고서』, 상명대학교박물관, 2010(미간행).

차철욱・공윤경・차윤정, 「아미동 산동네의 형성과 문화 변화」, 『문화역사지리』 제22권 제1호(통권 40호), 한국문화역사지리학회, 2010. 4.

박규택, 「사진과 구술을 통해 본 민중의 삶과 터전」, 『한국사진지리학회지』 제20권 제1호, 2010. 3.